ろくで書房

チワワとハイエナ
日出子語中
米一束

はしがき

(1) 今日はすしを食べよう。
(2) このズボンすてき！

このように言うとき、「す(つ)げえ」は、「すごい」という語のヴァリエーションであって、その「すごい」は時代を代えさかのぼれば「すごし」という語であったことは知られていよう。そして、その「すごし」の「ごつち」というごとの代表であって、その「(1)すごし」の「(2)すごい」が代表されている〉という意味性とは〈たいへん・とても〉とか、〈(2)すごい。その意味では、このような意味に対して、どのような表現を用いたかはいろいろあるのだが、そのようなことはさておき、このような間にしてこのような表現を用いたかはいろいろあるのだが、そのことはどのようであろうか。

このように「すごし」→「すごい」→「す(つ)げえ」となる。〈たいへん・とても〉や〈ぴつくりすると感じられている〉の違いだと認識すると、それらの変化するようであり、このことに関して、「軽車」と押さえてよければ、これは日本語の軽車の歴史の一端ということになる。すべく日本語の軽車の歴史である。上のような問いの後者の問いは、日本語の軽車についての問いであり、そして、後の問いは日本語の軽車を何らかに示したらよいかという問いである。

この本は、この後のような問い、すなわち、日本語の歴史を明らかにするにはどうしたらよいかという点についての手続きを解説するものである。日本語の歴史を明らかにする手続きということを考えてみたとき、まず思いつくのは、古い文献を探ってみるということであろう。事実、「すげぇ」が「すごし」にさかのぼれるという知見が導き出されるのは、古い時代の文献である古典作品に「すごし」という語があることを知っているからである。ということは、古典作品には古い日本語があり、たとえば、そのような古い文献を調べてみるということで、「すごし」の歴史がわかるように思われる。では、そういった古い文献の調査はどのようにしたらよいのだろうか。また、調査をしたとして、そこからどうやって日本語の歴史を組み立てるのか。そういうことが問題になってくる。それらについて解説していこうとするのがこの本である。

　この本は、上のような問いに答えようとする日本語史の授業（とくに、演習・ゼミなど実際に調査をおこなって、日本語の歴史を組み立てようとする授業）や卒業論文・卒業研究で日本語の歴史を考えてみたいという場合のマニュアルとして活用できるように編んだ。

　もちろん、この本は最初から通読してもらうことによって、古い文献を調べて日本語の歴史を明らかにしていくことの基本がわかるように編まれているので、ぜひ通読をお勧めしたい。が、同時に、マニュアルとして活用してもらうことも想定している。マニュアルであるから、まず必要になる範囲について、その部分から順次利用していただければよい。最近、ブルーレイ・レコーダーを買ったのだが、そこには結構な厚さのマニュアルが付いていた。おそらく高度な使い方をする人は、隅々まで読んで活用することになるだろうが、とにかく録画ができればよいというような人は、まずはそれに必要な部分から活用するだろう。それと一緒である。

　先のような疑問に対する答えのレベルにもさまざまなものがある。とにかく、(A)〈とても・たいへん〉〈びっくりするほど優れている〉という新しい用法がいつ頃からあるのかがわかればよい、といったレベルから、(B)「すごし」という語の通史をとらえたいといったレベル、さらにすすんで、(C)

形容詞が〈とても・たいへん〉というような程度的な意味を獲得する過程の一般的な原理が知りたいといったようなレベルまであるだろう。(A)であれば、現代の大型辞書の使い方(第8章)がわかれば、答えがある程度わかってくるだろうし、(B)であれば、古い文献の電子テキストが使えると都合がよいだろう(第11章)。(C)となればかなり本格的であって、この本のある程度の内容を知っておいたほうがよい。このように、疑問に対する答えのレベルにもさまざまなものがありうるから、まずは、今の自分に必要な部分を読んで活用してほしい。そして、家電製品のマニュアルをみながら、その製品の使い方のレベルをあげていくように、日本語の歴史についても、この本を使いながら、素朴な疑問に答えを見つけるところから演習→卒業論文というように、調査を繰り返すにしたがって、実践のレベルをあげていくとよい。

そういうわけで、ここで述べられた調査手続きや分析法が一度に実践されなければならないとは考えていない。もっとも重要なことは、本編の随所に記されてもいるが、今の自分に必要なことを、マニュアルにしたがって、とにかくやってみるということである。マニュアルであるから、読んだだけではことが足りるということはない。とにかく実践してみることが大切である。

ただ、この規模の本で、日本語の歴史を明らかにする調査手続きや分析法のすべてを盛り込むことはむずかしい。初学者でも比較的手をつけやすい語彙・文法・文体の歴史を明らかにするには、ここでの解説が役に立つだろう。一方、貴重な原本を積極的に調査する必要があるような研究は、ここで示したような知見では対応しきれないところもある、ということはことわっておく必要があろう(そのような点にかかわる参考文献ついては、最後の「日本語史研究のための文献ガイド」でふれる)。

このような研究・調査マニュアルは、社会学・心理学などではかなり整備されているが、他の分野でも必要なものと考えられる。また、すでに日本語学では方言研究において調査法のマニュアルが整備されてきている。日本語の歴史においても、それに近いものをと考えた。

この本を手元に置き、さっそく日本語の歴史の調査をはじめてみてほしい。

　なお、執筆者のおひとり、佐藤志帆子さんは本書編集中、病を得て不帰の客となられた。本書完成の姿をおみせすることができず痛恨の極みである。

　最後に、図版の掲載につき御許可くださった諸氏・諸機関に御礼申し上げる。また、このような内容の必要性を説き、出版をおすすめくださったひつじ書房松本功編集長、本書のような形に丁寧に整えてくださった同相川奈緒氏、加えて、本書の刊行をさまざまな側面から強く後押しして下さった東北大学小林隆教授にも深謝申し上げる。

編者

目　次

　　はしがき　　　　　　　　　　　　　　　　　　　　　　　　iii

第 1 章　日本語の歴史を明らかにするために　　　　　　　　1

　1.　ことばの変化と日本語の歴史　　　　　　　　　　　　　1
　2.　日本語の歴史を明らかにする　　　　　　　　　　　　　4
　　2.1　文献による日本語の歴史　　　　　　　　　　　　　4
　　2.2　言語地理学による日本語の歴史　　　　　　　　　　8
　　2.3　ふたたび文献日本語史　　　　　　　　　　　　　　14
　3.　文献による日本語史研究の過程　　　　　　　　　　　　14

第 2 章　古い文献の姿　　　　　　　　　　　　　　　　　　23

　1.　書誌学と文献学　　　　　　　　　　　　　　　　　　　23
　　1.1　書誌学　　　　　　　　　　　　　　　　　　　　　23
　　1.2　文献学　　　　　　　　　　　　　　　　　　　　　24
　2.　古い書物の姿―書誌学の基礎　　　　　　　　　　　　　25
　　2.1　近代以前の書物の姿　　　　　　　　　　　　　　　25
　　2.2　写本と版本　　　　　　　　　　　　　　　　　　　29
　3.　本文の信頼性―文献学の基礎　　　　　　　　　　　　　31
　　3.1　書写による伝承と本文の変容　　　　　　　　　　　31
　　3.2　本文の変容と言語史資料としての価値　　　　　　　35
　　3.3　本文批判―校合・校訂、校本　　　　　　　　　　　38

第 3 章　日本語の歴史のための資料　　　　　　　　　　　　43

　1.　文献資料の種々　　　　　　　　　　　　　　　　　　　43

  1.1 仮名文・漢字ひらがな交じり文 43
  1.2 漢字片仮名交じり文 45
  1.3 漢字文資料(万葉仮名、正格漢文・変体漢文) 46
  1.4 古辞書 51
  1.5 ローマ字文 52
 2. 日本語史の時代と文献資料 53
  2.1 日本語史の時代区分 53
  2.2 奈良時代の文献資料 55
  2.3 平安時代の文献資料 56
  2.4 鎌倉時代の文献資料 58
  2.5 室町時代の文献資料 59
  2.6 江戸時代前期の文献資料 62
  2.7 江戸時代後期の文献資料 63
  2.8 明治時代以降の文献資料 65
 3. 資料の特徴を知るために 68

第4章　古典作品を活字本で読む 71

 1. 古典作品の活字本にはどのようなものがあるのか 74
 2. 古典叢書を日本語史調査に利用するには 78
  2.1 本文 78
  2.2 注釈・現代語訳 85

第5章　漢字で書かれた文章を読む 93

 1. 漢字で書かれた文章 93
  1.1 「漢字で書かれた文章＝漢文」か 93
  1.2 2種の漢文―純漢文と変体漢文 96
 2. 漢字で書かれた文章(漢字文)を読む 99
 3. 漢字・漢語受容史研究の資料としての漢字文 108

第6章　写本・版本の読み方 113

 1. ひらがなを読む 113
 2. カタカナを読む 124

3. 漢字を読む		127

第7章　古辞書をつかう　　　　　　　　　　　　　　　　　　133

1. 漢字辞典・漢和辞典の利用　　　　　　　　　　　　　　134
2. 国語辞典の利用　　　　　　　　　　　　　　　　　　　140
　2.1　色葉字類抄　　　　　　　　　　　　　　　　　　140
　2.2　節用集　　　　　　　　　　　　　　　　　　　　144
3. その他の辞書の姿　　　　　　　　　　　　　　　　　　146
　3.1　日葡辞書　　　　　　　　　　　　　　　　　　　146
　3.2　和英語林集成　　　　　　　　　　　　　　　　　150
　3.3　言海　　　　　　　　　　　　　　　　　　　　　153
4. 古辞書の種々　　　　　　　　　　　　　　　　　　　　156

第8章　現代辞書を利用する　　　　　　　　　　　　　　　　　159

1. 日本国語大辞典を利用する　　　　　　　　　　　　　　159
2. 古語辞典を利用する　　　　　　　　　　　　　　　　　167
　2.1　『古語大辞典』(小学館)　　　　　　　　　　　　169
　2.2　『角川古語大辞典』(角川書店)　　　　　　　　　171
　2.3　『岩波古語辞典』(岩波書店)　　　　　　　　　　172
　2.4　『古語大鑑』(東京大学出版会)　　　　　　　　　173
　2.5　時代別の古語辞典　　　　　　　　　　　　　　　176
3. 電子的な辞書(CD-ROM 版、オンライン版)　　　　　　　178
　3.1　『角川古語大辞典』CD-ROM 版　　　　　　　　　178
　3.2　オンライン版　　　　　　　　　　　　　　　　　178
4. 漢和辞典を利用する　　　　　　　　　　　　　　　　　180

第9章　参考文献を探す　　　　　　　　　　　　　　　　　　　185

1. 参考文献を探す意味　　　　　　　　　　　　　　　　　186
　1.1　自分の疑問が研究テーマとなり得るかを確認するために　186
　1.2　自分の研究テーマをより明確にするために　　　　187
　1.3　疑問を解決するための研究方法や論証方法を学ぶために　189
2. 参考文献を探す方法　　　　　　　　　　　　　　　　　193

2.1	ウェブ上のデータベース	194
2.2	各種文献目録	198
3. 参考文献を入手する		201
3.1	文献の所蔵先を探す	201
3.2	相互利用サービス	205
3.3	書店などで購入する	206

第10章　用例を集める　211

1. 用例を集めるということ		211
2. 用例を集める		214
2.1	文献を読んで探す	214
2.2	検索ツールを利用する	215
3. 用例を記録する		222
3.1	ノートに記録する	222
3.2	カードに記録する	223
3.3	表計算ソフトに記録する	225
3.4	テーブルを使って用例を整理する	226
3.5	ピボットテーブルを使ってデータ集計を行う	228
3.6	コンピュータで用例を記録する際の注意点	230

第11章　電子テキストを利用する　233

1. コーパス言語学と日本語の歴史研究		233
1.1	コーパスとコーパス言語学とは何か	233
1.2	タグ付きテキストとタグ無しテキスト	234
2. 電子テキストを利用する		236
2.1	電子テキストの信頼性	236
2.2	検索専用ソフトを使う	237
2.3	検索する前にテキスト加工	238
2.4	文字列検索の基本と「ゴミ」の問題	240
2.5	正規表現を使う	241
2.6	正規表現を使ったテキスト加工	244
2.7	テキスト加工の問題点	246

	2.8　電子テキストの限界	247
3.	日本語史研究のための電子テキスト	247
	3.1　国立国語研究所公開のコーパス	248
	3.2　国文学研究資料館公開の電子テキストデータベース	250
	3.3　東京大学史料編纂所公開の電子テキストデータベース	251
	3.4　漢籍・仏典の電子テキストデータベース	252
	3.5　有料の電子テキスト	255
	3.6　その他の電子テキスト	257

第 12 章　ことばの歴史を構築する　　261

1.	ことばの歴史構築にむけて	261
2.	用例整理・分析の視点	263
	2.1　いつに着目するか	263
	2.2　どういう点に着目するか(1)―どこで使われているか	265
	2.3　どういう点に着目するか(2)―どのように使われているか	272
3.	ことばの歴史を描く	279
	3.1　共時的な記述	279
	3.2　通時的な分析	283
4.	日本語史、もう一歩先へ	288

日本語史研究のための文献ガイド	291
資料　日本語史研究のための電子テキスト一覧	297
索引	303
執筆者紹介	311

第1章
日本語の歴史を明らかにするために

1. ことばの変化と日本語の歴史

まずは、次の文章を読んでみよう。

（１）　なほゆきゆきて、武蔵の国と下つ総の国との中に、いと大きなる河あり。それをすみだ河といふ。その河のほとりにむれゐて思ひやれば、かぎりなく遠くも来にけるかなとわびあへるに、渡守、「はや舟に乗れ、日も暮れぬ」といふに、乗りて渡らんとするに、皆人ものわびしくて、京に思ふ人なきにしもあらず。さるをりしも、白き鳥の嘴と脚と赤き、鴫の大きさなる、水のうへに遊びつつ魚を食ふ。京には見えぬ鳥なれば、皆人見知らず。渡守に問ひければ、「これなん都鳥」といふをききて、
　　　　名にし負はばいざこととはむ　都鳥　わが思ふ人はありやなしやと
とよめりければ、舟こぞりて泣きにけり。

これを読めば、この文章が現代の日本語ではないことは、すぐにわかるだろう。「河」「ほとり」「かぎりなく」「わびしく」といったことばは、現代の我々でも使うものであるが、その一方で、「いと」「大きなる」「暮れぬ」「なん」「泣きにけり」などのような、現代日本語では用いられないものが現れ

ている。このことばは、おそらく、古い時代の日本語であるという見当をつけたのではないだろうか。もちろん、このようなものを読んだことのある人も多いだろうから、その経験からすれば、すぐに古い時代の日本語であるということがわかったであろう。

　これは、平安時代の歌物語『伊勢物語』の一節である。この(1)を現代日本語に直せば次の(2)のようになる。

（２）　さらに進んでいくと、武蔵の国と下総の国との間にたいへん大きな河があった。それをすみだ河という。その河のほとりに集まりすわって、都のことを思いやって「果てしもなく遠くまでもきてしまったなあ」と、悲しみあっていると、船頭が「はやく舟に乗れ、日も暮れてしまう」というので、乗って渡ろうとすると、人々はみな何となく悲しい思いで、京に思う人がないわけでもないので…　そういう時に、白い鳥でくちばしと足とが赤い、鴫の大きさくらいの鳥が、水の上に遊びながら魚を食べている。京には見えない鳥なので、人々は皆知らない。船頭にたずねると、「これが都鳥」というのを聞いて、
　　　都という名を持っているなら、さあ尋ねよう、都鳥。私の思う人
　　　はどうしているだろうかと
と詠んだので、舟中の人はみんな泣いてしまった。

このような(1)と(2)のような違いがあるのはなぜであろうか。厳密にいえば、(1)は当時の都のことばであるから、直接比べるべきは現在の京都のことばということになるが、それでも京都の人は(1)のようには話していない。では、あらためて問おう。なぜこのような違いがあるのであろうか。

　これは、端的にいえば言語が変化したからである。(1)はおおよそ900年代の前半、(2)は2000年代のはじめのことばであるから、(1)と(2)の間には、おおよそ1000年から1100年くらいの時間がある。この1000年以上の時間を経る間に言語が変化したのである。このように言語は変化するものなのである。日常の言語生活のなかではことばが移り変わっていくさまを実感

することはあまりないと思われるが、たとえば、「昨日は夜更かしをしたので、今朝は起きれませんでした」のような「ら抜きことば」を考えてみると、どうも使用者が拡大しているようにも思われる。そして、もしその傾向が続けば、ことばが変わるということになる。実際、「ら抜きことば」は長期間にわたる言語変化である。室町時代に「読む」に対する「読める」のような可能動詞が生まれ、それが拡大し続けている現象なのである（青木博史 2010 など）。さらに、さきに見た(1)(2)のような何百年という時間の幅をもってことばを見ると、言語というものは変化するものだということが、より明確にわかる。そして、言語は文法の面においても、単語の面においても、また発音の面においても、変化しているのである。

　言語が変化していくものなのだとすれば、言語はなぜ変化していくのか、どのように変化していくものなのか、という問いが生まれてくる。また、古い言語はどのようなものだったのか、という疑問も出てくるだろう。人間の使う言語というものはいかなるものか、どのように用いられているのかということを考える学問分野として、言語学 linguistics という分野がある。そのなかで、このような疑問に答えようとするのが、歴史言語学 historical linguistics という分野である。言語が変化して移り変わっていくさまについて、それを「歴史」と呼んでよいとすれば、「言語の歴史」ということが考えられることになるが、この言語の歴史がいかなるものであるのかを解明していこうとするのが歴史言語学である。つまり、歴史言語学は次のようなことを明らかにしようとする学問分野である。

（3）　歴史言語学の問い
　　　（ある）言語の歴史とはいかなるものか。
　　　　①過去の言語はいかなる姿をしていたのか。
　　　　②言語はどのように変化するのか。
　　　　③言語はなぜ変化するのか。

以上のような問いは、言語一般についての形になっているが、実際問題とし

ては、個別の言語を対象にこのことを考えていくことになる。個別の言語を対象とすると、たとえば日本語・英語・ドイツ語・中国語を対象とする場合は、それぞれ、日本語史学・英語史学・ドイツ語史学・中国語史学、あるいは日本語史研究・英語史研究・ドイツ語史研究・中国語史研究と呼ばれることになる。そして、ここで問題とするのは、個別言語としての日本語を対象とする日本語史学、あるいは日本語史研究である。

なお、①過去の言語はいかなる姿をしていたのか、という問題も歴史言語学の課題に含まれる。ある時期の言語の姿を明らかにしても、それは言語の変化そのものを明らかにしたことにはならないが、歴史言語学の②言語はどのように変化するのか、③言語はなぜ変化するのか、という2つの問いに答えるためには、①過去の言語はいかなる姿をしていたのかということがわからなければ、どのように変化したのかも、なぜ変化したのかも考えることはできない。つまり、②③の前提として①の課題があるわけである。そして、そのことが背景にあることから、ある研究課題では②③の問いは脇においておき、①単独を問題にしても、それで研究課題になるといえる。①のようなある一時点での言語の状態を明らかにし、言語がどのような体系をなしているかを明らかにしていく言語研究を共時言語学 synchronic linguistics（共時的研究）といい、②③のような言語が時間の流れに沿ってどのように変化していったかということを扱う言語研究を通時言語学 diachronic linguistics（通時的研究）という。言語の歴史的研究においては、変化という側面にかかわる通時言語学だけが問題となるのではなく、過去の言語の体系を明らかにするという共時言語学も含まれるのである。

2. 日本語の歴史を明らかにする

2.1 文献による日本語の歴史

ここで問題とするのは、日本語の歴史・日本語史であるが、では、この日本語の歴史はどのように明らかにされるのか。その方法として、やはりすぐ

に思いつくものは、さきに見たような古い文献を利用するということであろう。さきに(1)のように古典作品を見て、その時代に「いと」「なん」などの語があると考えたが、これは言語の歴史を明らかにするひとつの方法であるといってよい。書かれた時代がわかる文献を調べ、そこに見られることばがその時代のことばであるとすれば、文献を調査していくことで日本語の歴史がわかるであろう。

　実際に、古い文献を調べていくことで、たとえば、指の名称の歴史がわかる。手の5本の指の名称は大きく変化するものや、あまり変化しないものなどまちまちであるが、それをまとめると、おおよそ次の図1のようになることが知られている(前田富祺1985)。

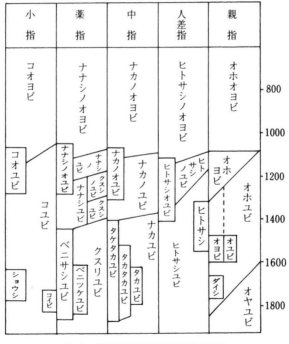

図1　指の呼び方（前田富祺 1985）

この図を見ると、たとえば〈親指〉であれば、おおむねオホオヨビ→オホユ

ビ→オヤユビのように変化したことがわかる。〈薬指〉であれば、ナナシノオオヨビ→ナナシノユビ→クスシユビ→クスリユビ／ベニサシユビのような変化である。〈小指〉は、コオヨビ→コユビとあまり変化がなく、「コー」という部分は変わらず、指そのものの名称が、オヨビ→ユビと変わる変化(1100年頃に、どの指にもおこっている変化)に平行した変化をしているだけである。

そのようなことが古い文献を調査していくことによってわかったものであるということは、次の(4)(5)のような例を見てみるとわかる。

(4) a 拇　音母　オホオヨビ　　　　　　（観智院本『類聚名義抄』仏下本）
　　 b 聖の御影をみれば、大ゆびのつめにて、額の皮をさしきりて、皮を左右へ引のけてあるより、金色の菩薩の、かほをさし出たり。
　　　　　　　　　　　　　　　　　　　　　　　　（『宇治拾遺物語』巻九 107）
　　　〔聖のお顔を見ると、親指の爪で額の皮を断ち切って、皮を左右に引き退けたところから、金色の菩薩が顔をのぞかせていた〕
　　 c 手の指はたよほく長みあつて爪薄く、足は八もん三分に定め、親指反てうらすきて、胴間つねの人よりながく、
　　　　　　　　　　　　　　　　　　　　　（『好色一代女』巻一 国主の艶姿）
　　　〔手の指はしなやかで長く、爪は薄く、足は八文三分まで、親指が反って足の裏が扁平でなく、胴は普通の人より長く(…という人を望んでいるというので)〕

(4)は古い文献における〈親指〉を表す語の例である。(4a)の『類聚名義抄』は平安時代末期編纂の辞書であるが、そこには漢字「拇」字の読みかたとしてオホオヨビの例がある。このように、文献でわかるもっとも古い時代は、おそらくオホオヨビといっていたと思われる。それが(4b)の鎌倉時代の説話集『宇治拾遺物語』になると「大ゆび」という例が見られる。これはオホユビの例と考えてよいだろう。さらに、(4c)の江戸時代前期の井原西鶴『好色一代女』になると、オヤユビの例が見られる。つまり、おおよそ平安

時代以前はオホオヨビ、鎌倉時代以降オホユビ、そして江戸時代になるとオヤユビと呼ばれるようになるのである。

また、(5)は〈薬指〉を表す語の例である。

(5) a 無名指　ナナシノヲヨヒ　　　　（観智院本『類聚名義抄』仏下本）
　　b 無名指　ナナシノユヒ　ナナシノヲユヒ(黒川本『色葉字類抄』中)
　　c 大ゆびとくすしゆびのかはに、つるつよくあたる間やぶれたり。
　　　　　　　　　　　　　　　　　　（永正十七年本『就弓馬儀大概聞書』）
　　　〔親指と薬指の革に、弓の弦が強くあたったので破れてしまった〕
　　d 其後ニ、大ゆびくすりゆびばかりを、ことかわにてつぎ初められたり。　　　　　　　（内閣文庫本『就弓馬儀大概聞書』慶長8年書写）
　　　〔その後、親指と薬指だけを異なる革で接いでなおすことを始められた〕
　　e 流鏑馬ノ決拾。先一重まはして、むすび、手ノ甲ヨリ、薬指へかくる。　　　　　　　　　　　　　　　　　（『甲陽軍鑑』外篇巻十六）
　　　〔流鏑馬の弽(弓を射るときに、手指が痛まないように用いる革製の手袋)。まず一回まわして結び、手の甲から薬指に掛ける〕
　　f 尤紅さし指とは申しますれど、是は御婦人がた計の事で、天下通用ではござりませぬ。　　　　　　　　　　（『鳩翁道話』二上）

(5a)の平安時代末期の辞書『類聚名義抄』ではナナシノオヨビと呼んでいる。「無名指」は中国での呼称でもあるから、これを翻訳したものだと思われる。(5b)の『色葉字類抄』も平安末期の辞書であるが、ナナシノオユビとともにナナシノユビという言い方が見える。そして、(5c)の『就弓馬儀大概聞書』は室町時代、1500年代の前半のものであるが、ここにはクスシユビの例が見られる。(5d)は同じ作品の別の写本で、江戸時代初めの書写であるが、この写本にはクスリユビという語が見える(小林隆2004, 2006参照)。また、(5e)の江戸時代初期の『甲陽軍鑑』にもクスリユビが見える。このように江戸時代にはクスリユビの例が見えるようになる。また同じ頃にベニサシユビも使われるようになる。(5f)の『鳩翁道話』は江戸時代といっ

てもかなり後の資料の例であるが、ベニサシユビが用いられている。つまり、おおよそ平安時代までがナナシノオヨビ、平安時代末〜鎌倉時代にはナナシノユビが見え、室町時代にはクスシユビ、江戸時代頃になるとクスリユビ／ベニサシユビと呼ばれるというような歴史をたどっていることがわかる。

このことから、上のような古い文献を調査していくことによって、指の呼び方の歴史が明らかになることがわかる。このように古い文献を用いて言語の歴史を明らかにする方法を文献言語史(研究)という。日本語の場合であれば文献日本語史(文献国語史という言い方のほうが現在はこなれた言い方か)という。そして、この文献による日本語の歴史研究が、日本語史研究のもっとも中心的な方法なのである。

2.2 言語地理学による日本語の歴史

もちろん、言語の歴史を明らかにしていく方法はこのようなものにかぎらない。たとえば、言語の地域差、すなわち方言を調べることで言語の歴史を明らかにすることも可能である。上で見た〈親指〉〈薬指〉の日本全国の方言分布をしめすと、図2、4のようになる。この地図は、国立国語研究所が1957〜1965年に行った全国2,400地点の方言調査に基づいて作成された『日本言語地図』The Linguistic Atlas of Japan(LAJ)をもとに簡略化した地図である(当時の高年層を調査したものであるため、現在の方言分布とまったく同じではないところもあり、自分はこのようには言わないということもあると思われる)。

さて、図2の〈親指〉の方言分布を見ると、広く●で示されるオヤユビが分布しているが、日本列島の周辺部、たとえば東北地方の宮城・山形県以北に◪で示されるオ(ー)ユビが分布している。また、九州の佐賀・長崎県あたりには▰で示されるウーユビ、沖縄にはウフユビが分布している。おそらく、九州・沖縄のウーユビ・ウフユビはオーユビの変化したものと思われる。オーユビ・ウーユビ系をA、オヤユビをBとすると、〈親指〉の方言分布は模式的に示せばABAという形で日本列島に分布しているといえる。

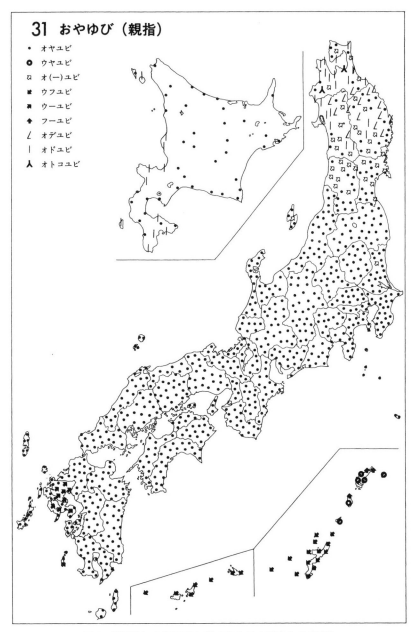

図2 「親指」の方言分布(『日本方言大辞典』小学館)

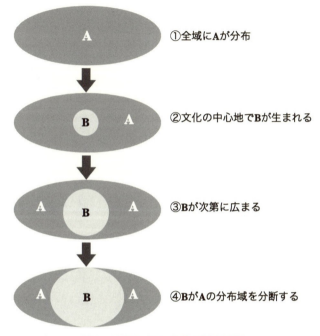

図3　方言の ABA 分布の形成過程

　ところで、方言の分布が ABA のような形(ABA 分布、周圏分布)になったときは、A のほうが古い語であり、B のほうが新しい語であるということができる。それは、図3のような過程を経てできあがった分布だと考えられるからである。すなわち、①この地域では最初は全域で A という語が用いられていた。ところが、②この地域の文化の中心地で A と同じ意味をもつ新しい語 B が生まれた。そして、③この新語 B は文化の中心地から次第に周辺の地域に広まっていった。さらには、④この B はどんどん広まっていき、ついには A の分布域を分断した、という過程である。このような過程が考えられる場合、ABA という方言分布から、A→B という変化がおこったと推測できるのである(もちろん、この場合、B の分布しているところが A よりも文化の中心に近いといった条件がなければならないが)。

　このことを、先の図2の〈親指〉の方言分布から考えてみると、次のよ

うな歴史があったことがわかる。すなわち、この地域(日本列島)では、まずはAのオーユビ類が用いられていた。そのうち、文化の中心地である京都でBのオヤユビという語が生まれた。このオヤユビ(B)は次第に広がっていき、オーユビ類(A)の分布域を分断した。その結果、オーユビ類(A)は、日本列島の周辺に残る形になった、ということである。このことから見ると、オーユビ類が古く、オヤユビが新しいということになる。このように方言の分布からも言語の歴史を探ることはできるのである。ここでのこのような方法を言語地理学(方言地理学)という。この言語地理学も言語の歴史を明らかにする方法の一つである。

　また、図4の〈薬指〉の方言分布を見てみると、大きく言えば東日本はクスリユビ(●)、西日本はベニサシユビあるいはベニツケユビ(◐・◑。以下、ベニサシユビで代表させる)が分布しており、東西に分かれた分布をなしているともいえる。また、沖縄にはナナシユビ(↑)が見られる。しかし、よく見てみると西日本にもクスリユビは分布し、それは相対的に山間部に見られる。また、ベニサシユビは九州までで、そのさきの奄美大島はクスリユビだけが用いられる地域である。このことを図で示せば図5のようになる。このように考えると、ベニサシユビよりも中央から離れ、分断された分布をなしているクスリユビのほうが、ベニサシユビよりも古いと考えられる。そのクスリユビよりもさらに周辺に分布するナナシユビはより古いものと考えられる。つまり、ナナシユビ→クスリユビ→ベニサシユビの順に変化したものと考えられる。

　この言語地理学による結果を、さきの文献を調査して得られた結果と比べてみると、〈親指〉の場合、文献による調査の結果に見られるもっとも古い形であるオホオヨビという形は見られないものの、オホユビ(オーユビ)→オヤユビという文献による調査結果と一致した結果があらわれていることがわかる。また、〈薬指〉の場合も、ナナシノオヨビなどの〜オヨビという古い形は見えないものの、ナナシノユビという形が比較的古く、次にクスリユビがあらわれ、それに次いでベニサシユビがあらわれている。文献に見られるクスシ(ノ)ユビという形は方言には見られないが、このクスリユビという形

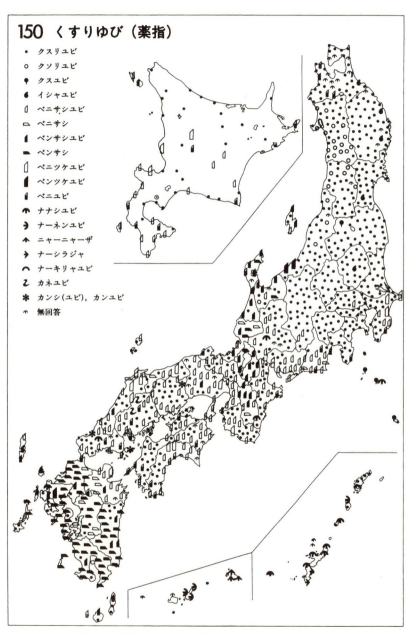

図4 「薬指」の方言分布(『日本方言大辞典』小学館)

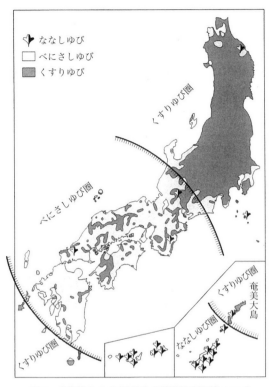

図 5 「薬指」の方言分布の解釈（小林隆 2006）

は方言にはあらわれにくい書きことば、あるいは貴族語ではないかと考えられており（小林隆 2004, 2006）、そのことをふまえると、おおむね文献による結果と一致した結果があらわれている。このことからも言語地理学の方法によって、方言から言語の歴史を明らかにすることができることがわかるであろう。

　以上のような方言を利用した方法のほかにも、年齢差を利用した方法（高年層の用いる形式が古い形式、若年層の用いる形式が新しい形式であって、その時代は古い形式が新しい形式に移り変わる過程の途中にあると考える社会言語学的方法）など、言語の歴史を明らかにする方法はさまざまなものがある（大木一夫 2013 にそれらの整理がある）。それらの方法をできるだけ利

用して総合的・多面的に言語の歴史を考えることは重要なことである。

2.3　ふたたび文献日本語史

とはいえ、まずは、日本語の歴史を明らかにしていくにあたっての中心的な方法は、さきに見た文献日本語史であるといってよい。そこで、本書においては、文献による日本語史研究の進め方について、古い文献を調査する方法を核にして、述べていくことにする。

文献日本語史研究とは、古い文献から証拠になる言語例を収集して、その例をもとに日本語の歴史を組み立てていくものである。そして、その言語例を用例というが、言語の歴史的研究の場合、この用例がきわめて重い意味をもつ。現代日本語の研究の場合、分析者が日本語母語話者であれば、頭の中で現代日本語として使える例文を考えるとか、逆に使えない例文を考えるなどの内省を行うことができ、それをもとに考察を進めることも不可能ではない（もちろん、現代語研究でも実際に使われた例文の収集も行うのであるが）。しかし、既に話す人のいない過去の日本語はそういうことはできない。したがって、この用例の収集が考察を大きく左右することになる。

また、古い文献を調査するにあたっては、古い文献がどのようなものであるか、どのような性格をもっているかを知っておかなければならない。古い文献は現代の文献とはさまざまな側面において異なっているからである。

そこで本書では、古い文献がどのようなものであるか、また、古い文献をどのように使うか、そして、そこからどのように用例を集めるのか、といったことを解説していくことにする。

3.　文献による日本語史研究の過程

日本語の歴史を明らかにするということは、日本語の歴史を研究するということであるが、日本語の歴史の研究の過程、とくに古い文献を用いた日本語史研究の過程はどのようなものなのだろうか。本書は古い文献を調査することについての解説に多くを割くが、古い文献を調査するということは、日

本語史研究の過程のひとつであって、単に調査そのもののやり方がわかっても、それだけでは十分ではない。研究というのは、課題・問題意識があって、それを解決する過程である。調査というのは、その課題・問題意識解決のために行われるものであるから、調査の方法は研究の過程とともに理解されなければならない。

　では、古い文献を用いた日本語史研究、すなわち文献日本語史研究の過程とはどのようなものであるか。その過程の概略を示したのが、次の図 6 である。この図は基本的に、問題解決のために調査を行う研究一般のもつ研究過程と大きく違うところはない。つまり、過程の枠組みとしては、文献日本語史に特徴的なところはほとんどないといってよい。ただ、具体的にどのような知見に基づいて、どのような作業をするのかというところは、日本語史

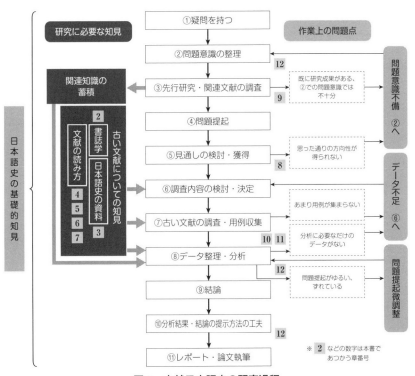

図 6　文献日本語史の研究過程

研究独自の点になる。その点が、特に日本語史研究として知っておくべきところ、留意するべきところである。それらについて簡単に説明すると以下のようになる。

①疑問を持つ

　まず、研究のスタート時点においては、何らかの①疑問を持つことになる。たとえば、何かの機会に現代日本語では使わない言い方を目にしたとする。さきの指の呼び方の例でいえば、薬指のことをナナシノユビという言い方をどこか(たとえば古い文献)で目にするというようなことである。すると、現在のクスリユビという言い方は、いつ頃からあるのかとか、ナナシノユビよりも古い言い方があるのか、というような疑問が生まれてくる。このような疑問が、まずは研究のスタート地点ということになる。この段階での疑問はきわめて素朴なものでもかまわない。

②問題意識の整理

　ただ、このような疑問点のままでは、あまりに直感的・感覚的であるので、この疑問点をもう少し整ったものにして、研究課題として成り立つようにしていくのが次のステップである。そこで、先のような疑問を整理してみる。この段階が、②問題意識の整理である。上の例でいえば、単に現在のクスリユビという言い方がいつからあるのか、という問いは、もう少し考えれば、薬指の呼び方が古い時代から現在になるにしたがって変化してきているということを意味するのであるから、薬指の呼び方はどのように移り変わってきたか、というもう少し大きな、整理された問題意識にしていくことができる。あるいは、薬指の呼び方が変わってきているのであるから、ほかの指の呼び方も変化しているのではないかと考えることができる。もちろん、この段階ではほかの指の呼び方が変化しているかどうかはわからないわけであるが、まずはそのように考えてみることが重要である。

③先行研究・関連文献の調査

　さて、問題意識がある程度整理されたところで、次に行わなければならないのが、③先行研究・関連文献の調査である。研究とは今まで知られていなかったことを明らかにする行為であるから、すでに、②で整理した問題意識に対する答えが明らかになっているということになれば、その研究を進めることに意味はなくなってくる。つまり、既に研究成果があるということになると、その問題意識のままで進めていくわけにはいかないということになる。したがって、その問題意識に関するこれまでの研究成果を把握しておくことが必要になる。これまでになされた研究を先行研究といい、この段階で先行研究の調査をして、ここでの問題意識で進めていってよいかを検討することになる。同時に、問題意識にかかわるこれまでの研究成果は、後々に自分自身で分析・整理をしていくためのお手本になったり、その分野の基礎的知識・関連知識を提供してくれるものだったりもする。つまり、問題意識に関連する文献を調査することは、後の自分の分析の役に立つものでもあるのである。このような点からも、先行研究・関連文献の調査を行うことが必要になるのである。もし、ここで自分のたてた問題意識で進めることができないことがわかった場合、あるいは、さきの問題意識の不十分さがわかったり、よりよい問題意識があるとわかったりしたような場合は、あらためて②の問題意識の整理に戻り検討し直すことになる。

④問題提起

　先行研究・関連文献の調査を行い、先の問題意識で進めていくことができるということになったら、あらためて④問題提起を行う。ここで、自分が解決すべき問題をあらためてはっきりさせ、後の過程に備えるのである。②と重複するようにも思われるが、②と③の往復を繰り返すこともあるので、自分の課題をはっきりさせるために、もう一度、問題点を明確な形にしておくということである。

⑤見通しの検討・獲得

　ここまでで何を明らかにしていくのかが決まったので、さっそくそのことを明らかにするための調査に入りたいところだが、すぐに本格的な調査に入るのは大きな賭けである。④の問題意識で、うまく答えが出るのかどうかはこの段階では、はっきりしない。すぐに調査をしてみたのはいいが、考えていたような方向には行かず、その調査から何かいえるようなデータは集まらなかった、ということになると、それは徒労感ばかりが残る。そこで、どのような結果が得られそうか、見通しを検討して、方向性を得ておくのが効率的である。たとえば、大型の国語辞典や古語辞典には、語の意味の説明のほかに、古い時代の用例が示されている。こういうものをあたってみると、その語の変化の流れが大まかに推測できる場合がある。そのような場合は、辞書類を利用して、結果の見通しについて検討しておくと、調査が徒労に終わるというようなことを避けることができる（できないかもしれないが、やらないよりはよい）。辞典類などからではわからないようであれば、予備調査を行ってみるという方法もある。調査対象となりそうな資料の一部分を、さきに固めた問題の視点から、調査してみるのである。この予備調査から見通しが得られれば、本格的な調査に進むことになる。この段階で、思うような方向性が得られない場合は、問題の設定に不備があるということになるので、あらためて②の問題意識の整理に戻って考え直すことになる。

⑥調査内容の検討・決定

　見通しが得られたところで、次に本格的な調査に進むわけであるが、やみくもに調査を進めるのでは効率が悪い。また、調査すべき範囲を調査しないで終わってしまうことにもなりかねない。そこで、どの時代を調査するのか、どのような資料を調査するのか、どういう範囲の用例を集めるのかというような点を検討し、調査方針を決定していくことが必要である。この段階で日本語の歴史を明らかにする資料にはどのようなものがあるのか、またそれらの日本語史研究資料としての特徴はどのようなものなのかといった点に留意することが必要になる。つまり、日本語史の資料に関する知見を動員し

て、調査方針を検討し、決定していくことになる。

⑦**古い文献の調査・用例収集**
　ここにいたって、本格的に古い文献を調査して用例を集めていくことになる。この段階では、古い文献がもっている性格についての知識を動員しながら調査を進めることになる。また、古い文献を読み解く力が必要になる。つまり、古い文献に関する知識（書誌学的知識）や古い文献を読み、理解するための知識が必要になる。同時に、後の分析の役に立つように用例を集めるための技術なども身につけておく必要があるだろう。実際に調査を進めて用例を集めてみたが、どうも後の分析に必要な用例が集まらないというようなことになった場合は、あらためて⑥の段階に戻り、さらなる調査について検討することになる。

⑧**データ整理・分析**
　計画した調査が終了し、用例が集まったところで、その用例を整理し、分析を行う。分析にあたっては、古い文献についての知見からその用例の性格を考えたり、関連文献から得た知識を参考にしたりして分析を進める。古い時代の日本語も、日本語であり、また言語であるわけであるから、現代日本語における分析の視点、言語一般に対する分析の視点も考慮するのがよい。この段階で分析に必要なだけの用例が集まっていないことがわかった場合、もう一度⑥に戻り追加調査を計画・実行することになる。また、データを整理・分析した結果と④の問題提起が整合的になっているかも確認したい。得られた結果は、④で規定した問題とは若干ずれることもあるからである。データのほうは動かせないわけであるから、問題提起の側を調整することになる。

⑨**結論**
　問題提起として規定した「問い」に対する「答え」をまとめる。この「答え」が結論である。

⑩ **分析結果・結論の提示方法の工夫**

　分析結果・結論は既に出ているわけであるが、これを他の人に伝えなければ研究にならない。レポート・卒業論文であれば提出先の教員、論文であれば日本語研究に携わる人全般ということになるが、その人がここでの成果を十分に理解できるような形で伝える必要がある。そのためには、⑩分析結果・結論の提示方法の工夫を検討することが求められる。証拠となるものをいかにわかりやすく提示するか、結論をいかに明瞭にするかを検討する。その際、図表の利用、すなわち視覚化というようなことも考えたい。

⑪ **レポート・論文執筆**

　この研究での問題提起とその答え、すなわち、ここまでに得られた結論を文章化する。証拠をきちんと提示し、それに基づいて結論を述べる。一般的には明瞭な論理構造、わかりやすい文章で書くことが望まれる。また、提出先の求めている形式を遵守して作成することも重要である。

　以上、文献日本語史研究の過程を略述したが、本書は、このような過程で、古い文献資料について調査を行って日本語史研究を進めていくにあたって必要となる基本的な知識を解説していく。まずは、調査する対象となる古い文献とはどのようなもので(第2章)、それらにはどのようなものがあり、どのような言語が反映されているのか(第3章)という点を解説する。次に、古い文献の読み方を解説する。比較的読みやすい活字化された古典作品の読み方と注釈書の利用法(第4章)、漢文など漢字だけで書かれた文献の読み方(第5章)、写本・版本など現在よく知っている本とは姿を異にする古い本の読み方(第6章)、古い時代の辞書の読み方(第7章)という順序で、日本語の歴史をあきらかにするための古い文献の読み方について、基礎的な知識を解説する。その後、文献日本語史研究の過程について、見通しの検討を行うための辞典類の使い方(第8章)、先行研究・関連文献の探し方・入手の仕方(第9章)、古い文献の調査の仕方(第10章)を説明する。また、近年よく用いられるようになったものであるが、古い文献を電子化した、電子テ

キスト類の使い方も述べる(第11章)。そして、最後に、ことばの歴史を構築するための分析視点や分析結果の提示の仕方について簡略に説明する。この分析視点は研究過程のはじめの段階である疑問を持つところや問題点の整理にもかかわるものである(第12章)。

　ここに述べることだけで、文献日本語史研究の進め方が十全にわかるというわけにはいかないが、まずは必要になると思われる事項について、できるだけ具体的に述べていくことにしたい。

参考文献
青木博史(2010)『語形成から見た日本語文法史』ひつじ書房
青葉ことばの会編(1998)『日本語研究法【古代語編】』おうふう
青葉ことばの会編(2016)『日本語研究法【近代語編】』おうふう
大木一夫(2013)『ガイドブック日本語史』ひつじ書房
小林隆(2004)『方言学的日本語史の方法』ひつじ書房
小林隆(2006)『方言が明かす日本語の歴史』岩波書店
佐藤亮一(2001)『生きている日本の方言』新日本出版社
佐藤亮一監修・小学館辞典編集部編(1991)『方言の読本』小学館
前田富祺(1985)『国語語彙史研究』明治書院

第 2 章
古い文献の姿

　古い文献を用いて日本語の歴史を明らかにしようとするとき、入門の段階から、近代の活字本以前の文献、すなわち、筆墨で手書した写本や、主に木版で印刷・出版された版本(はんぽん)などを、直接見ることは多くないと思われる。近代の活字本として刊行されているものも多くあり、まずは、それらを利用することが多いからである。ただ、写本・版本といった古来の文献の姿のあらましを理解しておくことによって、活字本等を利用する際にどのような点に注意すべきかということが理解しやすくなると思われるので、そのことに触れておくことにしたい。ここでは、文献言語史の関連分野としての、古い文献の外形的な姿について考える書誌学、古い文献の内容・テキストの過去の姿について考える文献学の、それぞれごく基本的な点について解説する。

1. 書誌学と文献学

1.1 書誌学
　書籍がいかなるものであるかということについて、それらがどのような形をしているかといった外形的な側面から研究する分野を書誌学 bibliography という。文学作品などの書籍を研究対象として扱うためには、その書籍そのものが、いつどこで誰によって作られた、どのような特色のものであるかということが、ある程度明らかになっている必要がある。そうしたことを明ら

かにして初めて、テキストの内容を吟味したり、言語史の資料として扱うことができるようになるのである。

　外形的な側面とは、書籍の大きさや形、製本・印刷の仕方、表紙や中身に使われている紙の種類や色・質感、筆墨の種類や材料、綴じ糸の種類や色、題名の示し方、蔵書印の有無と内容、誤字・脱字や乱丁・落丁の有無、などのことである。書誌学は、これらの観点から、様々な書籍について科学的・実証的に調査・研究するものである。

　それによって、それぞれの書籍が出現・成立した場所や時代を推定することや、原本がどのようなものであり、それがどのように伝播したかを明らかにすることができるようになる。さらには、書籍の種類や起源・発達の歴史を研究する方面や、あるいは、書籍の整理・分類の方法と歴史などを研究する方面へも、発展し得るものである。

　このように、書籍一般、あるいはある特定の書籍について、外形的な側面から、歴史的な意義・特色を明らかにすることが、書誌学の目的である。

1.2　文献学

　現存するさまざまな写本等のテキストを比較・整理し、原本に遡ることを目指したり、信頼のおけるテキストを求めていく研究分野を文献学 philology という。広義文献学には、本文の字句・表現の解釈について論じる注釈学的研究を含むこともあるが、上述したところが、文献を言語史の資料として扱うために経る必要のある範囲である。

　文学作品を言語史的に利用して研究する場合、扱うテキストは、原本成立当時のものとして確定された本文であることが理想的である。なぜなら、文献言語史研究においては、その文献に見られることばがいつのものであるかが、はっきりしている必要があるからである。しかし実際には、原本成立当時のものがそのまま残っているという場合はきわめてまれである。したがって、文献に現れる本文が、本当に成立時のものと認めてよいかどうかといったことや、それが完全な形であるか不完全な形であるかといったことが、検討されなければならない。少なくとも、原本成立当時のものにできるだけ近

いものとして確定された本文を研究対象として扱うことが望ましい。それによって、そのことばの使われた時期がわかり、それを元に歴史が描けるのである。そうした信頼のおけるテキストを定めるためには、一つの作品について、より多くの、そして良質の写本・版本を収集・整理し、その異本同士を照合することによって、適切な本文を選択したり、本文を適切に改めたりすることが必要となる。そうした、適切な本文を求めていく作業は、文学作品を研究対象として扱う際には、欠くことのできないものである。

　書誌学と文献学は、密接に結びついている。テキストの中身を吟味するためには、書籍そのものとしての研究がなされなければならず、また、テキストの比較・整理といった文献学的基礎作業を踏まえることで、作品が製作された、あるいは成立した年月を推定したり、著作者を推定したりすることも可能となるからである。

　このように、書誌学及び文献学は、言語史研究のみならず、文学・歴史学・哲学など、およそ書籍・文献を扱う学問全般にとっての、補助学あるいは基礎学ともいうべきものなのである。

2. 古い書物の姿―書誌学の基礎

2.1 近代以前の書物の姿

　近代以後の出版物は主に洋綴本(洋装本)と呼ばれるヨーロッパでの製本の形式によるものであるが、これに対して近代以前のものを、和装本(和本)という(和装本は、近代のはじめにも見られる)。近代以前の日本における書物の形態(和装本)には、巻子本・折本・冊子本、といったものがある。

　巻子本は、紙の末尾裏側と次の紙の冒頭表側とを糊で貼り継いで長い一枚の紙とし、それを末尾の側から軸に巻き取り、紐をつけて巻物を巻いて結ぶ形にしたものである(図1)。冊子形式以前の書物の仕立て方として、最も古い形式と考えられる。

　折本は、巻子本と同様に紙を複数枚貼り継いだものを、一定の幅で蛇腹状に左右交互に折りたたみ、最初と最後に厚手の紙などで表紙を付けたもので

図1　巻子本（※複製）『複刻日本古典文学館　方丈記』（日本古典文学会監修 1971）

図2　折本（※複製）『大福光寺本　方丈記』（古典保存会 1926）

ある（図2）。巻子本と違い、開いた面が平らになることが特徴であり、また、任意の箇所を容易に開くことができるという利点を持つ。主に仏教経典や書道の手本などに使用される形式である。

　冊子本は、紙を一枚一枚重ね合わせて綴じたものである。その綴じ合わせ方によって、粘葉装・綴葉装・大和綴じ・袋綴じなどがある。
　粘葉装とは、紙を半分に折って背中合わせに重ね合わせ、それぞれの紙の折目をそろえて、上から下まで折目から紙の端1センチメートル程度の幅を糊代として、糊付けして重ねたものである。片面のみの書記の場合も両面

書記の場合もある。また、この綴じ方を胡蝶装とも呼ぶ(図3)。

図3　粘葉装(※複製)『原装影印版　古辞書叢刊　別巻　法華経単字』
（古辞書叢刊刊行会 1973）

　綴葉装とは、粘葉装の糊付けの代わりに糸で綴じたものである(図4)。紙を数枚重ねて半分に折って小冊子状にしたものを数段重ねて、折り目部分に穴を開け、糸で綴り合わせる。したがって、糸の結び目は冊子の内側となる。これを列帖装ともいう。

図4　綴葉装(※複製)『専修大学図書館蔵　古典籍影印叢刊　つれづれ草』
（専修大学図書館蔵古典籍影印叢刊刊行会 1993）

大和綴じとは、紙を重ねて2か所または4か所の穴をあけ、紐を通して綴じたものである(図5)。したがって、糸の結び目は冊子の外側となる。

図5　大和綴じ(※複製)『橘為仲朝臣集』(思文閣出版 2003)

　袋綴じとは、書記面を外にして紙を半分に折ったものを、折り目を外側にした状態で重ね、折り目と反対の内側の部分を糸で綴じたものである(図6)。これが、江戸時代の写本・版本の装丁の主流となる。

図6　袋綴じ『雑字類編』上下、文政七年序

　このような、折本・冊子本の表紙、巻子本の場合は巻いた外側に記された、その書物の題名を、外題という。これは、その紙に直接書く場合もある

が、別の短冊状の紙に書いて貼付する場合もあり、その貼付する紙を題簽(箋)という(図6右では、「雜字類編　上(上)」という外題が、題簽に書いて貼付されている)。外題に対して、本の内側の初めに出てくる題名を内題という。同一の書物に、外題と内題で異なる書名が記されていることもある。その場合には、一般的に、内題が書名として優先される。

2.2　写本と版本

　写本とは、筆墨によって、紙に手書された書籍をいう。他の書籍を写したものに限らず、印刷物である版本に対して、人が手で紙に書いた書籍一般を、写本という。

　写本の内、作者自身の手書したものを、原本という。但し、作者自筆といっても、一つとは限らない。草稿段階の稿本と、それを清書した清書本とは区別され、また、草稿段階で稿を何度か改めていれば、稿本を初稿本・再稿本・定稿本などといって区別する。それら原本以外の、何らかの既存の写本を別人が転写したものを、転写本という。

　また、世間に広く流布・流通している本を流布本といい、それに対して、流布本とは異なる本文を持つ本を、異本と呼ぶ。

　写本の末尾には奥書が記されている場合が多い(図7)。そこには、書写年月や書写者名の他、書写の経緯などが記されている。

　版本とは、写本に対する呼び名で、印刷・出版された書物のことである。刊本・刻本・板本などとも呼ばれる。

図7　奥書(※複製)
『古文學秘籍叢刊 寂恵本古今和歌集　上』
(古文學秘籍複製會 1933)

版の作り方には、整版と活字版がある。整版とは、版面の一面を一枚の板に彫るもので、活字版とは、一字(または数字)ずつ独立した文字の版を組み合わせて版面を作るものである。

　近代以前の日本における印刷方法の主流は整版印刷であり、中でも、木版刷りが中心であった。木版刷りとは、木に彫った版木を刷るものである。版木を彫る際には、薄い紙に書いた原稿を裏返しに版木に貼り付け、墨の部分が残るように彫っていくが、その原稿となる紙を、版下(はんした)と呼ぶ。彫って最初に印刷したものを初刷(しょずり)(初印本)、同じ版木でそれ以後に印刷したものを後刷(あとずり)(後印本)という。初刷に比べて後刷では、文字が不鮮明で枠に破損などがあることも多い。

　こうした整版印刷に対し、1600年前後(文禄・慶長〜元和・寛永ごろ)には、木版による活字印刷がやや広く行われた。これを、明治時代以降の西洋式の金属活字印刷に対して、古活字版(こかつじばん)と呼ぶ。木製の活字であることから木活字版とも呼ぶ。しかし、当時の印刷技術では、活字の耐久性が高くなかったために冊数・部数の多い印刷は難しく、また、漢文の訓点(返り点や送り仮名など)や振り仮名を印刷することも整版に比べて容易でなかったことから、次第に整版印刷が多くなった。整版は、一度版木を作れば必要に応じて増刷することができる点で有利でもあった。以後、近代以前の版本は、木版の整版が一般的な印刷方法となる。

　版本は、通常、刷本を中央部分で二つ折りにして袋綴じで製本されるが、その二つ折りにした折り目の部分、版木の中心にあたる部分を版心(はんしん)・柱(はしら)という(図8)。版心の部分には、書名・巻名・紙数(丁数(ちょう))などが刻されている(図8では、書名・巻名が「雑字類編巻五」とあり、紙数(丁数)が「三十五」とある)。丁付は、二つ折りにした紙の表裏(2頁分)で一丁となる。表側半丁を「一丁表(一オ)」、裏側半丁を「一丁裏(一ウ)」などと呼ぶ(以下、「二丁表」「二丁裏」「三丁表」…)。写本には通常丁付は無い。

　刊本の末尾部分には、多くの場合刊記(かんき)が添えられ、刊行年月と刊行者の住所氏名などが記してある(図9)。刊記の無い版本を無刊記本と呼ぶ。

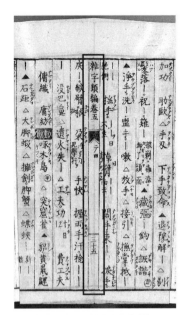 

図8　版心（図6の文献）
版心部分を □ で囲んで示した

図9　刊記『三教指帰註刪補』
巻第七、万治二年序

3. 本文の信頼性―文献学の基礎

3.1　書写による伝承と本文の変容

　さて、このように、印刷技術が発達する以前の古典作品というのは、書写によって伝承されてきたものなのであるが、書写という伝承方法においては、その過程で、本文の内容が変化するということが起こる。写本の場合であれば、転写を重ねる過程での写し誤りや、文字・文句の脱漏が起こることは避けられない。また、版本の場合でも、版を改める際に、あるいは過去の版本をもとに新たに版を作る過程で、彫り誤りや脱漏が起こったりすることがある。また、ページや文章の順番が前後する錯簡(さっかん)が生じることも少なくない。

　次の例を見ていただきたい。『土佐日記』冒頭の例である。

(1) a　をとこもすといふ日記といふ物をゝむなもして心みむとてするなり
　　　　　　　　　　　　　　　　　　　　　　　　　　　　　　　（定家本）
　　b　をとこもすなる日記といふものをゝむなもしてみんとてするなり
　　　　　　　　　　　　　　　　　　　　　　　　　　　　　　　（青谿書屋本）
　　c　おとこもすなる日記といふものをゝむなもしてみんとてするなり
　　　　　　　　　　　　　　　　　　　　　　　　　　　　　　（日本大学図書館蔵本）

(1a)は、藤原定家筆による転写本である。藤原定家は、歌人として有名だが、多くの古典作品を整理・収集し、また筆写しており、定家筆によって現代にまで伝わる古典作品は数多い。(1b)は、定家の子である為家による転写本を忠実に転写したとされるものである(図10)。池田亀鑑によって紹介され、広く知られるようになった(池田亀鑑1941)。(1c)は、松木宗綱による転写本の系統に属する善本とされるものである(図11)。『土佐日記』の作者である紀貫之による自筆本は現存しないが、写本の奥書から、定家・為家・松木はいずれも紀貫之自筆本を転写したと考えられている。

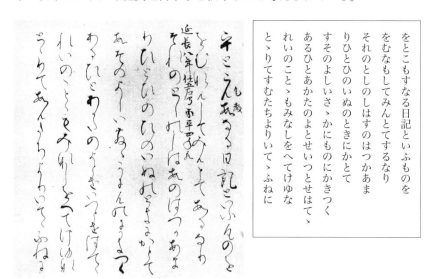

図10　青谿書屋本『土佐日記』
（東海大学桃園文庫影印刊行委員会編1992、東海大学付属図書館蔵）

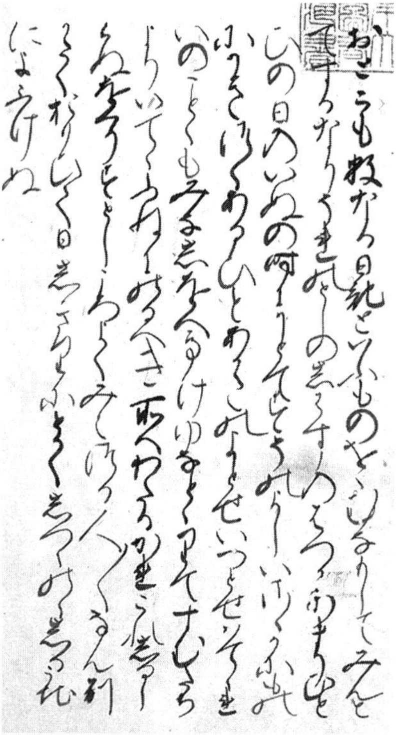

> おとこもすなる日記といふものを
> ゝむなもしてみん
> てするなりそれのとしのしはすの
> はつかあまりひと
> ひの日のいぬの時にかとてすそのよ
> しいさゝかにもの
> にかきつくあるひとあかたのよとせ
> いつとせはてゝれ
> いのことゝもみなしをへてけゆなと
> ゝりてすむたち
> よりいてゝふねにのるへき所へわた
> るかれこれしるし
> らぬもくりすとしころよくみえつる
> 人〴〵なん別
> かたくおもひて日しきりにとかくし
> つゝのゝしるうち
> によふけぬ

図11　日本大学図書館蔵本『土左日記』

　これを見ると、冒頭の、(1a)定家本と(1b)青谿書屋本で「をとこ」となっているところが、(1c)日本大学図書館蔵本では「おとこ」となっており、「を／お」の仮名が異なる。続いて、(1b)青谿書屋本と(1c)日本大学図書館蔵本で「〜もすなる日記」となっているところが、(1a)定家本では「〜もすといふ日記」となっている。さらに、(1b)青谿書屋本と(1c)日本大学図書館蔵本で「〜もしてみんとて」となっているところが、(1a)定家本では「〜もして心みむとて」となっている。

　このように本文が違うのは、古典作品が、書写によって享受・継承されてきたことによる。つまり、古典作品は、成立当時の原本そのままの形で受け継がれているとは限らないのである。例えば、前述の通り、『土佐日記』

は、作者である紀貫之の原本は残っていない。『源氏物語』も、紫式部の筆になるものは残っていない。『土佐日記』『源氏物語』の現存する写本のうち、作品全体(に近いもの)が揃っているのは、いずれも中世に書写されたものが最古である。それ以外の作品でも、そもそも作者自筆の原本が伝存していることは稀である。現存する文献の多くは、筆写を重ねて伝えられてきたものなのであり、異なる形を持つ複数の本文が、現在に伝えられているという場合が多い。したがって、現存する本文が、原本と同じであるという保証はなく、また、諸伝本の中で最も古いものがより原本に近いとも限らない。

　なぜ原本と異なるものが伝えられているかというと、書写を重ねる間に、無意識・無自覚的に写し間違えたものがあるためである。あるいは、意味の通じない箇所などを意識的に改変したものなどもある。さらに、極端な例としては、何らかの目的で故意に書き換える改竄(かいざん)の類も無いわけではない。

　転写の際の誤りには、様々な種類があり得るが、例えば、転写者の力不足から、文字の読み間違いや内容の読み誤りが生じた、という場合や、別の行のよく似た文字・表現へ目移りして途中を飛ばしてしまう場合、などが考えられる。また、転写者の知識不足だけでなく、当代には意味の通じにくくなっていた語句や表現を、意味がわかりやすいように直してかえって不自然になる、といった場合もあると考えられる。

　例えば、大福光寺本『方丈記』には、次のような箇所がある。

（２）　塵灰トナリニキホモトハ樋口富ノ小路トカヤ
　　　　<u>舞人</u>ヲヤトセルカリヤヨリイテキタリケルトナン　　　　（大福光寺本）

２行目冒頭の「舞人」は、『方丈記』の他の諸本では前田家本の「まひ人」を除いて全て「病人」となっている(青木伶子編1965による。以下(3)(4)も同じ)。これはおそらく、「…とかやまひ人を…」という仮名書きの本文を転写する際に、「や」を二重に読んだために「まひ人」を「やまひ人」としてしまい、それに漢字の「病人」をあてたことによるものであろう。したがって、「まひ人(舞人)」が元の形と考えられる。

また、同じく大福光寺本『方丈記』には、次のような箇所がある。

（3）　<u>朝ニ死ニタニ生ル</u>ヽナラヒ水ノアハニソ似リケル　　　（大福光寺本）

ここは、前田家本・三条西家本(さんじょうにしけぼん)・正親町家本(おおぎまちけぼん)・日現本・学習院本では、このような本文であるが、山田本・保㝎本・氏孝本・名古屋図書館本・龍山本では、「朝・夕」と「死ぬ・生まれる」の対応関係が異なり、「朝」に「生れ（生シ）」、「夕」に「死ぬる（死する）」となっている。

（4）a　朝にしに夕にむまるゝならひ　　　　　　　　　（前田家本）
　　 b　朝ニ生シタニ死ヌルナラヒ　　　　　　　　　　（山田本）

これは、人間の盛衰が水の泡のようにはかないことを表す例として、「朝に生まれて夕方に死ぬ」とするか「朝に死んで夕方に生まれる」とするか、書写者にとって理解しやすい方、あるいは正しいと思う方へ、意識的・無意識的に引かれたものであろう。

　このように、書写による伝承においては、転写の際の誤りと考えられるものが少なからず見られる。そうであるから、古典作品を言語史資料として扱おうとする場合、現在伝わっている写本の本文を、そのまま作品成立年代の文献と同じものとして扱うことはできない。ここに、何らかの手段を使って、言語史資料としての信頼性の高い本文を求める必要が生じてくる。

3.2　本文の変容と言語史資料としての価値

　さて、文献言語史とは、古い文献資料を見ることによって、過去の言語の実態を調べ、そこから、言語の変化を明らかにしようとするものである。その際、文献資料の持つ特徴・文献資料を扱う際の問題点として、前節で述べたように、本文が変容しているといったことが挙げられる。それは近代以前のテキストが、主に書写によって継承されてきたものであることから生じたものであった。それでは、言語史資料として過去の文献資料を見ようとする

とき、その本文は、全く信頼できないものなのだろうか。あるいは、本文の信頼性は、どのようにして確保されるのだろうか。ここでは、言語史を編むための本文の信頼性について述べる。

　前節に挙げた例は、主に書写者の力不足や不注意によって本文の変容が起こったと考えられるものであった。しかし、単に誤写・誤解であるだけでなく、そこに起こった変容が、言語史的に無意味でない場合がある。

　次に挙げる例は、大島本『源氏物語』幻巻からのものである。

（５）　なをこそ人にはまさりたれ　　　　　　　　　　（『源氏物語』幻）

ここに挙げたのは、『源氏物語』の写本のうち、青表紙本系統に属する大島本の本文である。青表紙本とは、藤原定家が『源氏物語』の本文を整定したもの、およびそれを転写したものの系統である。大島本は青表紙本系統のうちの最善本とされるものである。それに対し、河内守であった源光行（みなもとのみつゆき）・親行（ちかゆき）父子が本文を整定したもの、およびそれを転写したものである河内本と呼ばれる系統がある。(5)に挙げた箇所は、大島本(青表紙本)では、「こそ」の結びが「たれ」であるが、東山御文庫蔵　七毫源氏（しちごう）(河内本)では結びが「たり」となっている(池田亀鑑 1953–1956)。

　これは、係助詞「こそ」に対する結びが混乱した例といえる。係り結びの法則は、平安時代には保たれていたが、平安時代後期から鎌倉時代にかけて衰退に向かい、室町時代末頃までには崩壊するとされる。七毫源氏の例も、そうした当代の言語現象を反映した本文の変容と考えられる。つまり、「こそ」の結びが活用語の已然形となるという文法規則の存在が危うくなっていた時期に書写されたものと考えられるのである。

　このように、書写による転写の過程では、書写時の言語現象が、混入する例が見られる。係り結びにまつわる例は他にも、『源氏物語湖月抄』（こげつしょう）寄生巻（やどりぎ）の、次のような例がある。

（６）　心ぐるしきまでぞなんみえける　　　　　（『源氏物語湖月抄』寄生）

『源氏物語湖月抄』とは、江戸時代の国学者である北村季吟（きたむらきぎん）による、『源氏物語』の注釈書である。(6)に挙げた箇所では、係助詞「ぞ」「なん」が重複して出現している。このような例は、次に挙げるように、鎌倉時代以降に成立した作品には見られないものではない。

（7）「そのかみの事は、(中略)かのふる事どもには、なぞらへ給ふまじうぞなん」とて、　　　　　　　　　　　　　　　　　　（『増鏡』上）

但し、これも異文があることが知られる。(7)に挙げたのは学習院大学付属図書館蔵室町時代古写本によるものであるが、これ以外の尾張徳川家本・書陵部蔵御物本の『増鏡』では、「ぞ」が見られない（時枝誠記・木藤才蔵校注1965、岡一男校註1948、佐藤高明解説1981）。

　さて、(6)の『源氏物語湖月抄』の例に戻ると、この箇所は、青表紙本・河内本系統の『源氏物語』では「〜そ見えける」とあり、そのいずれの系統にも属さない保坂本・桃園文庫蔵本の写本では「〜なん見えける」とある（池田亀鑑1953–1956）。つまり、この両系統の本文に基づいて書写したために、両者が混じったものと考えられる。その際も、やはり、「ぞ」「なん」が重複しない平安時代からはだいぶ下った時期の言語現象の混入が起こったものといえよう。

　このように、古典作品は、成立当時のままに受け継がれるとは限らず、書写時の言語現象が混入する場合もある。したがって、言語史資料として見た場合、現存する写本のすべてを、その作品が成立した当時の言語資料（そのもの）として見ることはできない。転写が行われるごとにおこる誤写なども含めて、その時代の言語的制約を免れないからである。かといって、本文すべてが書写時の言語状況そのものでもない。つまり、現存する写本の一つ一つは、作品成立当時の言語の状態そのものでもなく、また、書写時の言語の状態そのものでもないということになる。したがって、現存する個々の写本の状態のままでは、言語史資料としての信頼性は低いといえよう。

　そこで、できる限り作品成立時の状態に近いものを、言語史資料として求

めなければならない。つまり、本文の信頼性を高め、そのようにしてできあがった資料を、言語史資料として利用するということである。

3.3 本文批判—校合・校訂、校本

　言語史資料としての本文の信頼性を高めるために行われるのが本文批判(本文批評・テキストクリティーク)である。この本文批判とは、その作品の質の高い伝本を収集し、それらの本文を比較し(校合(きょうごう))、本文間の異同を明らかにし(校異(こうい))、その上で、適切な本文を選択あるいは底本の本文を適切に改め(校訂(こうてい))、校本(こうほん)・校訂本文を作成する作業である。現代に至るまでに伝来してきた本文には、もともとの本文とは異なる要素が様々に混入しているので、その状態から、前の状態へと段階的に遡って、可能な限り最古の状態を再建しようとすることが、本文批判の目的である。

　具体的な手順を示すと、まず、ある文献について、複数の伝本が存在する場合、伝承過程において生じた異本の本文を相互に比較することで、本文を系統別に分類・整理する。その際には、写本であれば奥書の記述や筆跡なども、諸本間の関係を推定する手掛かりになる。刊本であれば、刊記の記述の他、版木の異同や、同じ版木による初刷・後刷の別、修訂の有無、などを明らかにすることからはじまる。その上で、本文に相違がある場合にはそのいずれに従うべきかを考えることになる。これを校合と呼ぶ。

　こうした本文整理を経た上で、各系統を代表する本文の相互異同(校異)を示したものを、校本と呼ぶ。校本作成の際には、伝存する複数の写本の中から、中心になるものをまず定めるが、それを底本(ていほん(そこほん))と呼び、それとの対比に用いた写本を校合本と呼ぶ。そして、校本においては、いずれかの本を底本とした上で、校合本の本文との間に異同がある場合に、傍書・頭書などによって異文を表示していくという方法がとられるのが一般的である。

　以下に、校本の例として、『方丈記』の校本を挙げる(図12)。この場合、中心の大きい文字で書かれているのが、『方丈記』諸本のうち現在最も信頼のおけるものと考えられている大福光寺本の本文であり、その左右両側に、それと異なる本文を持つ部分が示されている。「・」とあるのは、その箇所

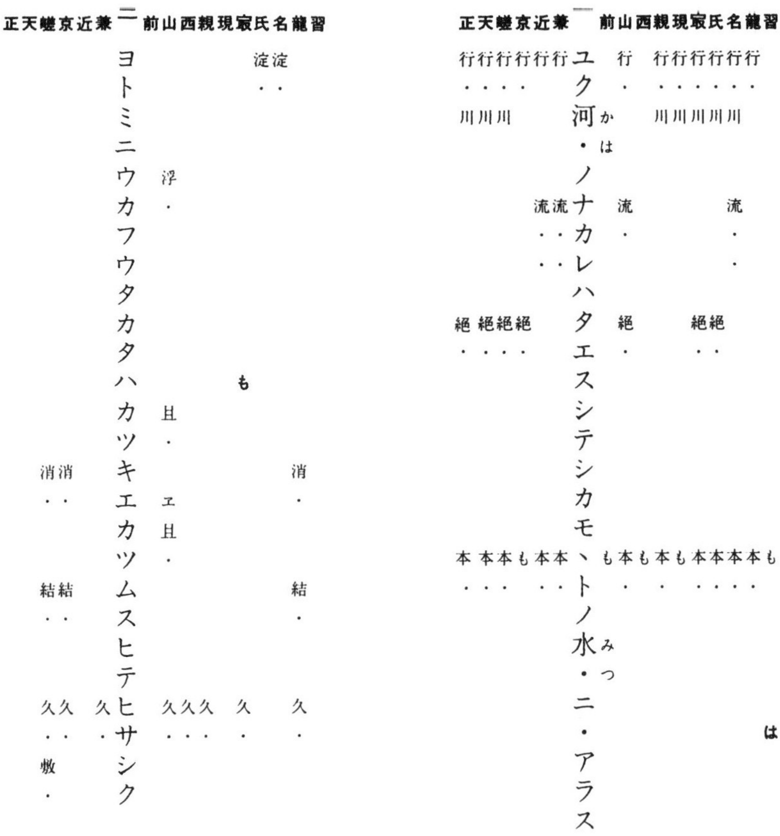

第 2 章　古い文献の姿　39

図12　校本の例（青木伶子編 1965）

の文字が無いことを表す。大福光寺本の右側に並んでいるのが、比較的古い形をとどめている古本系の諸本であり、左側に並んでいるのが、広く一般に通行した流布本系の諸本である。

　これを見ると、大福光寺本で「ユク河」とある冒頭の部分について、前田家本（「前」）では「河」の部分が「かは」と仮名表記になっており、正親町家旧蔵本（「親」）・嵯峨本（「嵯」）などでは「ユク河」全体が「行川」と漢字表記になっている、ということがわかる。

　また、現存する複数の異本をもとに、特に信頼すべき本文、または資料と

して扱うべき本文を得るために、いずれかの本文をそのまま採用するだけでなく、現存する本文に対して合理的に改変を加えることもある。これを校訂と呼ぶ。校訂とは、信頼のおける本文を考えて作っていく作業といえる。こうして定められた本文を、校訂本文と呼ぶ。もととなったいわば無批判の原文に対して、校訂本文は、校訂者の考えが加えられたものということになる。

　そして、本文批判の最終段階は定本(ていほん)の作成である。これは、ここまでの本文批判の成果を踏まえて、最も信頼するに足る唯一の本文を決定するものである。

　こうした、本文批判の作業は、古典作品の内容を解釈・鑑賞したり、言語史資料として扱おうとするための、前提となる作業ということができる。このようにして信頼のおける本文テキストが再建され、それを利用できるような段階になって初めて、言語史研究やその他文献を扱う学問の基盤が成立するといえる。

　この章では、書誌学と文献学のごく基本的なことを見てきた。古典作品を、言語史研究の資料として扱う際には、その作品の本文としてできるだけ信頼のおけるものを利用する必要があるのである。但し、本文研究は、原本に遡ることだけが目的ではない。各時代の資料に、そのような言語現象が現れることの意味を考える必要がある。そのためには、広く普及していた流布本の本文を含め、多くの写本に目を配る必要があるといえる。いずれにしても、注釈書の本文を無批判に受け入れるのではなく、自身の扱っている写本・版本が、どのような書誌情報を持つものであり、また活字本が、どのような校訂を経た本文を持つものなのか、ということに自覚的である必要があるということである。

依拠テキスト

『土佐日記』定家本：国語学会編(1976)『国語史資料集 図録と解説』武蔵野書院
　　　　　青谿書屋本：東海大学桃園文庫影印刊行委員会編(1992)『土佐日記・紫式部日記』東海大学出版会
　　　　　日本大学図書館蔵本：日本大学文理学部国文学研究室編(1967)『土佐日記総索引』日本大学文理学部人文科学研究所
『方丈記』：青木伶子編(1965)『広本略本方丈記総索引』武蔵野書院
『源氏物語』：池田亀鑑編著(1953–1956)『源氏物語大成』中央公論社
『源氏物語湖月抄』：猪熊夏樹補注・有川武彦校訂(1927-1928)『増註 源氏物語湖月抄』弘文社(講談社学術文庫 1982)
『増鏡』学習院大学付属図書館蔵室町時代古写本：時枝誠記・木藤才蔵校注(1965)『神皇正統記 増鏡』(日本古典文学大系)岩波書店
　　　　　尾張徳川家本：岡一男校註(1948)『増鏡』(日本古典全書)朝日新聞社
　　　　　書陵部蔵御物本：佐藤高明解説(1981)『御物本 増鏡 上・中』(勉誠社文庫)勉誠社

参考文献

青木伶子編(1965)『広本略本方丈記総索引』武蔵野書院
池田亀鑑(1941)『古典の批判的処置に関する研究』岩波書店
池田亀鑑編著(1953–1956)『源氏物語大成』中央公論社
慶應義塾大学附属研究所斯道文庫編(2010)『図説書誌学―古典籍を学ぶ』勉誠出版
小松英雄(1973)『国語史学基礎論』笠間書院(増訂版 1986、新装版 1994、簡装版 2006)
今野真二(2010–2015)『日本語学講座』全 10 巻、清文堂出版
杉浦克己(2003)『改訂版 書誌学』放送大学教育振興会
鈴木広光(2015)『日本語活字印刷史』名古屋大学出版会
中野三敏(1995)『江戸の板本 書誌学談義』岩波書店(岩波人文書セレクション 2010、岩波現代文庫 2015)
橋本不美男(1974)『原典をめざして 古典文学のための書誌』笠間書院(新装版 1995、新装普及版 2008)
廣庭基介・長友千代治(1998)『日本書誌学を学ぶ人のために』世界思想社
藤井隆(1991)『日本古典書誌学総説』和泉書院
堀川貴司(2010)『書誌学入門 古典籍を見る・知る・読む』勉誠出版
山岸徳平(1977)『書誌学序説』岩波書店(新装版 2008)

第3章
日本語の歴史のための資料

　日本語の歴史を知る上で文献資料は重要な資料である。実際、古い文献資料からことばの歴史がわかるということを第1章でみた。しかし、文献資料と一口に言っても様々なものがあり、その資料性や活用の仕方も一様ではない。では、日本語の歴史を明らかにするための文献資料にはどのようなものがあるのだろうか。また、その資料からどのようなことがわかるのだろうか。この章ではそのような文献資料の種々について、仮名を主体として記された資料、漢字ひらがな交じりの資料、漢字片仮名交じりの資料、漢字のみで記された資料、古辞書、ローマ字書きの資料を取り上げて解説し、続いて日本語史の上での時代と文献資料との関わり、資料の特徴をさらに詳しく知るための方策について述べていく。

1. 文献資料の種々

1.1 仮名文・漢字ひらがな交じり文

　まず、古典作品としてよく知られる『源氏物語』(11世紀初成立)は、ひらがなを主体とし、それに一部漢字が交じる文章である(図1)。平安時代に見られるこのようなものを仮名文という。仮名文は和文とも呼ばれ、漢語を排除し、和語を基調とした文章から成る。ひらがなは漢字を極端に草書化することで生まれ、平安時代の貴族社会で歌や日常の出来事を記す際に使われる

図1 『源氏物語』(陽明本、陽明文庫蔵)

ことでその使用の場を広げた。

　仮名文による資料は平安時代の文献資料の中で当時の口語が最も反映されている資料である。特に『源氏物語』、『枕草子』(996年一部が成立、最終的には1000年以降成立)、『蜻蛉日記(かげろうにっき)』(10世紀後半成立)をはじめとする散文では登場人物たちの行動や会話を通して貴族社会の日常生活が描かれているため、当時の語彙や文法、待遇表現などを明らかにする上で重要な資料となる。また『古今和歌集』(914年頃成立)、『後撰和歌集』(10世紀半ば成立)、『拾遺和歌集』(1005〜1007年成立)などの韻文も当時の語彙、文法などを知るための資料として使用できる。しかし、利用に当たっては和歌の表現が五・七・五の音数律による制約を受けて作られていること、縁語・掛詞・本歌取りなど修辞上の技巧が加えられていること、「鶴(つる)」を意味する「たづ」、「馬」を意味する「駒(こま)」、「明け方」を意味する「東雲(しののめ)」など和歌特有の歌語

や表現が使用されていることに注意が必要である。

平安時代後期以降、和文体と漢文訓読体との混交が進むことにより、和文体を主体としつつも漢語が多く使用される文体が生まれた。そのような文体では和文よりも漢字・漢語の使用割合が高く、漢字とひらがなが交じる漢字ひらがな交じり文となっている。漢字ひらがな交じり文の代表的なものに『古本説話集』(平安時代後期〜鎌倉時代初期成立)、『宇治拾遺物語』(13 世紀前半成立)などがある。その後、漢字ひらがな交じり文は吉田兼好『徒然草』(14 世紀前半成立)、御伽草子(室町時代〜江戸時代初期成立)、咄本『きのふはけふの物語』(江戸時代初期成立)、近松門左衛門の世話浄瑠璃(18 世紀前半成立)、井原西鶴の浮世草子(17 世紀末成立)など多くの文芸書、その他で幅広く使われた。

1.2　漢字片仮名交じり文

平安時代後期の説話文学として有名な『今昔物語集』(12 世紀初成立)は漢字に片仮名が交じる漢字片仮名交じり文である。片仮名はひらがなと同じく平安時代に生まれた。ひらがなが漢字を草書化することで生まれたのに対し、片仮名は漢字の字画を省略することで生まれ、漢文訓読の際、行間に訓などを記入するという目的で使用された。しかし、次第に漢文訓読の世界から飛び出し、漢字とともに使用され、漢字片仮名交じり文を生み出すに至った。

漢字片仮名交じり文は、語彙や文法に和文体の要素と漢文訓読体の要素とが交じり合う和漢混交現象が見られるが、そもそも漢文訓読体を基にしているため漢語や漢文訓読体の要素を多く含む。漢字片仮名交じり文の資料は他に『東大寺諷誦文稿』(9 世紀前半成立)、『打聞集』(12 世紀前半成立)、『方丈記』(1212 年頃成立)、『十訓抄』(1252 年成立)、『沙石集』(1279〜1283 年成立)、『太平記』(14 世紀成立)などがある。

なお、軍記物語にも漢字片仮名交じり文があるが、軍記物語は伝えられる過程で多くの異本が生まれ、伝本が複数の系統に分かれている場合があり、同じ作品でも伝本により、漢字片仮名交じり文、漢字ひらがな交じり文と表

図2　『法華修法一百座聞書抄』(法隆寺蔵)

1120年成立。ある内親王の発願により100日間の予定で始められた、般若心経・阿弥陀経・法華経を講じた説教の聞書で漢字仮名交じりで綴られている。

記法が異なる資料がある。代表的な軍記物語である『平家物語』(13世紀成立)を例にとると増補系(読み本系)の延慶本(えんぎょうぼん)は漢字片仮名交じり文であるのに対し、語り系(琵琶法師の語りによる系統)の覚一本(かくいちぼん)は漢字ひらがな交じり文の資料である。

1.3　漢字文資料(万葉仮名、正格漢文・変体漢文)

　古典作品にはこれまで見てきた仮名文や仮名交じり文だけでなく『万葉集』(8世紀成立)、『古事記』(712年成立)、『日本書紀』(720年成立)のように漢字書きの文献もある。漢字だけで記された文章というと漢文を思い浮かべるかもしれない。しかし、奈良時代では文字は漢字しかなかったため、漢文

を含むあらゆる文章が漢字で記された。そのような漢字書きの文章全般を漢字文と称する(第5章参照)。

（１）　石激　垂見之上乃　左和良妣乃　毛要出春尓　成来鴨
　　　　いはばしる　たるみのうへの　さわらびの　もえいづるはるに　なりにけるかも

(『万葉集』巻八 1418)

　(1)に示したのは『万葉集』巻八冒頭に収められた志貴皇子の歌である。『万葉集』の歌は日本語で作られた歌を漢字のみで表記している。その表記を見ると「左和良妣」「毛要」は漢字音による万葉仮名表記であり、「さわらび」「もえ」という当時の単語の姿を特定できる。また「春尓」は漢字の意味を利用した訓表記の「春」の部分と漢字音を利用した音表記の「尓」の部

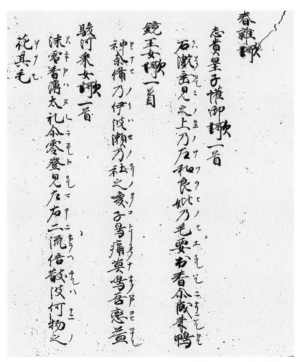

図3　『万葉集』(西本願寺本、石川武美記念図書館蔵)

分とを組み合わせたものである。

　これに対し、『古事記』、『日本書紀』は一応漢文と言えるが、そもそも漢文とは何かと言うと、中国語の文法に従って作成された古典中国語の文章、あるいはそれに準ずるもの(正格漢文とも呼ばれる)を指し、それにあてはまるのは『日本書紀』である。一方、『古事記』は漢文に近い文体ながら、単語・語順・語法などに日本語特有の要素が混入する。このような漢字文を正格漢文に対して変体漢文という(第5章参照)。以下の(2)(3)は、『日本書紀』、『古事記』それぞれにおいて、オオクニヌシノカミが自分の治める国を譲る話の部分である。同一の部分を比べてみると『古事記』では『日本書紀』とは異なり、日本語特有の要素が混入していることが明瞭である。(3)の『古事記』では「登陀流」「布斗斯理」「多迦斯理」という語句が見られるが、これは漢字の音を利用して和語を表記したものである。『日本書紀』では固有名詞、歌謡を表記する場合を除いてこのようなことはない。

（2）　故大己貴神則以其子之辞、白於二神曰、我怙之子、既避去矣。故吾亦当避。如吾防禦者、国内諸神必当同禦。今我奉避、誰復敢有不順者。乃以平国時所杖之広矛、授二神曰、吾以此矛卒有治功。天孫若用此矛治国者、必当平安。今我当於百不足之八十隅、将隠去矣。〔隈、此云矩磨廻。〕言訖遂隠。　　　　　　　　　　（『日本書紀』巻一　神代下）
　　　（故、大己貴神、則ち其の子の辞を以ちて、二神に白して曰さく、「我が怙めりし子、既に避去りまつりぬ。故、吾も避りまつらむ。如し吾防禦かましかば、国内の諸神必ず同じく禦かむ。今し我避り奉らば、誰か復敢へて順はぬ者有らむや」とをまをしたまふ。乃国平けし時に所杖けりし広矛を以ちて、二神に授けまつりて曰はく、「吾、此の矛を以ちて卒に治功有り。天孫、若し此の矛を用ちて国を治めたまはば、必ず平安くましまさむ。今し我は百足らず八十隅に隠去りなむ」とのたまふ。〔隈、此には矩磨廻と云ふ。〕言訖へて遂に隠ります。）
　　　〔それで大己貴神は、我が子の言葉をもって二柱の神に、「私の頼みにしていた子もすでに国をお譲り申しあげました。それで、私もお譲り申しましょう。も

し私が抵抗したならば、国内の諸神も必ず同様に抵抗するでしょう。今私がお譲り申しあげるならば、誰ひとりとして、従わない者はまったくないでしょう」と申しあげた。そして大己貴神はかつてこの国を平定した時に杖としていた広矛を、二柱の神にお授けして、「私はこの矛でもって国の平定という功を成し遂げました。天孫がもしこの矛を用いて国を治められたならば、必ず天下は平安になるでしょう、今から私は百足らず八十隈に隠れましょう」と仰せられた〔「隈」はここではクマデという〕。〕

（3）爾、答白之、僕子等二神随白、僕之、不違。此葦原中国者、随命既献也。唯僕住所者、如天神御子之天津日継所知之登陀流〔此三字以音下効此〕天之御巣而、於底津石根宮柱布斗斯理〔此四字以音〕、於高天原氷木多迦斯理〔多迦斯理四字以〕音、而、治賜者、僕者、於百不足八十坰手隠而侍。（『古事記』上巻）
（爾くして、答へて白ししく、「僕が子等二はしらの神が白す随に、僕は、違はじ。此の葦原中国は、命の随に既に献らむ。唯僕が住所のみは、天つ神御子の天津日継知らすとだる天の御巣の如くして、底津石根に宮柱ふとしり、高天原に氷木たかしりて、治め賜はば、僕は、百足らず八十坰手に隠りて侍らむ。）
〔これに対し、大国主神は答えて「私の子ども二柱の神が申すことに従い、私は背きません。この葦原中国は、仰せのままにすっかり献上いたしましょう。ただ私の住みかだけは、天つ神御子が天津日継を伝えなさる満ち足りた〈とだる〉天の住居のように、大磐石の上に宮柱を太く立て〈ふとしり〉、高天原に千木を高くそびえさせて〈たかしり〉お祭りくだされば、私は多くの道の曲がり角を経て行った果てのこの出雲に隠れておりましょう。〕

　他の漢文・変体漢文の資料として次のようなものがある。漢文では史書には、『続日本紀』(797年成立)、『類聚三代格』(11世紀成立)、『令義解』(833年上奏、834年施行)、漢詩文集には『懐風藻』(751年成立)、『経国集』(827年成立)、『文華秀麗集』(818年成立)、『菅家文草』(900年成立)、『本朝文粋』(11世紀半ば成立)などがある。
　なお、漢文資料については訓点資料との関わりも忘れてはならない(第5

章参照)。訓点資料とは漢籍、仏典などの漢文を訓読する際、理解の助けとなる、訓点と称する片仮名の注記や符号が記入された文献のことを言う。訓点資料には『金光明最勝王経』、『大慈恩寺三蔵法師伝』、『史記』、『白氏文集』、『文選』などの加点本があり、訓点の解読や仮名字体の研究、訓法の研究などがなされてきた。訓点資料は成立時の本文がそのまま現存していること、資料の乏しい平安初期の日本語の姿を知るための貴重な資料であること、現存する資料が多量であることなどから日本語の歴史を知るための一等資料とされてきた。訓点資料を用いた研究では片仮名、漢字片仮名交じり文の発達過程や、仮名文(和文)で使用される語とは異なる訓点資料特有の語である訓読語の存在が明らかにされ、さらに漢字音や文法を研究するためにも利用が進められている。

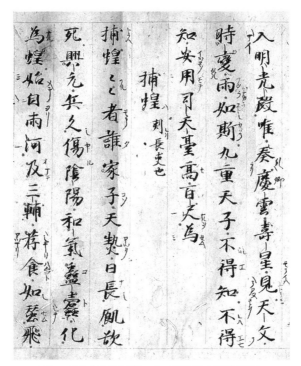

図4 『白氏文集』(神田本、京都国立博物館蔵)

変体漢文には公文書・私文書などの古文書、公家日記がある(第5章参照)。藤原忠平『貞信公記』(907〜948年までの記事)、藤原道長『御堂関白記』(989年〜1021年までの記事)、藤原定家『明月記』(1180年〜1235年までの記事)などの古記録、説話集『日本霊異記』(9世紀前半成立)、軍記物語『将門記』(10〜11世紀成立)などが含まれる。変体漢文の資料は公家の日記である古記録がその重要なもののひとつである。古記録は男性の手によるもので、多くの分量があり、同一人物の手によるものが多く、自筆本、古写本が多く存在するという性格を有する資料である。そのため文字史、特に、漢字の字体、用字を研究する際の重要な資料となる。

公家日記に見られる変体漢文の用語には「令(シム)」「以(ヲモテ)」「而(シカルニ)」「但(タダシ)」「況(イハムヤ)」などの漢文訓読語の他、「内(うち)」「上(うへ)」「大殿油(おほとなぶら)」「方違(かたたがへ)」「局(つぼね)」「御坐(おはします)」「糸星(いとほし)」「口惜(くちおし)」など日常生活で使用する口語も多く含まれている。また中には変体漢文特有の表現も存在する。変体漢文特有の表現としては「間(アヒダ)」「以外(モテノホカニ)」「件(クダンの)」「指(サシタル・サセル)」「然間(シカルアヒダ)」「云々(トウンヌン)」などがある。

なお、東京大学史料編纂所のホームページには奈良時代から戦国時代までの古文書、平安時代から室町時代までの公家日記、戦国時代の武家日記などのフルテキストデータベースがあり、全文検索が可能である(第11章参照)。

1.4　古辞書

辞書とは語を一定の順序で配列し、その表記法・発音・アクセント・意味などを説明したものである。漢字を配列するものは字書などとして区別することがある。辞書は現在とは異なる形ではあるけれども古くから日本に存在していた。古い時代に作られた辞書を古辞書と呼ぶ。日本における辞書の歴史は古く、平安時代からすでに辞書は存在する(詳細・使い方などは第7章参照)。初めは中国の辞書を模倣し、漢字・漢語の音や意味を知るために作られた。

現存する日本人によって作られた最古の辞書は空海による『篆隷万象名義』(827年以降成立)とされる。しかし、『篆隷万象名義』には和訓が記されていない。漢字に和訓が付された平安時代前期成立の辞書には『新撰字鏡』(昌住 撰)(898〜901年頃成立)、『倭名類聚抄』(源　順 撰)(934年成立)、平安時代後期成立の辞書には『類聚名義抄』(撰者未詳)(12世紀成立)、『色葉字類抄』(橘忠兼撰)(12世紀成立)がある。鎌倉時代以降も『字鏡集』(1245年以前成立)、『和玉篇』(室町時代前期には成立)、『下学集』(1444年成立)、『節用集』(15世紀成立)などが作られた。辞書は収載された語を分析することで、編集された時代の発音・意味・表記・語意識などを知ることができる重要な資料である。

1.5　ローマ字文

　文献資料は漢字や仮名で書かれた資料だけではない。ローマ字書きされた資料も存在する。室町時代末期から江戸時代初期にかけてスペイン、ポルトガルなどからカトリックの宣教師たちが来日した。当時カトリックの宣教師たちがキリスト教を布教するために作った文献をキリシタン資料と言う。キリシタン資料には漢字や仮名で記された国字本と称される資料だけでなく、ローマ字本と称されるローマ字書きされた資料が存在し、当時の口語を研究するための資料として使用されている。ローマ字書きされたキリシタン資料には『天草版平家物語』(1592年成立)、『天草版伊曽保物語』(1593年成立)などがある。

　ローマ字本は日本語を当時のポルトガル語の綴り方を基本とするローマ字で綴ったものである。『天草版平家物語』、『天草版伊曽保物語』は『平家物語』『イソップ物語』を都周辺の口語で綴ったもので、出版年が明らかであり、当時の日本語を研究するのに十分な分量を持つ。またローマ字で書かれているため発音までも分かり、当時の文法、語彙、音韻を明らかにするための資料として活用されている。

図5　『天草版伊曽保物語』（大英図書館蔵）

2. 日本語史の時代と文献資料

次に日本語史研究において時代区分がどのようになされているのか、また各時代の文献資料にどのようなものがあるのか概観する。

2.1　日本語史の時代区分

日本語史は日本語の移り変わりを客観的に分析することで解明される。時は切れ目なく流れるものであるから日本語の移り変わりを捉えるためには時間軸上に境界を設定し、その前後の状況を比較することが必要である。日本語史研究では他の歴史研究と同様に、歴史的な事象の位置づけを行うために、時間の流れを一定の範囲で区切る時代区分を行うのが普通である。そしてその区分には様々なものがある。そこで、表1をもとに日本語史における時代区分の大きな区分から細かい区分までを順を追って見ていこう。

従来行われている日本語史の時代区分のうち最も大きな区分は古代語と近

表 1　時代区分の各種

①	古代			近代		
②	古代		中世	近代		
③	古代		中世	近世		近代
④	上代	中古	中世前期　中世後期	近世		近代
⑤	上代	中古	中世前期　中世後期	近世前期	近世後期	近代
	奈良時代以前	平安時代	院政・鎌倉時代　　室町時代	江戸時代前期	江戸時代後期	明治時代以降

代語とに分ける二分法(区分①)である。日本語史上では室町時代になると連体形と終止形が統合される、係り結びの衰退が進む、古代語においてキ・ケリ・ツ・ヌ・タリ・リと六種類であった時の助動詞がタリのみになる、敬語にサウラフ・ゴザル・マラスルなど丁寧語が発達する、などの近代語的要素が多く認められるようになる。このような近代語的要素が多く認められることを根拠として日本語史上の時代を二分するのがこの区分①である。

また、上のような画期である室町時代よりも、それらの変貌が目立ち始める院政期(応徳 3 年〈1086 年〜〉)を初めの境とし、それ以前を古代、それ以後の変容が進む室町時代、そして、現代語に近い特徴を備える江戸時代の直前までを中世、江戸時代以降を近代と区分する古代・中世・近代という三分法(区分②)も行われている。またこの近代を、より現代語に近い姿をしている明治時代以後とそれ以前の江戸時代とに区別し、江戸時代を近世、明治時代以後を近代とする古代・中世・近世・近代という四分法(区分③)もある。

さらに細かく古代、中世、近世をそれぞれの言語的特徴から古代を、上代・中古、中世を、中世前期・中世後期に区分することも行われている(区分④)。この区分の上代・中古は、時代区分②③の古代を奈良時代以前と古典語が完成する平安時代とに分けたものであり、中世前期・中世後期は近代語的な要素が多く現れる南北朝時代を境にそれ以前と以後と分けたものである。また近世における中央語の移行を踏まえ、京・大坂を中心とする地域の言語である上方語を中央語の基盤としていた近世前期と、江戸を中心とする地域の言語である江戸語を中央語の基盤としていた近世後期とを区分したも

の(区分⑤)もあり、これが最も細かい区分と言える。以下では、この最も細かい時代区分にしたがい、各時代の文献資料について説明する(区分された時代は、奈良時代・平安時代…と呼ぶ)。

　日本語の歴史的変遷は民衆を取り巻く社会環境の変化と連動して起こるという面があり、その意味では政治史・文化史での時代区分と重なるという見方もあるため、上述のような枠組みが便宜上用いられる。しかし、あくまで便宜であって、日本語史上の時代区分は本質的に言語的特徴に基づく区分でなければならず、柔軟に考えるべきである。

2.2　奈良時代の文献資料

　奈良時代の文献資料は他の時代と比べ、現存する資料が少なく、使用できる資料の種類や数に制約がある。日本語史研究に利用されている資料には『万葉集』、『古事記』、『日本書紀』、『風土記』、古文書(「正倉院文書」)、木簡などがある。このうち『万葉集』は万葉仮名表記、音訓交用表記によって当時の単語の姿がよく分かり、分量も多いため、奈良時代の日本語を研究する際の第一級資料とされる。しかし、『万葉集』は韻文資料であるため音数律に単語の選択が制約を受けることや、歌語と呼ばれる和歌特有の語の存在など、取り扱う上で考慮すべき点は多い。なお、『万葉集』には古代東国の民衆の歌である東歌・防人歌が数多く収められ(巻十四・二十)、都のことばとは音韻、語法、語彙の面で相違が見られ、古代東国方言の姿が窺える資料としても貴重である。(4)は東歌の例である。五句目冒頭の「祢呂」は都のことば「寝よ」とは異なる、動詞命令形の語尾が「ろ」となる東国語である。

（4）　平可尓与西　　和我可流加夜能　　佐祢加夜能　　麻許等奈其夜波
　　　祢呂等敝奈香母　　　　　　　　　　　　　　　　(『万葉集』巻十四 3499)

東歌・防人歌は全て一字一音表記がなされているのが特徴で、収録者がより正確に東国の音を記録しようとしたためではないかとも考えられている。

　『古事記』、『風土記』は万葉仮名表記や音訓交用表記による部分が少な

く、奈良時代の日本語の姿を知る上で制約があるが、神名、人名などの固有名詞や歌謡は一字に一音をあてた音表記によっている。また本文の単語に付された万葉仮名による訓注も利用できる。『日本書紀』についても歌謡の部分は日本語を知るための資料として利用できる。

　ほかに古文書・木簡類も原本が残っているという点で貴重な史料である。古文書は東大寺正倉院に伝わる「正倉院文書」と呼ばれる記録が主に利用されている。「正倉院文書」は戸籍・税帳・計帳などの文書から成り、特に万葉仮名文書甲種・乙種は万葉仮名書の散文資料として貴重である。木簡類は初め歴史研究の分野で研究が進められてきたが、日本語史研究においても語彙研究、表記研究、音韻研究の分野で利用が進められてきた。そのことにより7・8世紀における文書作成、識字層の広がり、和歌の起源などについて新たな事実が明らかになっている (犬飼隆 2011)。

2.3　平安時代の文献資料

　平安時代の文献資料には仮名文資料、訓点資料、変体漢文資料、古辞書などがある。奈良時代に比べ、利用できる文献の量、種類が格段に増え、文体も様々なものがあるのが特徴である。平安時代、日本語を日常的に綴る際、広く用いられた文体は仮名文や変体漢文であった。仮名文は私的な出来事を綴る文体、変体漢文は主に男性が作成し、公的な性格を帯びた文体とされた。

　日本語史研究に利用されている仮名文資料は、散文では『竹取物語』(9世紀成立)、『土佐日記』(935年頃成立)、『伊勢物語』(9〜10世紀にかけて成立)、『大和物語』(10世紀半ば〜11世紀にかけて成立)、『蜻蛉日記』、『源氏物語』、『枕草子』、『大鏡』(1025年以降1134年までに成立)、『栄花物語』(11世紀末までに成立)、韻文では『古今和歌集』などがその代表的なものである。

　訓点資料は漢文に返り点、仮名などの訓点を付した文献資料である。『金光明最勝王経』、『大慈恩寺三蔵法師伝』、『地蔵十輪経』、『史記』、『白氏文集』、『文選』などの加点本を中心に利用されている。

変体漢文資料は藤原忠平『貞信公記』(907〜948年までの記事)、藤原実資『小右記』(989〜1032年までの記事)、藤原行成『権記』(991〜1011年までの記事)、藤原道長『御堂関白記』(989〜1021年までの記事)などの公家日記の他、説話集である『日本霊異記』、軍記物語である『将門記』などが主に利用されている。

　古辞書には『新撰字鏡』、『和名類聚抄』、『類聚名義抄』、『色葉字類抄』などがある。

　『新撰字鏡』は昌住なる僧により編纂された仏典を読むための漢字字書である。20,000余りの漢字を160の部に分類し、その音、意味を記している。160の部は天・日・月・肉・雨など部首に分類した部と・親族・本草・重点・連字など意義に分類した部から成る。3,700の和訓が字音を利用した万葉仮名によって記されている(例えば、「偢」「俊」の字に「須牟也介志」(スムヤケシ)と和訓が示される)ことが特筆すべき点であり、日本に現存する最古の漢和辞書と言える。

　『和名類聚抄』は源順により編纂された漢語を意味別に分類した辞書である。

(5)　雲　説文云雲　王分反和－久毛　山川出気也
　　　　　　　(真福寺本『和名類聚抄』巻第一天地部第一風雨類一)

(5)のように漢語に出典(『説文解字』)、音(「王分反」。反切という方法。第7章参照)、意味(「山川出気也」)などの注釈を施し、和訓を示している(「久毛」(くも))。漢語の意味分類は「部」とさらに下位の「類」とで細かく分類され、百科事典的な性格も持つ。書名に「和名」とあるように物の名前を挙げることが主となっており、『新撰字鏡』とは性格の異なる辞書であると考えられている。

　『類聚名義抄』は漢字を部首により分類し、音、意味、出典、和訓などを記した漢和辞書である(第7章で詳述)。漢字に付された多くの和訓は主に平安時代の語彙を伝えており、語彙を研究する際の重要な資料となる。また

和訓には声点(アクセントを表す記号)が付されており、付された位置によって仮名の声調が判別できるため、平安時代末期の日本語アクセントを解明する際にも有益な情報を提供する。

『色葉字類抄』は漢字で書くための辞書である。和語・漢語をイロハ順に分類し、それをさらに意味で分類する形式を採っている(第7章で詳述)。イロハ順による語の配列、意味による語の分類は『節用集』など後の国語辞書にも影響を及ぼした。

2.4 鎌倉時代の文献資料

鎌倉時代の文献資料には前代と同じく仮名文、訓点資料、変体漢文、古辞書などがあるが、和漢混交文の完成とそれに伴う漢字片仮名交じり文・漢字ひらがな交じり文の発達が大きな特色と言える。平安時代における仮名文は当時の話しことばを基調として作成された文体であった。しかし、鎌倉時代以降生じた社会構造の変化に伴い、話しことばは変化し、文章スタイルとしての仮名文は文語化することになった。このことにより、日常語を基調とした話しことばと書きことばとは次第に乖離することになった。

同時に和漢混交現象が進行し、和漢混交文の完成を見る。そのような現象は平安時代成立の『今昔物語集』などにも見られるが、鎌倉時代になると和漢両者の表現性を融合した文体を生み出すに至り、『方丈記』、『平家物語』を典型とする和漢混交文が数多く生み出された。このことは漢字仮名交じりによる、新たな書きことばとしての文体の確立を意味し、話しことばと書きことばの乖離の現れでもある。

鎌倉時代における仮名文の資料には『新古今和歌集』(1205年成立)、『十六夜日記』(13世紀後半成立)、『とはずがたり』(14世紀初成立)などがあり、和漢混交文を含む漢字仮名交じり文には『保元物語』(13世紀成立)、『平治物語』(13世紀成立)、『平家物語』などの軍記物語、『宇治拾遺物語』、『発心集』(鎌倉時代初期成立)、『古今著聞集』(1254年成立)などの説話集、『海道記』(1223年成立)、『東関紀行』(1242年成立)などの紀行文などがある。

また公家日記は鎌倉時代でも引き続き作成され、変体漢文の資料として語

彙、文体を研究する上で重要である。主なものとして藤原兼実『玉葉』(1164 〜 1203 年までの記事)、藤原定家『明月記』(1180 〜 1235 年までの記事)がある。さらに鎌倉時代には鎌倉幕府の事蹟を記した歴史書『吾妻鏡』(1180 〜 1266 年までの記事)が編纂された。『吾妻鏡』の文体は吾妻鏡体と称され、変体漢文体の代表例とされている。

　古辞書には前代に引き続き、部首分類体の辞書『世尊寺本字鏡』(鎌倉時代初期成立か)、『字鏡集』があり、イロハ順に配列した『色葉字類抄』を増補した日本語辞書『伊呂波字類抄』(鎌倉時代初期成立)がある。『世尊寺本字鏡』は『新撰字鏡』を基にし、『類聚名義抄』を参照して編集されたと考えられている。『字鏡集』は 192 の部首をその意義により、14 の部門に分類しているところに特色が見られる。さらに鎌倉時代には日本最初の語源辞書『名語記』(1268 年成立)が作られた。『名語記』は当時の語源意識を知ることができる資料として貴重である。

　ほかに法談、説教の記録、集録である仏教資料が注目される。このような資料には親鸞(1173 〜 1262 年)の法談を記録した『歎異抄』、道元(1200 〜 1253 年)の法語を記録した『正法眼蔵随聞記』、日蓮(1222 〜 1282 年)の消息集である『日蓮遺文』、明恵上人(1173 〜 1232 年)が生前語ったことを書きとどめた『却癈忘記』、明恵上人の講義の聞書を中心とする『解脱門義聴集記』、などがある。これらの文体は文語性の強いものも口語性の強いものもあり一様ではないが、当時の俗語が多く見られ、注目される。

2.5　室町時代の文献資料

　室町時代の文献資料には前代と同じく仮名文(漢字ひらがな交じり文)、漢字片仮名交じり文があるが、次第に文語化し、当時の口語との乖離が大きくなった。そのなかで口語の要素を多く含む抄物、キリシタン資料、狂言台本が当時の日本語を知るための口語資料として活用されている。また、変体漢文、古辞書などもある。

　抄物は室町時代中期から江戸時代初期の間に成立した注釈書の一種で、僧や学者が漢籍や仏典、漢文体の国書を講義した際に予め用意した講義ノート

である手控えや受講者が書き記した聞書などである。抄物は漢字片仮名交じりの日本語で記されており、当時の平易な口語、俗語が多く書き込まれている。主に音韻、文法、語彙、文体の研究に利用されている。代表的なものとして『論語抄』(1475 年以前成立)、『史記抄』(1480 年成立)、『毛詩抄』(15 世紀末〜 16 世紀初成立)、『中華若木詩抄』(16 世紀前半成立)などがある。また、『人天眼目抄』(1471 〜 1473 年成立)、『巨海代抄』(1586 〜 1596 年頃成立)、『大淵代抄』(1620 〜 1635 年頃成立)など東国系抄物と呼ばれるものが存在する。東国系抄物は室町時代における東日本地域の言語、東国語を研究する資料としてたいへん貴重である。

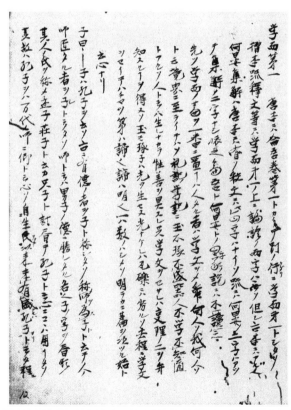

図 6 　『論語抄』(外題『魯論抄』　内題『論語秘抄』、京都大学附属図書館蔵)

キリシタン資料は外国資料と呼ばれるもののひとつで、室町時代末期から江戸時代初期までの間に来日したキリスト教宣教師たちが作った文献資料である。表記から見るとローマ字本と国字本に分けられる。ローマ字本は日本語をポルトガル式のローマ字で綴ったもので、文語文や口語文がある。国字本はその多くが漢字ひらがな交じりで綴られた文語文である。このうち当時の口語を研究する上では『天草版平家物語』、『天草版伊曽保物語』といったローマ字書きの口語文からなる資料が多く活用されている。これらの資料はローマ字書きであるために当時の語形や発音が分るという点で有益である。音韻、語彙、文法、待遇表現などを研究するために活用される。
　またキリシタン資料にはロドリゲス『日本大文典』(1604〜1608年刊)や『日葡辞書』(1603年刊)など当時の日本語の文法や語義を記述した資料がある。ロドリゲス『日本大文典』はポルトガル語で当時の日本語文法について記述したものである。当時におけるヨーロッパの文法書の枠組みに基づきながら日本語の記述を行ったもので、標準的な口語のみならず文語や発音、方言にまで記述が及んでいる。できるだけ日本語の実情に即して作ろうとした跡がうかがえ、当時の日本語の実態を知る上で貴重である。『日葡辞書』は日本語の単語の意味をポルトガル語で説明したもので、見出し語、例文がローマ字書きされている。当時の日本語の音韻を研究するための資料として貴重なだけでなく、単語に文法注記や方言、卑語などの注記があり、当時の日本語における地域差や待遇差を解明する上でも貴重な資料である。
　他の外国資料としては中国資料、朝鮮資料と呼ばれるものがある。中国資料には『日本寄語』(1523年成立)、『日本館訳語』(1492〜1549年までの間に成立)、『日本一鑑』(1565〜1566年頃成立)などがある。『日本寄語』は明の時代に作られた日本語語彙集である。『日本館訳語』は同じく明の時代に作られた日本語教科書である。ともに当時の語彙の他、音声、音韻を研究するための資料として知られている。また『日本一鑑』は日本研究書であり、日本語資料として特に重要な部分は「窮河話海」巻四「文字」の項と巻五「寄語」の項であるとされる。「寄語」の項には3,404もの語彙が収載される。朝鮮資料では弘治五年朝鮮版『伊路波』(1492年刊)、『捷解新語』(1636

年頃成立、1676年刊)がある。これらはともに日本語学習書である。これらの資料では仮名にハングルで音注をつけており、当時の音韻を知る上で有益な資料である。

室町時代には能と共に滑稽さを含む演劇である狂言が成立した。狂言を演じる上でのせりふは当初即興的な性格が強く、台本の形式が定着するのは江戸時代以降である。狂言の伝統芸能としての性格から江戸時代成立の狂言台本のことばには室町時代の口語が反映されていると見られる。しかし、実際に用いる場合は、狂言台本のことばに江戸時代のことばが混入している可能性や、演劇台本として表現効果を狙った人為的な改変なども考慮する必要がある。特によく利用されている狂言台本は虎明本と呼ばれている大蔵虎明書写『狂言之本』(1642年成立)である。文法、語彙、音韻、待遇表現などの研究に利用される。

文語資料としては『太平記』、『義経記』(室町時代中期成立)、『曽我物語』(南北朝中期までに成立)などの軍記物語、『神皇正統記』、『梅松論』などの史書、『増鏡』、御伽草子といった物語類、伏見宮貞成親王『看聞御記』(1416〜1448年までの記事)、三条西実隆『実隆公記』(1474〜1536年までの記事)といった古記録がある。

古辞書では意味から漢語を分類し、配列する『下学集』、漢語の音、和訓をいろは順に配列し、さらに意味から分類する古本節用集(文明本『節用集』、饅頭屋本『節用集』、易林本『節用集』など)などが作られた。日本における辞書は当初漢文の理解に資する目的で作成されたが、次第に文章を書くための国語辞書の性格を強めていった。辞書は漢語の音や訓を知るだけでなく、収載語彙を分析することで語彙研究にとっても重要な資料となる。

2.6 江戸時代前期の文献資料

江戸時代には江戸幕府成立により、政治・経済の中心が京から江戸へ移動した。それに伴い、都のことばである中央語も京・大坂のことばである上方語から江戸語へと移行した。しかし、江戸時代前期(1750年頃まで)においては、江戸の文化的成熟度は京・大坂周辺の上方には及ばなかった。そのた

めこの時期の日本語が窺える資料は未だ上方語で記された資料が中心である。

　この時期の口語が窺える資料としては演劇である浄瑠璃がある。浄瑠璃には現代劇である世話物と時代劇である時代物とがあり、特に近松門左衛門作の世話浄瑠璃『曾根崎心中』(1703年初演)、『冥途の飛脚』(1711年初演)、『女殺油地獄』(おんなころしあぶらのじごく)(1721年初演)などが文法、語彙などの研究に利用されている。やや時代は遡るが、『きのふはけふの物語』、『醒睡笑』(1623年成立)などの咄本も口語が窺える資料として文法や語彙などの研究に利用することができる。咄本は仮名または漢字仮名交じりで書かれ、笑話を収録したもので話しことばが多く含まれる。

　他に浮世草子も当時のことばを知る資料として利用できる。浮世草子は仮名草子に続き、江戸時代前期から中期(1682〜1783年)にかけて多く生みだされた写実的な風俗小説類である。書きことばから成る文体であるが、井原西鶴『好色一代男』(1682年刊)、『好色五人女』(1686年刊)、『好色一代女』(1686年刊)などが語彙、表記、文体の研究に利用されている。

　古辞書では、この時期多くの『節用集』が刊行され、『節用集』が辞書の代名詞となった。室町時代に刊行された『節用集』を古本節用集とするのに対し、この時期に刊行された『節用集』は近世節用集と呼ばれる。近世節用集は多くは文章語を中心に収録された辞書であるが、新語を取り入れたものもあり、語についての説明があるものもある。また編集の仕方、構成、大きさなどは様々である。主に語彙、表記の研究に利用される。

2.7　江戸時代後期の文献資料

　江戸時代後期(18世紀半ば以降)になると、江戸の文化的成熟度は増し、政治、経済に加え、文化の中心も江戸へ移動した。そのことによって江戸語で記された資料が増加するのがこの時期の特色である。江戸語で記された資料のうち口語が窺える資料としては洒落本(しゃれぼん)・滑稽本(こっけいぼん)・人情本(にんじょうぼん)があり、書きことばから成る資料としては読本(よみほん)などがある。

　洒落本は会話文体によって遊里を描いた小説である。江戸で刊行された洒

洒落本の代表的なものに『遊子方言』(1770年刊)、『辰巳之園』(1770年刊)などがあり、文法、音韻、語彙、待遇表現の研究に利用できる。特に語彙の面では遊里で使用されることばが明らかにされている。洒落本を利用するにあたっては登場人物が遊里を中心とする限られた範囲の人々であること、使用することばに上方語の特徴が色濃く現れ、十分完成された江戸語の姿を見ることができないことなどを考慮しなければならない。

滑稽本は宝暦(1751～1764)以後江戸に生まれた小説である。その展開は大きく前期・後期と二つに分けることができる。前期は滑稽のうちに教訓や風刺を織りこんだ滑稽本でいわゆる談義本の時期である。後期は十返舎一九『東海道中膝栗毛』をもって始まる洒落本的な滑稽本で、教訓や風刺よりも洒落や地口を盛り込んで滑稽を徹底的に描こうとしたものである。後者の代表的なものに十返舎一九『東海道中膝栗毛』(1802～1809年刊)、式亭三馬『浮世風呂』(1809年刊)、式亭三馬『浮世床』(1813年刊)があり、これらの資料では上方語の影響から脱し、完成された江戸語の姿が窺える。滑稽本は主に音韻、文法、語彙を研究する際に利用される。『東海道中膝栗毛』では各地の方言が登場する。『浮世風呂』は登場人物が多彩で、社会階層と言語との関係を研究することができる。また振り仮名や半濁点など文字表記の面でも有益な材料を提供する。『浮世床』では主人を中心に丁稚と客との会話が続き、当時の言語生活も知ることができる。

人情本は江戸の小説として洒落本、滑稽本に続いて登場したものであり、文政(1818～1829年)以降の江戸語の重要な資料とされる。代表的なものとして曲山人『仮名文章娘節用』(1831年刊)、為永春水『春色梅児誉美』(1832年刊)、がある。地の文は文語体であるが会話文には当時の江戸語が見られる。

読本とは絵を見ることを主とした草紙類や浄瑠璃などの語り物に対して、読むことを主とした小説である。浮世草子を受けて上方で生まれ、文化・文政期(1804～1830年)に江戸を中心に山東京伝、滝沢馬琴らによって全盛期を迎えた。代表的なものとして滝沢馬琴『椿説弓張月』(1807～1811年)『南総里見八犬伝』(1814～1842年)などがある。文体は和漢混交文体を基調と

する文語文体である。語彙、表記、文体研究に利用できる。

　他に辞書として、太田全斎『俚言集覧（りげんしゅうらん）』(成立年未詳)、石川雅望『雅言集覧（がげんしゅうらん）』(1826〜1849 年刊)、谷川士清『和訓栞（わくんのしおり）』(1777〜1887 年刊)なども江戸時代後期の日本語を知る資料として活用されている。『俚言集覧』は俗語を中心に解説を加えた辞書で、俗語以外にも雅言・方言・漢語などが収められている。『雅言集覧』は歌文を作る際の規範となる語の意味を示したもので、出典名と用例を詳しく挙げている点から古語用例集に近い。17,000 余りの語彙が採録され、いろは順に示されている。その収集範囲は平安時代の仮名文学書を中心に、奈良時代や鎌倉時代、室町時代の文献にも及んでいる。『和訓栞』は五十音順に配列した国語辞書で、雅語や方言、俗語が収められている。語彙が豊富で広い範囲にわたっており、有用である。

2.8　明治時代以降の文献資料

　明治維新に伴って生じた政治社会制度の変革は以下の面で明治時代における言語にも大きく反映された。東京のことばを標準とする「国語」の制定、封建的身分制度の撤廃による待遇表現の変化、国語国字改良運動の学校教育への採用による漢字制限、仮名字体の整理、句読法、言文一致体の普及、欧文翻訳に伴う訳語の生産。このような変革によって生じた日本語の変化は明治 20 年以降次第に完成を見る。

　明治時代以降日本語史研究に利用できる文献資料は量、種類ともに著しく増加する。江戸時代以前までの文献資料と異なる特徴として外国人が記述した日本語資料(外国資料)や日本語に翻訳した資料(翻訳資料)の増加、そして、日本語を速記した資料(速記資料)や録音した資料(録音資料)の発生が挙げられる。このような資料の増加や発生の背景には外国との交流の増加や新しい技術の発達がある。

　明治時代の資料は多種多様であるが、表現者の意図とそれが記録される過程によって以下のように分類できる。

　　① 日本人が公的に発表する意図を持った資料(日本人の公的著作＝学術書・啓蒙書・小説・詩歌・脚本など)

② 日本人が公的に発表する意図のない資料(日本人の私的著作＝日記・手紙など)
③ 外国人が使用し記述した日本語資料(外国資料＝日本語研究書・会話書・対訳辞書など)
④ 日本語に翻訳した資料(翻訳資料＝学術書・啓蒙書・外国語入門書〈直訳物・独案内物〉・会話書・小説など)
⑤ 日本語を速記した資料(速記資料＝落語・講談・演説など)
⑥ 日本語を録音した資料(録音資料)
⑦ 日本人の日本語研究書(＝文典・調査報告書・辞書など)
⑧ 総合資料(＝新聞・雑誌・教科書など)

(国語学会編『国語学大辞典』東京堂出版 1980　明治時代の国語の項〈飛田良文執筆〉)

ここではさらに明治時代の日本語を知るためによく利用されている①③⑦のうち代表的なものについて解説する。

　①の資料について、仮名垣魯文(かながきろぶん)『牛店雑談安愚楽鍋(うしやぞうだんあぐらなべ)』(1871年刊)は当時流行した牛店に食べに来た客の会話を写したもので、当時の口語が反映されている。描写が写実的、かつ登場人物の性別・身分・職業が多様であるところに資料的価値が認められる。音韻、文法、語彙、表記、待遇表現などを研究する際に利用できる。坪内逍遥『一読三歎当世書生気質(しょうよういちどくさんたんとうせいしょせいかたぎ)』(1885～1886年刊)は当時の東京における書生生活をいきいきと描いたもので、書生たちの使用していた独特なことばである書生ことばの研究に利用できる。また二葉亭四迷『新編浮雲』(1887年刊)は言文一致体による近代写実小説の先駆と評され、言文一致体の研究をする上で重要な資料である。当時の音韻、鍵括弧、句読点などの補助符号、振り仮名などの表記、翻訳漢語、和語、代名詞などの語彙の面で研究がなされている。

　③の資料の代表的なものとして、ヘボン『和英語林集成』(1867年刊)がある。『和英語林集成』は我が国初の和英辞典である。見出し語をローマ字表記で示し、ひらがな、漢字を添え、品詞を示し、英語で語義を説明している。また初版・再版(1872年刊)・第三版(1886年刊)ではローマ字の綴り方

が改訂されている。例えば、初版から再版における改訂ではSZ → SU、初版から再版、第三版への改訂ではDZ → DZU → ZU、再版から第三版への改訂ではKIYA → KYA、YE → E などが見られる。ヘボンが第三版に採用したローマ字の綴り方は以後一般にヘボン式ローマ字と呼ばれるようになった。英語の辞書ということでは、柴田昌吉・子安峻『附音挿図英和字彙』(1873年刊)などがある。『附音挿図英和字彙』は明治時代初期、中期を代表する英和辞典で類書を多く生んだことから影響力の大きさが知られる。翻訳語としての漢語の成立と定着、語彙の変化を明らかにする上で重要な資料である。なお、ロブシャイド『英華字典』(1866〜1869年刊)などのような英華字典は日本の洋学の中で使用される。この『英華字典』は香港で出版された字典であるが、当時の日本ではよく使用され、明治時代初期の字典や翻訳書に影響を与えた。中村正直『西国立志編』(1871年刊)、『自由之理』(1872年刊)、西周『利学』(1877年刊)などの翻訳書にその影響が見られ、『附音挿図英和字彙』にも「偶然、内閣、領事」などこの辞書から取り入れられた訳語が見られる。

⑦の資料について、辞書では大槻文彦『日本辞書言海』(1889年刊)は日本で最初の近代辞書と言われ、現在の国語辞典の原型となった。『言海』は広く一般に使用している語を多数収録し、基本語についても詳しく説明している点がそれまでの辞典とは異なる特色とされる。また編集にあたって掲げられた「語法指南」は日本文法における品詞論を示したものであり、後の文法研究に大きな影響を与えた。山田美妙『日本大辞書』(1892年刊)は、『言海』と並び、日本近代辞書の先駆と言えるもので、口語体で説明した普通辞書としては最初のものである。見出し語のアクセントを記したことは大きな特色であり、当時のアクセントを知るための貴重な資料となる。その他、井上哲次郎『哲学字彙』(1881年刊)は哲学の術語辞典である。見出し語には典拠を示したものもあり、抽象語の作成過程を知ることができる資料としても貴重である。

3. 資料の特徴を知るために

これまで文献資料の種々や日本語史の時代と文献資料との関わりについて述べてきた。最後に個々の文献資料の特徴についてさらに知るための参考文献として以下のものを紹介したい。

- A　佐藤喜代治編『国語学研究事典』明治書院 1977
- B　飛田良文他編『日本語学研究事典』明治書院 2007
- C　国語学会編『国語学大辞典』東京堂出版 1980
- D　日本語学会編『日本語学大辞典』東京堂出版 2018
- E　佐藤武義・前田富祺編『日本語大事典』朝倉書店 2014
- F　吉田金彦・築島裕・石塚晴通・月本雅幸編『訓点語辞典』東京堂出版 2001
- G　市古貞次・野間光辰監修『日本古典文学大辞典』岩波書店 1983–1985
- H　久保田淳編『岩波日本古典文学辞典』岩波書店 2007
- I　国語学会編『国語史資料集―図録と解説』武蔵野書院 1976
- J　沖森卓也編『資料 日本語史』桜楓社 1991

まず日本語学の見地から資料全般に関する解説がなされている事典としてA・Bがある。BはAの改訂版である。これらは内容が事項編と資料編とに分かれている。資料編では各資料について成立、諸本、内容や日本語史研究上の価値に関する記述がなされている。また参考文献も掲げられ、資料についてさらに掘り下げることもできる。各資料は奈良、平安、鎌倉といった時代別に、また辞書、和歌、訓点資料、日記・随筆・物語、史書・記録・説話・歴史物語、抄物、外国資料といった種類別に立項され、情報を得たい資料を探すことが容易である。巻末には人名索引・書名索引・語彙索引・事項索引があるためキーワードから目指す資料に関連する情報を探すこともできる。その他時代別や種類別に他の資料の情報を検索することも容易である。

同種の辞典としてC・D・Eも挙げられる。Cでは五十音順に事項、人物、文献などが立項されている。巻末には国語年表があり、各資料の成立年

代や日本語学的価値に関する記述がある。また影印本の参考文献一覧もある。DはCの改訂版である。Eも五十音順に一般項目・人名・書目が立項されている。記述言語学・生成言語学・社会言語学など言語学における学問分野だけでなく、日本語教育学・国語教育学・日本文学など日本語学に隣接する諸科学の多岐にわたる専門用語をも項目に含んでいる点が特徴として挙げられる。巻末には日本語年表、主要総索引目録、古辞書影印本目録、項目和英対照表があり、日本語研究を行う上で参照すべき総合的内容を含む事典となっている。

　他に訓点語や訓点資料に関する辞典としてFがある。訓点研究の概要、主要な訓点資料の解題、主なる訓点語彙の解説の三部から成り、特に訓点研究の概要には訓点語学研究史や訓点語学研究法がまとめられており有益である。また文学関係の文献資料の成立や内容に関してはG・Hが詳しい。特にHは資料の内容が簡潔にまとめられ、便利である。巻末には日本古典文学史年表もある。

　具体的に資料の姿を知りたい場合にはIが有益である。Iは奈良時代以前から明治時代までの92の資料について影印本や活字本の写真を載せ、裏に資料の成立年代、作者、書誌、内容に関する記述がなされている。どのような資料なのか視覚的に捉えることができ、便利である。また、Jは約200点ほどの資料の図版が掲載されている。

　加えて、佐藤武義編(1995)には「日本語史の中の資料」(第2章、安部清哉執筆)という章が、木田章義編(2013)には「資料論」(第1章、肥爪周二執筆)という章がそれぞれ設けてあり、各時代の資料について種類別に簡潔に記述されており、こちらも参考になる。

依拠テキスト

『源氏物語』陽明文庫本：陽明文庫編(1979)『源氏物語1 桐壺 帚木 空蝉 夕顔』(陽明叢書 国書篇)思文閣出版

『法華修法一百座聞書抄』：山岸徳平解題(1976)『法華修法一百座聞書抄』(勉誠社文庫)勉誠社
『論語抄』：坂詰力治編(1984)『論語抄の国語学的研究 影印篇』武蔵野書院
『万葉集』：小島憲之他校注・訳(1994–1996)『萬葉集１〜４』(新編日本古典文学全集)小学館
　　　　　西本願寺本：主婦の友社・おうふう編(1994)『西本願寺本万葉集(普及版)巻第８』主婦の友社・おうふう
『日本書紀』：小島憲之他校注・訳(1994)『日本書紀１』(新編日本古典文学全集)小学館
『古事記』：山口佳紀・神野志隆光校注・訳(1997)『古事記』(新編日本古典文学全集)小学館
『白氏文集』神田本：太田次男・小林芳規(1982)『神田本白氏文集の研究』勉誠社
『天草版伊曽保物語』：福島邦道解題(1976)『天草版伊曽保物語』(勉誠社文庫)勉誠社
『和名類聚抄』真福寺本：京都大学文学部国語学国文学研究室編(1968)『諸本集成倭名類聚抄 本文篇』臨川書店

参考文献

犬飼隆(2005)『木簡による日本語書記史』笠間書院(増訂版 2011)
木田章義編(2013)『国語史を学ぶひとのために』世界思想社
国語学会編(1980)『国語学大辞典』東京堂出版
小松寿雄(1985)『江戸時代の国語 江戸語』東京堂出版
阪倉篤義(1977)「国語史の時代区分」松村明編『講座国語史１ 国語史総論』大修館書店
坂梨隆三(1987)『江戸時代の国語 上方語』東京堂出版
佐藤武義編(1995)『概説日本語の歴史』朝倉書店
白藤禮幸(1987)『奈良時代の国語』東京堂出版
築島裕(1969)『平安時代語新論』東京大学出版会
築島裕(1987)『平安時代の国語』東京堂出版
東京大学教養学部国文・漢文部会編(2007)『古典日本語の世界 漢字がつくる日本』東京大学出版会
東京大学教養学部国文・漢文部会編(2011)『古典日本語の世界２ 文字とことばのダイナミクス』東京大学出版会
西崎亨編(1995)『日本古辞書を学ぶ人のために』世界思想社
飛田良文(1992)『東京語成立史の研究』東京堂出版
柳田征司(1985)『室町時代の国語』東京堂出版

これは、西下経一・滝沢貞夫『古今集校本』(笠間書院)において、「二条家相伝本(貞応二年本)」と呼ばれる本文と校合する際に用いられた写本であるが、このように『古今和歌集』ひとつをとっても、実に多くの本文があるのである。なお、校合とは、第2章で述べたように、多くある本文のうち、どの本文がより正しいかを見極めるために本文の異同をみることをいう。
　これらの『古今和歌集』の写本のうち、たとえば、図1の「伊達家本」(以下、「伊達本」とする)は、藤原定家自筆の写本である。かつて仙台藩の伊達家に伝来したことから「伊達本」と呼ばれる。
　また、写本のなかには断片的に伝わるものもある。そうしたものを古筆切というが、図2の「高野切」もそのひとつである。これは、もともとは巻子本であったものを切断したもので、巻第九の一部を高野山が所持していたことから「高野切」と呼ばれる。なお、「高野切」は紀貫之が書写したものと伝えられるが真筆ではないとされている。
　さて、日本語の歴史を明らかにするにあたっては、『古今和歌集』のような古典作品を対象として調査を進めていくのであるが、このように多くある本文のうちどの本文を対象とするべきかを、これまでの文献学の成果をふまえつつ判断することは容易なことではない。
　また、実際に図1や図2のような写本を閲覧しようと思っても、所蔵先まで訪ねていくのは簡単なことではなく、たとえ写本を閲覧することができたとしても、翻刻するには少なからず労力を要する。
　そこで、活用したいのが、大学図書館にも必ずといってよいほど配備されている古典作品の活字本である。古典作品の活字本の多くは文学鑑賞をおもな目的として編まれたものではあるが、日本語の歴史を明らかにするうえでも役立つものといえる。
　本章では、古典作品の活字本にはどのようなものがあるのかを概観し、そのうえで、日本語史の調査をするにあたって、そうした活字本をどのように扱えばよいのか、具体的にみていきたい。

第4章 古典作品を活字本で読む 73

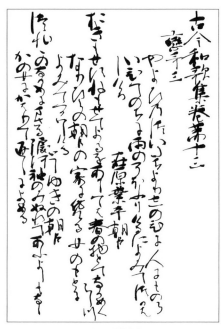

図1 伊達本

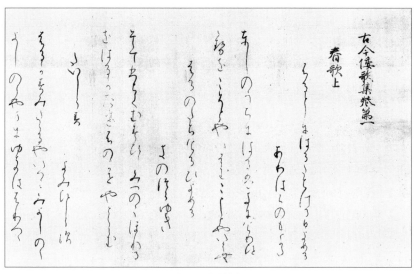

図2 高野切

1. 古典作品の活字本にはどのようなものがあるのか

　古典作品の活字本は、現在、さまざまなものが出版されている。こうした活字本を実際に利用するには、まずは、古典作品の活字本にどのようなものがあるのかを探す必要がある。古典作品の活字本を探すには、次のものなどを用いるとよい。なお、(a)は国文学研究資料館のホームページの電子資料館(http://www.nijl.ac.jp/pages/database/)の「日本古典籍総合目録データベース」での利用もできる。

（a）　『国書総目録』岩波書店 1963–1976(補訂版 1989–1991)
（b）　市古貞次・大曽根章介編『国文学複製翻刻書目総覧』(正)・続、日本古典文学会 1982, 1989
（c）　市古貞次・野間光辰監修『日本古典文学大辞典』岩波書店 1983–1985
（d）　大曽根章介他編『日本古典文学大事典』明治書院 1998
（e）　西沢正史・徳田武編『日本古典文学研究史大事典』勉誠出版 1997

　では、さっそく、古典作品の活字本にはどのようなものがあるのか、具体的にみていくこととしよう。まず、古典作品の活字本のなかでも手軽に利用できるものとして、上代から近代までの古典作品を収めた古典叢書がある。代表的な古典叢書としては次のものなどがある。

（f）　『日本古典文学大系』岩波書店、全 100 巻
（g）　『新日本古典文学大系』岩波書店、全 100 巻
（h）　『新日本古典文学大系 明治編』岩波書店、全 30 巻
（i）　『日本古典文学全集』小学館、全 51 巻
（j）　『新編日本古典文学全集』小学館、全 88 巻
（k）　『新潮日本古典集成』新潮社、全 82 巻
（l）　『日本古典全書』朝日新聞社、全 80 巻

古今和歌集巻第十三

恋歌 三

弥生(やよひ)の一日(ついたち)より、忍(しの)びに、人にものら言(い)ひて後(のち)に、雨(あめ)のそほ降(ふ)りけるに、よみて、遣(つか)はしける

在原業平朝臣

616 起(お)きもせず寝(ね)もせで夜(よる)をあかしては春の物とてながめ暮(くら)しつ

業平(なりひらの)朝臣の家に侍(はべり)ける女のもとに、よみて、遣(つか)はしける

敏(とし)行(ゆきの)朝臣

617 つれ〴〵のながめに増(ま)さる涙河袖のみぬれて逢(あ)ふよしもなし

巻十三・巻十四(恋三・恋四)は、契りを結んで後に逢えないで恋い慕い苦しむ情念をよむ、契りを結んで後になお慕い思う恋の歌。

契りを結んで後になお慕い思う恋　一三一首

〈逢うよしなしに〉　十八首

616 起きてしまうでもなく寝てしまうでもなく夜を明かしましては、その上に昼は昼で、春のものということで長雨が降り続くのを嘆いて時を過しました。○弥生の一日　陰暦春三月の朔日又は初旬。○忍びに…言ひて　こっそりと女に逢って言い交しての意。○そほ降りけるに　しとしとと降っていた時にの意。中世注は「そほぶり」とも示す。○春の物　春の景物の意。「そほ降る」雨をいう。漢語「春物」に当る。白氏文集六・喜陳兄至「坐憐春物尽。起入東園行」。○ながめ　→一一三。○暮しつ　夕暮まで時を過したの意。「つ」は意志的行為の存在確認の表現。▽「思ひの切なるを深う言へるなり」(両度聞書)。伊勢物語一〇七段。

617 続く長雨で水かさの増して行く川のように、独り気もまぎれずにふけるもの思いに、恋心がつのっていよいよ泣けてくる涙、その涙の川で袖だけが濡れるばかりで逢うすべもありません。○つれ〴〵の　長々しく続くの意と、孤独で単調で気持がまぎれないの意を掛ける。名義抄「徒然　ツレ〳〵ナリ」。○ながめ　→一一三。○増さる　水量がふえるの意と、恋心がつのっていよいよ泣くの意を掛ける。○涙河　→四六六。○ぬれて　水に濡れるの意と涙に濡れるの意を掛ける。○よし　→三四七。▽「つくづくと思ひの切なるままにうち眺め居たれば、いとど涙のまさる心なり」(両度聞書)。伊勢物語一〇七段。

618 水の浅い所でこそ袖は濡れると申しますが、きっとあなたの恋心が浅いからこそその袖は

図3　新日本古典文学大系(岩波書店)

古今和歌集 巻第十三

恋歌 三

616

　　　　　　　　　　　　　　在原業平朝臣

起きもせず寝もせで夜をあかしては春のものとてながめくらしつ

弥生の朔日より、忍びに人にもの言ひて、のちに、雨のそぼ降りけるによみてつかはしける

〔六帖五・新撰・業平（群・西・歌・桂・伊勢物語二）〕

　　　　　　　　　　　　　　としゆきの朝臣

業平朝臣の家に侍りける女のもとに、よみてつかはしける

古今和歌集 巻第十三

恋の歌 三

616　　　　　　　　　　　　　在原業平

三月一日ごろ、ある女性と人目を忍んで親しく語り合って、その後で、雨がしとしと降っていた時に詠んで贈った歌

（あなたとお会いした後は）起きているでもなく、寝ているでもなしに一夜を明かしたけれど、今日は春の長雨に降りこめられて、終日、雨の景色をながめつつ物思いにふけって暮しました。

題詞の「ものら言ひて」だけでは作者と相手の女性との関係が明らかでないが、後朝の文に添えて贈った歌のようでもあるが、このあとに「逢はぬ恋」の歌が続くから、「ものら言ひて」は単に物語をしたと解すべきだろう。「起きもせず寝もせで」を恋の悩みのために、一人うつらうつらとしたと解する説はどうだろうか。事実をぼかして、ことさら思わせぶりな表現をしたのは、四次・六翌番と同じ手法であるが、特に同じ作者の四翌番とよく似ている。

　　　　　　　　　　　　　　藤原敏行

業平朝臣の家におりました女性にあてて、詠んで贈った歌

❖ 恋人の家を訪れたがむなしく引き返した歌に始り、そのために浮名が立ったこと、せっかく逢ったが夢のようにはかなく過ぎたこと、その翌朝の悲しみへと続いていく。要するに「会者定離」の宿命におびやかされた恋人たちにとって、恋に伴う情緒は喜びではなく、離別の不安に恐れおのいていた。

616 一　陰暦三月の称。二「朔日」は月の第一日目、または上旬。「より」は動作の行われる場所・時間を示す助詞。「より」が「に」ところ」とある古写本もある。三「ひそかに」の意であるが、忍ぶ恋の場合に多く用いられ（→六霊）、三五・霊六の各題詞）、「忍びなる」（一六三）という語もある。四「何かのら」言ふ（→四宝巫題詞）は『教長註』に、「コトドモ」の意で、小野道風が女性にあてた消息で、「コトラ」ら」に複数の意味があるという。五「そほ降る」は霧のようにしめやかに降る。日葡辞書に「Souofuru ソヲフル 細雨が降る」詩歌語。雨は、業平が女性と語り明かした夜の翌日降っていたのだろう。六一夜を明かした翌日の今日は、「ながめ」を春の景物と見て、物思いにふけって暮した。七長雨の意を表す助詞。「ながめ」に長雨がなをかける。「つ」

図4　新編日本古典文学全集（小学館）

第 4 章
古典作品を活字本で読む

　日本語の歴史を明らかにするためには多くの資料を用いて調査を進めていかなければならないが、そうした調査では、『源氏物語』や『古今和歌集』といった古典作品を用いることが多い。しかし、古典作品の多くは手で書き写すという過程を経て伝わるため、ひとつの作品に複数の本文が存在する。

　たとえば、ひとくちに『古今和歌集』といっても、さまざまな人が書き写した多くの本文、すなわち写本がある。たとえば、『古今和歌集』には、次のような写本がある。

筋切、元永本、唐紙巻子本、通切、大江切、雅経筆本崇徳天皇御本、今城切、教長注古今集、黒川本、六条家本、寛親本、家長本、前田家本、穂久邇文庫本、天理図書館本、伏見宮本、静嘉堂文庫本（片仮名本）、伝後鳥羽天皇宸筆本、土肥家本、池田家本、基俊本、寂恵使用俊成本、書陵部蔵永暦二年俊成本、伝寂蓮筆本、建久二年俊成本、昭和切、了佐切、顕広切、御家切、右衛門切、伊達家本、雅俗山荘本、志香須賀文庫本、静嘉堂文庫蔵為相本、道家本（刊本）、静嘉堂文庫蔵為家本、関戸本、曼殊院本、本阿弥本、高野切、亀山切、寸松庵色紙、公任切、唐紙色紙、久海切、民部卿切、継色紙、伝定頼筆下絵切、堺切、経裏切、中山切、陽明家本仮名序、荒木切、私稿本、高野辰之博士本、保坂氏本、毘沙門堂註本、真田本、佐々木博士本、嘉禄本、顕昭注、千蔭古本、坊門切、書陵部蔵頓阿本、伝定頼筆帚木、伝家隆筆切、伝清輔筆切、筑後切、伝兼実筆、本朝文粋（真名序のみ）

あみだの本地物語（仮題）　赤木文庫蔵　26

古浄瑠璃や説経の正本に「阿弥陀本地」とか「法蔵比丘」と題して上演されたものが多い。又、承応元年の絵入の草子もある。これらの冊子は、みな室町時代のおなじ標題の物語を、そのまま取っている。その室町時代の物語の伝本は幾つか残っている。その中で、天文廿一年六月と奥書のあるものが、今のところ一ばん古い。これは最も簡略な本文をもっている

そもそも、あみたによらいの、しやうかく、ならせ給ひしゆらひを、くわしく、たつぬるに、かたじけなくも、さうひくの、さむかいの、しゆしやうを、すくはんかためなり
そのゆへは、さいてんちくに、くにあり、なをは、とうしやうこくとそ申ける、かのくにのみかとをは、月さうてん

わうとそ、申たてまつる、わうし一人をはしま
す、おん名をは、せんしやうたいしと申ける、いまた、きさきのみやも、ましまさす
ならひのくに、さいしやうこくのみかと、せんしむわうのひめみやに、あしゆくふにんと申けるようかん、ひれいにして、ならひ、なきほとの、きさきにてそ、をにします、ゆきのはた々、しろけれは、月のひかりに、くまもなし、らんしやのにほひ、かうはしく、御すかたを、ものにたとふれは、秋のはらの、をみなへし、つゆをもけなる、おんすかた、まことに、ならふ人、あらし
とそ、おほゆる
此御ありさまを、いかなる人か申けん、たいしは、ほのかにきこしめし、御こ々ろも、そらにあくかれて、ふししつみ給ひける
くきやう、見たてまつりて、た々ねの、御事とはおほえす、いかさま、御こゝろのうちに、おほしめし御こと、あるへし、むかしより、いまにいたるまて、さるためしも、ほく、はんへりけり、なにか、くるしかるへき、おほしめ

五八八

図5　室町時代物語大成（角川書店）

こうした古典叢書は、古典作品を読みやすくするためにさまざまな工夫がなされている（図3および図4参照）。整えられた本文が提示されているほか、注釈や現代語訳が付されている。また、場合によっては、地理や風俗・文化にかかわる図版なども付されている。

さらに、古典叢書の本文は索引や電子コーパスが依拠する本文であることも多い。たとえば、国立国語研究所『日本語歴史コーパス』は(j)『新編日本古典文学全集』の本文に依拠し、また、国文学研究資料館のホームページの

電子資料館(前掲)では、(f)『日本古典文学大系』の本文を検索することができる(「日本古典文学大系本文データベース」、第11章参照)。このように、古典叢書は読みやすく、利便性が高い。

　一方、『洒落本大成』(中央公論社)や『噺本大成』(東京堂出版)のようなジャンルごとの叢書や、室町時代の物語をあつめた『室町時代物語大成』(角川書店)などにも日本語の歴史を明らかにするうえで重要な作品が多く収められている。また、個々の作品の注釈書や索引にも本文の翻刻がある場合がある。

　しかし、こうした古典作品の活字本のなかには、図5の『室町時代物語大成』のように注釈がなく、原本どおり翻刻したような活字本もあり、必ずしも読みやすいものではないこともある。

2. 古典叢書を日本語史調査に利用するには

　それでは、このようにさまざまある古典作品の活字本を、日本語史の調査において用いるにはどのようにすればよいのであろうか。ここでは、さまざまある活字本のなかでも比較的利用しやすい古典叢書をとりあげて、本文と注釈・現代語訳の利用方法についてそれぞれみていく。

2.1　本文

　古典叢書は、古典作品を読みやすくするため、あるいは信頼できる本文を提供するためにさまざまな工夫がなされている。翻刻がなされ、現代のわれわれが読みやすいよう表記が改められているほか、本文そのものも手直し、すなわち校訂されていることが多い。

　ここでは、次の(1)にあげる『古今和歌集』の詞書と和歌をとりあげて、古典作品の活字本の本文を日本語史の調査において用いる際に注意すべき点をみていきたい。(1)は『伊勢物語』にも収録されている在原業平による恋の歌である。『古今和歌集』では第十三巻恋歌三のはじめに位置し、『新編国歌大観』(角川書店)においては第616番として整理されている歌である。こ

の616番歌をひとまず藤原定家自筆の伊達本(前掲・図1)をもとにして、詞書(ことばがき)も含めて翻刻すると次のようになる(原本は縦書き)。

(1)　　　　やよひのついたちよりしのひに人にものら
　　　　　いひてのちに雨のそほふりけるによみてつかは
　　　　　しける　　　　在原業平朝臣
　　　おきもせすねもせてよるをあかしては春の物とてなかめく
　　　　　　　　　　　　　　　　　　　らしつ

　では、この『古今和歌集』の616番歌は、古典叢書では、どのように活字化されているのであろうか。次の(2)でみてみよう。なお、紙面の都合上、改行は原本どおりではない。また、注釈のために本文に付された現代語訳と頭注があることを示すための番号については省略した。

(2)①　日本古典文学大系(岩波書店、以下「旧大系」とする)
　　　　やよひのついたちより、しのびに人にものらいひてのちに、雨
　　　　のそぼふりけるによみてつかはしける　　　在原業平朝臣
　　　おきもせずねもせでよるをあかしては
　　　春の物とてながめくらしつ
　②　新日本古典文学大系(岩波書店、以下「新大系」とする)
　　　　弥生(やよひ)の一日(ついたち)より、忍(しの)びに、人にものら言(い)ひて後(のち)に、雨(あめ)のそほ降(ふ)
　　　　りけるに、よみて、遣(つか)はしける　　　在原業平朝臣
　　　起(お)きもせず寝(ね)もせで夜(よる)をあかしては
　　　春の物とてながめ暮(くら)しつ
　③　新編日本古典文学全集(小学館、以下「新全集」とする)
　　　　弥生(やよひ)の朔日(ついたち)より、忍びに人にものら言ひて、のちに、雨のそほ
　　　　降りけるによみてつかはしける　　　在原業平朝臣(ありはらのなりひらのあそん)
　　　起(お)きもせず寝(ね)もせで夜(よる)をあかしては
　　　春のものとてながめくらしつ

④　新潮日本古典集成(新潮社、以下「集成」とする)
　　　　三月(やよひ)の一日(ついたち)より、しのびに人にものを言ひて後(のち)に、雨の
　　　　そぼ降りけるによみてつかはしける　　　業平朝臣(なりひらのあそん)
　　　　起きもせず　寝もせで夜(よる)を　明かしては
　　　　春のものとて　ながめくらしつ

　前掲(1)の伊達本の本文と、(2)の古典叢書の本文を比べてみると、(2)の古典叢書の本文の方が読みやすいことがわかるであろう。(1)の伊達本では、漢字が極めて少なく、句読点も濁点もない。一方、(2)の古典叢書では、適宜漢字があてられているほか、読点や濁点が付されている。古典叢書は、古典作品の鑑賞をおもな目的として編まれたものであるので、読みやすさに配慮して、さまざまな工夫がなされているのである。
　したがって、こうした古典叢書の本文を対象として日本語史の調査をするにあたっては、はじめに凡例をみて、それぞれの叢書がどのような方針で編集されているのかを確認しておく必要がある。古典叢書の本文を用いて調査をはじめるまえには、とくに次のような点を確認しておきたい。
　　(A)底本は何か
　　(B)校訂の態度
　　(C)活字化の方針
　以下、本章では、これらの点について詳しくみていく。

(A) 底本は何か

　さて、この章のはじめで述べたように、ひとくちに『古今和歌集』といっても多くの写本がある。したがって、それぞれの古典叢書がもとにする写本も一様ではない。つまり、多くある写本のうちどの写本をもとにして活字化しているかは、叢書によって異なるのである。こうした、活字化する際に依拠した写本のことを「底本」(「そこほん」。「ていほん」とも)という。
　ここで、(2)でみた古典叢書①～④の底本とその底本が属する系統をまとめると、表1のようになる。

表1　古典叢書①〜④の底本

	底本とした写本の通称	系統
①岩波・旧大系	梅沢彦太郎氏蔵二条家相伝本	定家本(貞応二年本)
②岩波・新大系	今治市河野美術館蔵『訓詁和歌集』	定家本(貞応二年本)
③小学館・新全集	高松宮家旧蔵本	定家本(嘉禄二年本)
④新潮・集成	北村季吟『八代集抄』の『古今集』	定家本(貞応二年本)

　表1の「底本とした写本の通称」からわかるように、底本は叢書によって一様ではない。このことをふまえて前掲(2)でみた古典叢書①〜④の本文をあらためてみると、①旧大系、②新大系、③新全集では「ものらいふ」となっている詞書の箇所が、④集成では「ものをいふ」となっていることがわかるが、こうした違いは叢書によって底本が異なるために生じるのである。

　ちなみに、『古今和歌集』の校本である『古今集校本』によれば、この箇所は、諸本ではおおよそ「ものらいふ」「ものをいふ」「ものいふ」の三種の本文があり、「ものをいふ」「ものいふ」の本文を持つ写本も複数ある。

　このように底本が異なれば本文も同じではないことがあることから、古典叢書の本文を対象として日本語史の調査をするにあたっては、まずは、底本が何かということを確認しておく必要がある。

　なお、古典叢書は多くの場合、伝来のはっきりとした、信頼のおける書写者による善本、あるいは広く普及した写本や版本、すなわち流布本が底本とされることが多い。『古今和歌集』の場合、定家が校訂した定家本のうち貞応二年の奥書を持つ、いわゆる貞応二年本の系統が底本とされることが多いが、これは藤原定家校訂という信頼性と、この系統が流布本とされることによっている。

(B) 校訂の態度

　そして、古典叢書に収められている本文のなかには、底本とした本文以外の写本を用いるなどして校訂したものがある。たとえば、③新全集の凡例には、「本書は藤原定家の嘉禄二年四月九日書写本を江戸期に臨写した高松宮

家旧蔵本(国立歴史民俗博物館蔵)を底本とし、陽明文庫蔵の為相筆本をもって校訂した」というように、底本と校訂の際に用いた写本についての情報が記されている。

　ここで、(2)でみた古典叢書①〜④の本文校訂の態度をまとめると、表2のようになる。

表2　古典叢書①〜④の本文校訂の態度

①岩波・旧大系	できるだけ底本の姿を残すことにつとめる。誤脱は(　)を付して補入。
②岩波・新大系	校訂の態度についての記述なく、校訂はしていない。
③小学館・新全集	陽明文庫蔵為相筆本を用いて校訂。
④新潮・集成	なるべく底本のままとし、明らかな誤脱のみ校訂。

　表2からわかるように、③新全集のように底本以外の本文を用いて校訂しているものがある一方で、①旧大系、②新大系、④集成のように底本の表現形態をそのまま残すよう努めているものもある。

　いずれにせよ本文を校訂している場合には、その箇所を巻末にまとめて記していることが多い。たとえば、④集成では、「改訂一覧」として校訂した箇所をまとめて示している。次に示すのは、その一部であるが、本文を校訂した箇所を「歌番号、該当部分、改訂本文(校訂本文のこと)―底本本文」というように示している。これは、「水くくれとは」「植ゑていねし」とある底本の本文を活字化にあたって「水くくるとは」「植ゑていにし(去にし)」と校訂したということを示している。

　　二九四　五句　水くくるとは　―　水くくれとは
　　七七六　一句　植ゑていにし　―　植ゑていねし

　調査を進めるなかで見つけた用例が、このように校訂によって改められた部分の例であるということになれば、少なからず注意が必要である。こうした用例については、他の写本を底本としている古典叢書の本文と比較した

り、諸本を校合した、いわゆる「校本」を確認したりするなどして、慎重に扱いたい。

　本章のはじめでみたように、『古今和歌集』のような広く知られた古典作品であれば、西下経一・滝沢貞夫(1977)のような諸本を校合した校本が出版されていることが多い。佐佐木信綱編『校本万葉集』(岩波書店)や池田亀鑑編著『源氏物語大成』(中央公論社)はその代表的なものであるが、こうした校本についてもおおいに活用したい。

(C) 活字化の方針

　さいごに、活字化の方針をみてみよう。(2)でみた古典叢書①〜④の本文をみると、②新大系、③新全集、④集成は、①旧大系に比べて漢字の箇所が多く、ふりがなも多く振られていることがわかるが、こうした違いは、叢書によって活字化の方針が異なるために生じるのである。

　それぞれの叢書の活字化の方針を詳しくみると、まず、①旧大系は、「仮名・漢字は底本のままを旨とし、底本の仮名を漢字に直すことは、いっさいしなかった」としている。そのため、たとえば(3)にみえる「松」(待つ)、「覽」(らん)などの今日ではあて字と思うようなものも、底本の表記にしたがって漢字で表記したうえで注記を施している。また、仮名遣いも底本の表記のままとし、歴史的仮名遣いによって訂正するべきものについては、(4)のように注記を施している(原本は縦書き、いずれも注記は本文の右側に(　)で括って示されている)。

(3)　さむしろに衣かたしき　こよひもや我を松(待つ)覽(らん)宇治の橋姫
　　　　　　　　　　　(①旧大系　『古今和歌集』巻十四　恋四 689)
(4)　心あてにおらばやおらん　はつしものをきまどはせる
　　　しらぎくの花　　　　(①旧大系　『古今和歌集』巻五　秋下 277)

　また、②新大系では、表記を適宜改めつつも「できるだけもとの姿をたどれるように」、さまざまな工夫をしている。①旧大系とおなじく歴史的仮名

遣いと異なるものについては本文の右側に（　）で括って注記を施しているほか、底本の仮名を漢字に改めるときにはもとの仮名をふりがなとして残している。たとえば、前掲(2)でみた②新大系の616番歌の「春のものとてながめ暮(くら)しつ」でみると、ふりがなが振られている「暮(くら)」という箇所が、底本では仮名であったところである。一方、「春」という箇所はふりがなが振られていないので、底本でも漢字であったことがわかる。

　このように原本の姿をたどれるように努めている叢書がある一方で、読みやすさを考え、表記を適宜改めているものもある。「現代の読者に、『古今和歌集』の美しさを、読みやすく親しみやすい形で伝えようという意図により編集した」という④集成では、表記も「底本の表記法まで忠実に再現することは避け」ている。現代の一般の傾向にしたがって漢字と仮名を使い分けているほか、仮名遣いも歴史的仮名遣いに統一している。たとえば前掲(4)でみた277番歌は、④集成では(5)のように表記されている。

（5）　心あてに　折らばや折らむ　はつ霜の　おきまどはせる
　　　　白菊の花　　　　　　　　（④集成　『古今和歌集』巻五　秋下277）

　当然のことながら、こうした処置が施されている本文については、表記は現代の表記ということになるので、これを根拠として表記にかかわる言語事象についての問題を論じることはできない。
　また、清濁はほとんどの叢書において、現在の判断にしたがって濁音と推定されるものには濁点が付されており、必ずしも原本どおりではない。したがって、古典叢書の本文を用いて清濁を論じることはできない。616番歌の詞書にみられる「雨のそほふりける」の場合、「そほふる」と清音と判断しているもの(②新大系、③新全集)と「そぼふる」と濁音と推定して濁点を付しているもの(①旧大系、④集成)とがある。ここでは詳しくみることはしないが、「そほふる」か「そぼふる」かでは、春の雨をどう捉えるかということが異なってくる。こうした清濁の問題は、原本にあたったり、同時代の他の用例を参照したりするなどして慎重に検討する必要があるといえよう。

ここまでみてきたように、古典叢書では、底本とした本文を活字化するにあたってさまざまな工夫をしている。したがって、古典叢書の本文を対象として日本語史の調査をするにあたっては、はじめに凡例をみて、少なくとも以上のようなことを確認しておく必要がある。

2.2　注釈・現代語訳

　次に、注釈と現代語訳についてみてみよう。古典作品の注釈は、ここで詳しくみる古典叢書に付されているもののほかに、単行書や論文の形で公にされているものがある。それらについては、1節で挙げた古典作品の活字本を探すようなもののほかに、古典叢書の解説・参考文献一覧や、下記のようなものを利用して探すとよい。また、国文学研究資料館のホームページの電子資料館(前掲)の「国文学論文目録データベース」も古典作品についての論文を探すにあたって便利である。

（a）　市古貞次編『国文学研究書目解題』東京大学出版会 1982
（b）　石黒吉次郎監『古典文学全集・翻刻書・研究書総目録』日外アソシエーツ 1996
（c）　『日本文学研究文献要覧　古典文学』日外アソシエーツ 1975–

　さて、さきに掲げた図3・図4からわかるように、古典叢書には注釈が付されている。また、場合によっては現代語訳も付されており、これらは古典作品を読むにあたって助けとなるものであり、日本語史の調査においても活用できるものといえる。
　だが、こうした古典叢書の解釈が古典作品の表現を適切に理解しているとは必ずしもいえない(かめいたかし 1995、北原保雄 1996、小松英雄 1997 など)。したがって、古典叢書の解釈を日本語史の調査に活用するには、少なからず注意が必要である。
　ここでは、この点について、ひきつづき『古今和歌集』616番歌を例にとってみてみよう。(2)でみた①〜④の古典叢書では、616番歌はどのよう

に解釈されているのであろうか。616番歌は、詞書によれば三月一日からこっそりと女性に思いを伝えて、そのあとで春の雨が降っていたときに詠んだ歌であるが、この616番歌の注釈と現代語訳の一部をみると、それぞれ(6)のように解釈されている。

(6)① 岩波・旧大系
　　　○おきもせずねもせでよるをあかしては ― 恋の思いに悩まされて輾転反側(てんてんはんそく)して夜を明かしたことをいう。○春の物とてながめくらしつ ― 昼は昼とて、ながめ(長雨)は春の物とばかり、一日中ながめ(眺め。物思いに沈みの意)くらしました。
　② 岩波・新大系
　　　起きてしまうでもなく寝てしまうでもなく夜を明かしましては、その上に昼は昼で、春のものということで長雨が降り続くのを嘆いて時を過しました。
　③ 小学館・新全集
　　　(あなたとお会いした後は)起きているでもなく、寝ているでもなしに一夜を明かしたけれど、今日は春の景物の長雨に降りこめられて、終日、雨の景色をながめつつ物思いにふけって暮しました。
　④ 新潮・集成
　　　あなたのことを思い出して、昨夜は、起きているでもなし、寝るでもなし、というありさまで夜を明かしましたが、今日も日がな一日、春の長雨に降りこめられて、ただもの思いに沈んだまま、また夜になりました。

(6)からわかるように、①～④の古典叢書では、616番歌はおおよそ「女性のことを想い、起きるでもなし寝るでもなしで夜を過ごし、日中は物思いに沈みながら春の長雨が降るのを物思いに耽りながらぼんやりながめていた」と解釈されている。

しかし、こうした解釈では、616番歌の本質を捉えきれていないように思

われる。このことについて考えるにはさまざまな視点が考えられるが、ここではおもに「起きもせず寝もせで夜を明かしては」という上の句と「春の物とてながめ暮らしつ」という下の句のかかわりに注目して、その一端を考えてみたい。

さて、それぞれの叢書で上の句と下の句のかかわりがどのように捉えられているのかをみると、次のようである。

まず、①旧大系では、上の句の「おきもせずねもせでよるをあかしては」は、恋の思いに悩まされて「夜を明かした」ということであり、下の句の「春の物とてながめくらしつ」は、「昼は昼とて」物思いに沈み暮したことであるとする。つまり、前と後の事態はそれぞれ夜と昼に起きたこととして捉えられている。②新大系も同様である。

そして③新全集では、「(あなたとお会いした後は)起きているでもなく、寝ているでもなしに一夜を明かしたけれど、今日は」物思いに耽って暮したとする。つまり、前と後の事態は昨夜と今日に起きたこととして捉えられている。④集成もほぼ同様である。

以上をまとめるとこれらの叢書では、「ては」に上接する「起きもせず寝もせで夜を明か」すという事態が「昨夜」に生起し、それをふまえて「春の物とてながめ暮ら」すという「今日」の事態が起きたと捉えられているといえる。そして、(6)の注釈と現代語訳をみるかぎり、「夜を明かす」と「ながめ暮す」という二つの事態は夜―昼、昨夜―今日というように線上の時間で起きたこととして捉えられていると思われる。

では、こうした捉え方は、この616番歌を適切に理解しているといえるであろうか。ここでは、「ては」の用法を中心にして考えてみよう。こころみに『古今和歌集』を対象としてみると、「ては」は次の(7)のように前の事態と後の事態が繰り返し起こるということを表していることがわかる。なお、これ以降の箇所で引用する『古今和歌集』の本文はいずれも③新全集によるものである(末尾は歌番号、ふりがなは省略、下線は筆者による)。

(7) a　いたづらに行きては来ぬるものゆゑに見まくほしさにいざなはれつ

　　　　つ

　　　　　　　　　　　　　　　　　（『古今和歌集』巻十三　恋三 620）

　　b　忘れては夢かとぞ思ふおもひきや雪踏みわけて君をみむとは

　　　　　　　　　　　　　　　　　（『古今和歌集』巻十八　雑下 970）

　（7a）の 620 番歌は、あなたを無駄に訪ねてもいつも帰ってくるだけなのに会いたさに何度も足を運んでしまうということであり、「ては」に上接する「行く」と下接する「来る」は一回限りのことではない。また、（7b）の 970 番歌は、作者の業平が出家してしまった惟喬親王に正月のあいさつをしなければならなかったという現実を忘れては、これは夢だったのではないかと思うということであるが、「現実を忘れる」ことと「夢ではないかと思う」ことは一回限りのことではないといえる。何度も何度も現実を忘れ、夢ではないかと思うほど、業平の悲しみは深いのである。

　このように「ては」は前の事態と後の事態の反復が基本であるといえる。「ては」には、次の（8）のような一般的な接続の用法もみられるが、いずれも「Aという条件のもとではいつもBとなる」という恒常的な意味を内包するものである。（8）は、文末に強意・推量の助動詞「ぬべし」が来ることからもわかるように、「恋心を隠そうとする」と必ず「山橘の色に出る」ものであるということを述べている。このことからも「ては」の用法の基本は反復といえる。

（8）　わが恋をしのびかねてはあしひきの山橘の色にいでぬべし

　　　　　　　　　　　　　　　　　（『古今和歌集』巻十三　恋三 668）

　また、『古今和歌集』を含む八代集のなかでも昼夜が対比されている歌をみると（古今和歌集 470 番歌＝（9a）、後撰和歌集 26 番歌＝（9b）、金葉和歌集 67 番歌、詞花和歌集 225 番歌、新古今和歌集 1372 番歌）、いずれも（9）のように「昼は…夜は…」となっていることがわかる。なお、（9b）は新大系による。

（9）a　音にのみきくの白露夜はおきて昼は思ひにあへず消ぬべし

　　　　　　　　　　　　　　（『古今和歌集』巻十一　恋一 470）

　　　b　我がやどの梅の初花昼は雪夜は月かとみえまがふ哉

　　　　　　　　　　　　　　（『後撰和歌集』巻一　春上 26）

　616番歌では「夜は」とはなっておらず、「夜を明かしては」となっていることから、夜と昼の対比を単純に目的にしているものとはいえない。

　以上のことから、「夜を明かす」と「ながめ暮らす」という二つの事態は夜―昼、昨夜―今日というように線状の時間のなかで生起したのではなく、円環状の時間のなかで連続的に生起したものであると考えられる。

　さらにいえば、③新全集の「あなたとお会いした後は」という解釈には大きな問題があるといわざるをえない。すなわち、『古今和歌集』は和歌が時系列に配置されていることが知られており、それにもとづくと、第十三巻恋歌三の冒頭に位置する616番歌では、まだ男女は逢っていない。男女が逢ったことが認められるのは、634番歌の後朝（きぬぎぬ）の歌においてである。ここではまだ、想いを寄せている人に逢えそうで逢えないでいるのである。したがって、「あなたとお会いした後は」とするのは性急に過ぎるだろう。

　ここまでをまとめると、616番歌は次のように捉えることができよう。すなわち、業平は三月一日から女性のもとに通ってはいるが、なかなか女性に逢えないでいる。616番歌は、起きもしないで寝もしないであなたと逢えない夜を明かしては、そほそほと降る長雨は春のものだと言い聞かせて物思いに耽りながら日々を暮らしたと詠んだものと解釈できる。「夜を明かす」ことと「ながめ暮す」ことが春雨の降るあいだじゅう繰り返されると解釈することで、業平の鬱々とした思いが再現され、さらには逢えそうで逢えないときの恋の苦しさを読み取ることができる。

　つまり、(6)でみた①～④の古典叢書の解釈では、616番歌の本質を捉えきれていないといわざるをえない。このように、古典叢書の注釈や現代語訳といった解釈が古典作品の表現を適切に理解しているとは必ずしもいえないのである。

だが、一方で、古典叢書の注釈や現代語訳は、古典作品の内容を理解するうえで助けとなるばかりでなく、日本語史の調査においても役立つものといえる。結局のところ、古典叢書の注釈や現代語訳を活用しつつも、本文をよく読み込んだうえで、最終的な判断はみずからおこなうという姿勢が求められるのである。さらにいえば、ことばひとつひとつを丁寧に読み込んだ結果、古典作品の本質に迫ることができるのも、日本語史調査の醍醐味といえよう。

　以上、本章では、日本語史の調査において古典作品の活字本をどのように扱えばよいのか、おもに古典叢書を対象としてみてきた。はじめに述べたように、古典作品の活字本は大学図書館にも必ずといってよいほど配備されている。とりわけ、古典叢書は手に取りやすく、その本文は索引が依拠する本文であることも多い。調査が進めば、原本にあたることも必要になってくるが、まずは、本章でみてきたような点に留意しながら、古典叢書をはじめとする古典作品の活字本を日本語史の調査におおいに活用したい。

依拠テキスト

『古今和歌集』：佐伯梅友校注(1958)『古今和歌集』(日本古典文学大系)岩波書店
　　　　　　　小島憲之・新井栄蔵校注(1989)『古今和歌集』(新日本古典文学大系)岩波書店
　　　　　　　小沢正夫・松田成穂校注・訳(1994)『古今和歌集』(新編日本古典文学全集)小学館
　　　　　　　奥村恒哉校注(1978)『古今和歌集』(新潮日本古典集成)新潮社
『古今和歌集』伊達本：久曽神昇編(2005)『伊達本古今和歌集　藤原定家筆』笠間書院
　　　　　高野切：古谷稔解説(1993)『高野切第一種　伝紀貫之筆』(日本名筆選1)二玄社
『後撰和歌集』：片桐洋一校注(1990)『後撰和歌集』(新日本古典文学大系)岩波書店

参考文献

井上宗雄他編(1999)『日本古典籍書誌学辞典』岩波書店

かめいたかし(1995)『ことばの森』吉川弘文館

北原保雄(1996)『表現文法の方法』大修館書店

小松茂美(1989)『古筆学大成 1 古今和歌集一』講談社

小松英雄(1997)『仮名文の構文原理』笠間書院(増補版 2003、増補版新装 2012)

西下経一(1954)『古今集の傳本の研究』明治書院

西下経一・滝沢貞夫編(1977)『古今集校本』笠間書院(新装ワイド版 2007)

山田俊雄(1966)「文献学の方法」亀井孝他編『日本語の歴史 別巻 言語史研究入門』平凡社(平凡社ライブラリー 2008)

第 5 章
漢字で書かれた文章を読む

　日本語の歴史を明らかにするにあたって利用することができるのは、仮名で書かれた文章に限られるわけではない。漢字のみ、もしくは大部分を漢字で書かれた文章も、日本語の歴史の解明に役立てることができる。ここでは、漢字で書かれた文章を利用する場合の注意点などについて見ておくことにする。

1. 漢字で書かれた文章

1.1 「漢字で書かれた文章＝漢文」か

　漢字で書かれた文章は漢文と言えるのだろうか。漢文を古典中国語で書かれた文章であると定義するのであれば、漢字で書かれた文章は、必ずしも漢文と言うことはできない。たとえば、次のような例はどうだろうか。なお、(1)〜(4)の原文は、漢字表記の部分のみであり、平仮名による振り仮名は、漢字表記を解読して補ったものである。

（1）　東 野 炎 立所見而 反見為者 月西渡
　　　ひむかしの のにかぎろひの たつみえて かへりみすれば つきかたぶきぬ

（『万葉集』巻一 48）
　　　〔東の野に陽炎の立つのが見えて振り返って見ると月は西に傾いている〕

（2）　夏野之 繁見丹開有 姫由理乃 不所知恋者 苦者曽
　　　なつののの しげみにさける ひめゆりの しらえぬこひは くるしきものそ

　　　　　　　　　　　　　　　　　　　　　　　　　（『万葉集』巻八 1500）
　　　〔夏の野のしげみにひっそりと咲いている姫百合のように、人に知られない恋
　　　は、苦しいものです〕
（３）　余能奈可波　牟奈之伎母乃等　志流等伎子　伊与余麻須万須
　　　加奈之可利家理　　　　　　　　　　　　　　（『万葉集』巻五 793）
　　　〔人の世が空しいものと思い知らされたときは、いよいよますます悲しいもの
　　　です〕
（４）　…現御神止大八嶋国所知倭根子天皇命、授賜比負賜布貴支高支広支
　　　厚支大命乎受賜利恐坐弖、此乃食国天下乎調賜比平賜比、天下乃
　　　公民乎恵賜比撫賜牟止奈母、随神所思行佐久止詔天皇大命乎、諸
　　　聞食止詔。…　　　　　　　　　　　　　　（『続日本紀』第 1 詔）
　　　〔現つ御神として大八島国をお治めなさる倭根子天皇(持統天皇)の、〈朕に〉
　　　授け賜い、負せ賜う、貴い高い広い厚い大命を受け賜り、恐れ多いとお思いに
　　　なられて、この食国天下を調え賜い、平らげ賜い、天下の公民を恵み賜い、撫
　　　で賜おうと、神として思し召されると、仰せ下される天皇(文武天皇)の大命
　　　を、皆々承れとて述べ聞かせる〕

　いずれも漢字で表記されてはいるものの、古典中国語を表記したものではな
く、漢文ではない。
　（1）～（3）は『万葉集』の例。和歌としての定型(音数律)があるため、一
応読むことが可能である。ただし、ここに示した振り仮名が、必ずしも考え
られる唯一の読みというわけではない。（1）の歌での漢字の用い方は、漢字
の本来の意味に即した訓読みである正訓(「東」など)を中心とし、語の表す
意味によって漢字を宛てた義訓(「西渡」)によるものもあるが、こうした漢字
表記がどういった語を表すものであるのかについては諸説あり、日本語史の
資料として扱うには慎重な検討が必要である。たとえば、（1）の歌に付した
振り仮名は、賀茂真淵による読みを示したものなのだが、この歌はより古く
は「アツマノノ　ケフリノタテル　トコロミテ　カヘリミスレハ　ツキカタ
フキヌ」と読まれていた(図1参照)。新日本古典文学大系本では当該歌に

「真淵の訓み方があまりにも見事なために、疑問を残しながら下手に手を出せないというのが正直なところである。…(中略)…訓詁学の立場からは「未解読歌」に属する」と注が付けられている。この歌の解読については種々の指摘・議論がある(佐佐木隆 2004 や白石良夫 2010 等)。(2)は、「不所知」という漢文的な返読を要する部分はあるが、おおむね文字の順に読めばよいようになっている。漢字の用法としては、正訓(「夏」「苦」など)に、漢字の意味を捨て音を利用した借音(「理」「曽」など)と、漢字の意味を捨て訓を利用した借訓(「見」「丹」)を交えている点に注意したい。借音と借訓で用いられた漢字は、万葉仮名と呼ばれる。万葉仮名で表記された語については、確例として、日本語史を考える上での材料とすることができる。(3)は和歌全体を基本的に借音で表記しており、文字の順に音で読めばよい。この歌については、漢字表記から復元される日本語には揺れがない。

(4)は宣命の例。宣命とは、天皇の命令を口頭で読み上げる文書。一部の返読文字を除いて、ほぼ日本語の語順により、正訓により自立語を大字で、付属語や活用語尾などを万葉仮名により小字で記している。正訓による表記の場合は、復元される日本語に読み手によって揺れる可能性があり、万葉仮名による表記の場合は、それがないことは、『万葉集』の場合と同様である。

図1 寛永二十年版『万葉集』(東北大学附属図書館蔵)巻1 48番歌

韻文と散文という相違はあるが、(1)〜(4)いずれも古典中国語の語順・語法にしたがって中国語を表記しようとしたものではなく、漢字を利用して日本語を表記しようとしたものであることは明らかである。これらを漢文と呼ぶことはできない。漢字で表記された文章——漢字文——ではあっても、漢文ではないのである。平仮名・片仮名が誕生するのは平安時代に入ってか

らのことであり、奈良時代以前には、日本語の文章を表記するために使用できる文字は漢字しか存在していなかった。和歌や宣命などのように音声化を前提とするものであっても、漢字で表記せざるをえず、このような表記が工夫されたのである。おおむねこれら(『万葉集』や宣命など)以外の資料で、漢字で表記された文章が漢文資料と言われるものになる。

1.2　2種の漢文―純漢文と変体漢文

　ところで、日本語学の世界で、一般に漢文と呼ばれる文章には、大きく分けて2種のものがある。1つは、古典中国語文を記すために、主には中国大陸で作成されたもの、もしくはこれに準じて日本で作成された文章である。特にこれを、純漢文、正格漢文などと称する場合もある。大陸側の資料としては、『毛詩』『孝経』『論語』などの漢籍がよく知られているが、『妙法蓮華経(みょうほうれんげきょう)』『地蔵十輪経(じぞうじゅうりんぎょう)』などのような仏典もある。なお、多くの資料は古典中国語を基盤とするものの、『遊仙窟(ゆうせんくつ)』や漢訳仏典など一部の資料には、口語的(俗語的)要素が強いものもあるので注意したい。日本側で作成された資料としては、『懐風藻(かいふうそう)』『性霊集(しょうりょうしゅう)』などの漢詩や『日本書紀』『続日本紀(しょくにほんぎ)』等の六国史などがある。日本側の資料の場合、文法上の形式において古典中国語に適合しており、中国語文として読むこと(音読)を前提としつつも、その一方で、日本語として訓読されることも予想しつつ作成されたものと思われる。また、中国の純漢文から外れる要素も若干ではあるが認められる。

　日本人はこれら純漢文の資料を読解する際、日本語文として訓読するという方法を採ってきた。平安時代以降、漢文に訓点を付した資料が見られ、これを訓点資料という(図2)。純漢文は本来は中国語文として書かれたものであり、音読すべきものではあるが、訓点資料については、日本語文として読むこと(訓読)が可能である。

　漢文と呼ばれる文章のもう1つは、日本語文を漢字を用いて書き記したもので、変体漢文、和化漢文などと言われるものである(以下では、この種の文章を、便宜的に変体漢文の呼称で代表させる)。基本的に漢字専用で、一応古典中国語文のような語順で記されてはいるものの、中国語文を記した

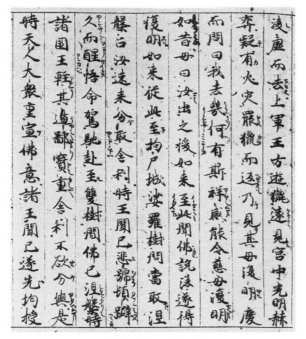

巻3　171〜179行　　　　　　　　　　巻1　172〜173行

図2　石山寺本(石山寺蔵)『大唐西域記』長寛元年点

純漢文からは外れる用字・語彙・語法などが見られることからの呼称である。同様の観点から、これは、変態漢文、変格漢文、和風漢文、和様漢文、亜漢文などと呼ばれることもある。しかし、これらの名称は、漢文の変種であるかのような誤解を与える点で、あまり適切ではない。中国語文(古典中国語文)として書かれたものを漢文、日本語文として書かれたものを和文とするのであれば、和文に分類されるべきものだからである。変体漢文は、全文が音読された可能性はまったくないものであり、音読されることを前提としつつも、訓読されることも予想して作成された日本の純漢文とは、ある程度の連続性はあるものの、一応区別して考えておきたい。

　いわゆる変体漢文とは、純漢文の表記様式を基調・骨格として、日本語文を書き記したものなのである。あくまでも、表記様式として漢文を模したも

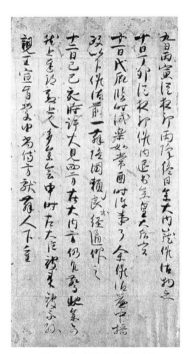

図 3　変体漢文資料の例
『御堂関白記』(古写本、陽明文庫蔵) 寛仁 3 年 3 月 9 〜 12 日条

のに過ぎず、漢文風の表記様式の背後には日本語文がある。こうした観点からは、漢式和文、真名国文などの呼称がなされる場合もある。ただし、平仮名で書かれた文章を仮名文(平仮名文)、漢字片仮名交じり表記の文章を仮名交じり文(漢字片仮名交じり文)などと称するのに倣えば、もっぱら漢字で表記された変体漢文は、漢字文と呼ぶのが相応しいようにも思われる。この名称の問題については、表記様式とその背後にある言語の様式(語彙・語法など)との間には、ある程度関連があると考えられることから、一考の余地があるように思われる。

　なお、変体漢文は、実用を主とし、記録(日記)・文書の類に多く用いられていることから、記録体と呼ばれることもある。また、鎌倉幕府の歴史を扱った史書の『吾妻鏡』がこの文章様式の代表的な文献であることから、吾

妻鏡(東鑑)体とも言われる。変体漢文は、記録・文書類など、実用的な分野で多く用いられたが、『将門記(しょうもんき)』のような合戦記、『古事談』のような説話、ほかに霊験記や縁起などでも、この様式を採るものがある。

　以上のように、漢字で書かれた文章には、漢文と、漢文とは認められないものとがあり、さらに、漢文と呼ばれるものの中には、純漢文と変体漢文とがある。

2.　漢字で書かれた文章(漢字文)を読む

　漢字で書かれた文章を読む——日本語史の資料として扱う——にはどうしたらよいのか、をここでは考えたい。

　まず、漢字で中国語の文章が記してあり、それ以外は書かれていないものは、直接には日本語の歴史の問題に関与しない(日本語史の資料にはならない)。漢語受容史の問題など、中国語が日本語に与えた影響を考える際には参照する必要も出てくるが、とりあえずここでは措いておく。ここで取り上げたいのは、漢字表記の背後に日本語文があるものである。ただし、日本語の言語形式を比較的復元しやすいものと、復元することに原理的な困難があるものとがある。

　比較的復元できる資料としては、まず、1.で触れた、『万葉集』や宣命などがある。これらの資料は音声化を前提とするものであり、つまりはことばの姿そのものが問題になる。そのため、万葉仮名表記の部分があり、また、正訓表記の部分についても、『万葉集』のような韻文の場合、音数律の関係から、言語形式を推測・復元することが可能である。ある程度読める資料であると言えよう。

　もう1つ比較的復元できる資料としては、漢文を読解する際に、理解の助けとして注記・符号類を付した資料である訓点資料がある。振り仮名や、ヲコト点、句切点、返点などをあわせて訓点と言うが、ヲコト点とは訓読のための符号(助詞・助動詞・活用語尾などを示す)のことである。平安時代以降、漢文を読解するに当たり、訓点を付して、日本語として訓読するという

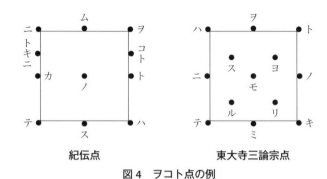

図4　ヲコト点の例

漢字のどの位置にどのような符号を付けるかで補うべきものを示し分ける。
後掲する(5)(6)の『大唐西域記』長寛元年点では、右のヲコト点が使用されている。

ことが行われている。訓点の加えられた資料については、どのように読まれたのかということが、ある程度復元可能である。

　漢字表記の背後の日本語文の復元が困難な資料には変体漢文がある。変体漢文の資料の場合、純漢文の資料とは異なり、訓点を付された資料がほとんど存在しないのである。変体漢文に訓点が付された資料には、真福寺本・楊守敬旧蔵本『将門記』、高山寺本『古往来』、高野山西南院本『和泉往来』など、極少数のものがあるに過ぎない。また、変体漢文の資料の場合、その作成目的における、言語形式の保存・復元という部分の比重は重くなく、情報の記録ということに重点があったと考えられることも重要である。表意文字である漢字から、おおよその意味・内容さえ摑めれば、漢字表記の背後の言語形式が厳密に復元されなくても、その資料は役に立つからである。ただし、そうはいっても、変体漢文は日本語の一部であって、日本語の歴史の一端である。他の文体には見られない特徴的な語彙・語法などもあり、他の文体との交渉も認められている。日本語の歴史を多面的・重層的に捉えるためには、なんとか読む努力はしたいところである。

　以下では、上で挙げた各資料群について、実際の読み方(利用)についてやや詳しく見ていく。まず、『万葉集』や『続日本紀』宣命などの奈良時代以前の日本語漢字資料についてである。これについては、**1.** ですでにある程

度述べたところであるので、簡潔に触れておく。

　これらの資料の利用に当たっては、日本古典文学大系、日本古典文学全集などの叢書類や、個別の作品について解読されたテキスト(注釈書)があるので、それを使うとよい。ただし、先にも触れたように、万葉仮名で表記された部分は語形の確定ができ、ある語(言い方)がその時代に存在したという確例になるが、それ以外の部分については、意味・内容を理解する上での参考にするのはよいが、確例にはならないことに留意しておく必要がある。複数の解読文(書き下し文)が公表されている場合、それらを比較してみるとよい。解読の揺れがあるようであれば、取り扱いには注意が必要である。また、その揺れから、どの解読がより妥当性が高いかなどの日本語学上の問題点が浮き上がってくることもある。

　次に、漢文の訓点資料の読み方について見ておく。訓点資料は、既に数千点が発見されており膨大な量が存在するが、学界に公開されたものは百数十点程度である。訓点資料の所蔵者は、社寺、公私の図書館・博物館、大学などであるが、聖典や貴重書であって、閲覧・調査に種々の制約があるためである。そうした中にあって、漢籍では『史記』『白氏文集(はくしぶんしゅう)』など、仏書では『大慈恩寺三蔵法師伝(だいじおんじさんぞうほうしでん)』『大唐西域記(だいとうさいいきき)』など、国書では『日本書紀』など、複製資料や解読文(訓読文〔訳読文ともいう〕)が公刊されているものがある。訓点語学会の機関誌『訓点語と訓点資料』や鎌倉時代語研究会の『鎌倉時代語研究』などは、訓点資料の複製や解読文を多く載せている。なお、個別の訓点資料の性格や公刊状況などについて知るためには、『日本語学研究事典』(明治書院)の「資料編」や『訓点語辞典』(東京堂出版)の「訓点資料」を参照するとよい。

　訓点語を専門とする研究者でないかぎり、特に日本語史の入門者にあっては、通常は公刊されている複製や解読文(訓読文)を利用することになる。複製を利用するに当たっては、当該資料で用いられているヲコト点および仮名字体を整理した、ヲコト点図および仮名字体表を、まずは確認しておきたい。また、解読文(訓読文)を利用もしくは作成する際には、次に示すような一般的な解読文のきまりを押さえておく必要がある。

- 原点本に加えられている片仮名訓点は、解読文中では片仮名でこれを示す。
- 原点本に加えられているヲコト点は、解読文中では平仮名でこれを示す。
- 解読者の推定による読み添えは、解読文中では(　)を施した平仮名でこれを示す。

次に解読文の一例を示す(中田祝夫 1979 による)。

(5) 〔於〕此の像の前に、五年に一(た)ビ大会スル処を建テ(たり)。
　　　　　　　　(『大唐西域記』巻第一 173 行・長寛元(1163)年点)
〔原漢文　「於此像前建五年一大会」〕

(6) 火の災有(る)カと疑テ猟を罷メ而返ヘル。
　　　　　　　　　　　　カリ　　ヤ　　て　ハセカ
　　　　　　　　(『大唐西域記』巻第三 172 行・長寛元年点)
〔原漢文　「疑有火災罷猟而返」〕

　解読文中の(　)の施された平仮名の部分は、日本語史の資料にはならないことに注意しなければならない。(5)の場合、「此の」の「の」、「前に」の「に」などはヲコト点により、「大会スル」の「スル」、「建テ」の「テ」は片仮名訓点による。「一(た)ビ」は「一」字には「ヒ」とのみ加えられているが、これに「た」を解読者の判断で補い、「ヒ」を濁音の「ビ」としている。(6)の場合、「猟」字には「カリ」、「罷」字には「ヤメ」、「返」字には「ハセカヘル」との片仮名訓点が加えられている。「カリ」「ヤメ」「ハセカヘル」は加点時(長寛元年)に当該の語が存在したという確例となり、また、それぞれの漢字(「猟」「罷」「返」)が当該の和訓で読まれたことの証拠になる。ただし、片仮名訓点の加えられていない「災」字、「疑」字については、どう読まれたかという確証は、この例文からだけでは得ることはできない。
　ところで、訓点資料の解読文は、誰が作成しても同一のものが得られるのであろうか。答えは否である。この理由については以下の3点にまとめられる(柴田雅生 1998)。

・訓点(ヲコト点、仮名字体)の認定が解読者によって異なること。
・訓点の適用が解読者によって異なること。
・補読が解読者によって異なること。

　第1点は、複次にわたる訓点や剥落の程度がはなはだしい訓点の識別、位置に動揺が見られる訓点(特にヲコト点)の認定、仮名の認定(字母等)などに関わる問題である。加点は数度にわたって行われることがあり、その順序・識別が問題になる。また、古くは胡粉による加点(白点)が行われていたが、これは特に剥落しやすいもので、残された部分からの訓点の復元(推定)が問題になる。さらには、同じヲコト点、仮名を見ても、解読者によってヲコト点の位置や仮名の字母の認定が異なることがあるのである。第2点は、訓の一部しか加点されていないと考えられる場合や仮名とヲコト点が相まって加点されている場合などに、いかにして言語を再構するかという方法に関わる問題である。仮名とヲコト点が相まって加点されている場合には、その適用順序等が問題になる。第3点は、そこにないものを補うという、解読主体に依存する部分が特に大きい問題であり、補読する助動詞・補助動詞、助詞・形式体言などの違いとして現れる。この他、不読の可能性のある助字の扱いなどにも解読者による違いが認められるが、解読者によって解読文が異なる理由は、おおむね上記の3点に集約される。

　ある訓点資料から唯一絶対の解読文が帰納できるわけではないのであり、公表されている解読文を利用するに当たっては、それ相応の慎重さが求められるというべきであろう。できるかぎり複製(写真版)などで訓点の確認をするようにしたい。確実に語形などが特定できるもの以外については、特にこの点への配慮を忘れないようにする必要がある。

　なお、訓点の認定・適用や補読の妥当性を検討するためには、日本語学(日本語史)の知識が必要なのは当然であるが、それとともに原漢文の内容をよく理解する必要もある。原漢文の内容を確認する場合、新釈漢文大系(明治書院)のような注釈書類が助けとなることがあるので、訓点資料を読む際には、こうした原漢文の注釈書類を手許に置いておくとよいだろう。

　この節の締めくくりとして、変体漢文資料の読み方について見ておきた

い。これらの資料について、日本語学的に厳密に読む必要がなく、おおよその内容が把握・理解できればよいというのであれば、純漢文(白文)を読むように読んでいけばよい。ただし、厳密に読む必要がある場合には、訓点が加えられた資料はごく少数しかなく、用字・語彙・語法などに変体漢文独特のものがあるので、読みを確定することには困難を伴う。こうした資料群については、「日本人の昔の言語生活の中には、文字に書かれたもののうちで、見て意味を知るだけで読む習慣のないような面があるかと疑っている」と言われることもあった(池上禎造1959)が、まったく読まれることはなく見るだけの資料群だったとは言えないまでも、厳密に一定の訓を強制するものではなかったことは確かであろう。「ある程度読めるという「緩やかな読みの体系」を持った資料として柔軟に扱うべき」(堀畑正臣2007)との見解が穏当なところではないかと思われる。

　さて、変体漢文の資料としては、記録(日記)の類は大日本古記録(岩波書店)や史料纂集(続群書類従完成会→八木書店)、図書寮叢刊(宮内庁書陵部、養徳社→宮内庁書陵部、明治書院)などに、文書の類は『平安遺文』(東京堂出版)、『鎌倉遺文』(東京堂出版)などに多く収録されているので、これらを用いるとよい。最近では、東京大学史料編纂所で公開しているデータベースなどで、これらの資料群の検索をすることもできるようになった(第11章参照)。また、『御堂関白記』や『吾妻鏡』など、一部の資料については、訓読文や注釈書の公刊されているものがあるので、これを利用することもできる(たとえば、山中裕編『御堂関白記全註釈』全16巻(国書刊行会→高科書店→思文閣出版)や貴志正造訳注『全譯吾妻鏡』全6巻(新人物往来社)等がある)。『古事記』や『将門記』などのような文学作品の場合も、複数の注釈書があるので、これを利用することができる。どの作品にどのような注釈書があるかについては、『日本語学研究事典』(明治書院)などで確認すればよい。ただし、注釈書に示されている訓読文は、あくまでも読みの一例に過ぎないことは忘れてはならない。

　いくつか実例で示しておく。まずは『古事記』上巻・冒頭の例である。(7)は原文。(8)〜(11)は訓読文の例である。

（7）　天地初発之時、於高天原成神名　　　　（『古事記』上巻・原文）
（8）　天地初めて発けし時、高天の原に成れる神の名は
　　　　　　　　　　　　　　　　　　　　　（日本古典文学大系・訓読文）
（9）　天地初めて発りし時に、高天の原に成りませる神の名は
　　　　　　　　　　　　　　　　　　　　　（新潮日本古典集成・訓読文）
（10）　天地初メて発りし時、高天ノ原於成りませる神ノ名は
　　　（日本思想大系・訓読文［上代特殊仮名遣における乙類を片仮名で記
　　　　　　　　　　　　　　　　　　　　　　　　　　　　　　している］）
（11）　天地初めて発れし時に、高天原に成りし神の名は
　　　　　　　　　　　　　　　　　　　　　（新編日本古典文学全集・訓読文）

　この部分だけでも「発」「高天」の読みに揺れがあることが分かる。「成」に対する補読にも揺れがある。この種の資料の漢字表記の背後にある日本語を確定することがいかに難しいことであるかが分かるであろう。なお、(10)の例文では上代特殊仮名遣における甲類・乙類の別まで示していることに注意したい。奈良時代以前は、日本語の母音は現在のような5母音ではなく、部分的にではあるが8母音であったとされる（上代8母音説）。この説の根拠となるのが上代特殊仮名遣と呼ばれる現象である。これは、「キヒミ・ケヘメ・コソトノモヨロ」の13の音節（清濁の別のあるものは濁音も）について、それを書き表す万葉仮名に2類（甲類・乙類）の別があり、表記する語によって截然と使い分けられていたという現象である。この万葉仮名の使い分けは、イ段・エ段・オ段については、区別される2種類の母音があり、それを書き分けたものと考えることができる。注釈書の中には、この上代特殊仮名遣い（甲類・乙類の別）まで示しているものもあるのである。

　同様の例を、藤原道長の日記『御堂関白記』より示す。(12)は原文。(13)(14)は訓読文の例。

（12）　亥時許火見西方、在大内方、仍乍驚馳参、可然上達部・殿上人多参会、申時左大臣被来、被示孫親王宣旨慶由、尚侍方献舞人下重

(『御堂関白記』寛仁3年3月12日・原文)
(13) 亥(の)時許火西(の)方(に)見ゆ、大内(の)方(に)在り、仍りて驚き乍ら馳せ参る、然る可き上達部・殿上人多く参り会ふ、申(の)時左大臣来たれ被、孫(の)親王宣旨(の)慶び(の)由(を)示さ被、尚侍(の)方(に)舞人(の)下重(を)献(ず)

(峰岸明(1986c)37頁以下を基に筆者が作成)

〔亥の刻の頃、西の方角に火事が見えた。内裏の方角であった。そこで驚きながら馳せ参じた。然るべき公卿や殿上人が多く参会した。申の刻に、左大臣(藤原顕光)が来られた。孫(敦貞親王)の親王宣旨の慶賀を伝えられた。尚侍(藤原嬉子)のもとに、石清水臨時祭の舞人の下重を献上した〕

(14) 亥時ばかり、火、西方に見ゆ。大内の方に在り。仍りて驚きながら、馳せ参る。然るべき上達部・殿上人、多く参会す。申時、左大臣、来らる。孫の親王宣旨の慶びの由を示さる。尚侍の方に舞人の下重を献ず。

(国際日本文化研究センター「摂関期古記録データベース」・訓読文)

　内容理解の上では違いは生じないものと思われるが、「参会」を「参り会ふ」(訓読)と読むか「参会す」(音読)と読むか、「被来」を「来たれる」と読むか「来らる」と読むかなどの点で相違がある。変体漢文資料においては、訓点資料同様もしくはそれ以上に、唯一絶対の解読文を得ることは困難である。変体漢文資料を扱う際には、日本語史の資料として利用できるのが、どの部分であるのかを意識しておく必要がある。『古事記』の場合には、万葉仮名で記された歌謡や訓注の部分、『御堂関白記』などの記録類の場合も万葉仮名や片仮名表記の部分は、語形の確定ができるものの、ここに示したようなそれ以外の部分については確例にはしづらく、慎重な対応が求められる。
　変体漢文の背後にどのような日本語があったのかを考えていくためには、古辞書類(第7章参照)や訓点資料の付訓を利用して推定していく他はない。具体的には、漢字の定訓によって解読することになる。変体漢文は、漢字の

定訓を用いて日本語文を表記したものと考えられるからである。定訓とは、その漢字に対応する和訓の中で、定着度の高いもののこと(その漢字について直ちに想起し得る和訓)である。

平安時代の変体漢文資料の場合で言えば、三巻本『色葉字類抄』、観智院本『類聚名義抄』などを利用して解読する。まず、定訓の存否などを目安に、訓読の語・音読の語の判定を行う(音読の語の場合、さらに、その字音の種別——呉音・漢音——が問題になる)。

訓読の語の場合は、和訓の確定を行うことになるが、次のことなどを考慮する。

・検討対象の漢字について、この 2 書に共通に存在する和訓は、その漢字における定着度の高いものと認められる。
・三巻本『色葉字類抄』における掲出最上位の漢字は、当該和訓にとって日常常用の漢字と見ることができる。
・観智院本『類聚名義抄』における声点の加えられた和訓は、その漢字にとって重要な和訓であるということができる。

また、漢字表記されない部分(補読する必要のある部分)については、高山寺本『古往来』や高野山西南院本『和泉往来』などの変体漢文の訓点資料の付訓状況を参考にして補うのが穏当であろう。変体漢文資料の解読方法については、峰岸明(1986c)などに詳述されているので、必要に応じて参照してもらいたい。

なお、古辞書を利用し、漢字の定訓によって解読したとしても、それが厳密に特定できる読みではないことは、先に述べた通りである。文章作成者が想定した読みを完全に復元することは土台無理な資料群なのである。その点にはくれぐれも留意しておく必要がある。

しかし、平安時代についていえば、仮名文学語、漢文訓読語とはまた異なった言語体系として、変体漢文語(記録語)の存在が指摘されているところでもあるので、日本語の歴史を多面的・重層的に捉えることができるようにするためには、やはり読む努力だけはしておきたいものである。

3. 漢字・漢語受容史研究の資料としての漢字文

　さて、前節では、漢字表記の背後にある日本語文を解読する方法、およびその日本語文を特定することの困難さについて説明した。漢字文を日本語史の資料として扱うには、まずは漢字表記の背後の日本語文を確定する必要がある。そして、その確定作業は、必ずしも容易なものではない。訓点や古辞書を手がかりとして、背後の日本語を探るわけだが、いつも一つの読みに限定できるわけではない。それどころか、複数の読みの候補が並立し、いずれの可能性も排除できない場合も多い。音読・訓読の両方の可能性のあるケース、音読に限定できる場合でも、呉音・漢音の両方の可能性のあるケースなどが考えられる。

　これまでの説明を厳密に捉えると、漢字で書かれた文章(漢字文)は日本語史の資料としては利用しにくく、利用できる範囲も限定されることになる。しかし、一方で、日本語史の研究の中には、漢字文を資料とせざるを得ない分野もある。本来中国語のものであった漢字や漢語を、昔の日本人がどのように受容してきたのかを研究する分野——漢字受容史・漢語受容史——等である。こうした研究分野では、漢字そのもの、また漢字で表記された語が研究対象となるため、テーマ設定のしかたにもよるが、漢字文を調査対象から外してしまうことは考えにくい。語形や文が完全に復元・特定できるものだけを資料としたのでは、扱うことのできる資料が著しく限定されてしまうのである。

　では、このような場合は、どうしたらよいのであろうか。このような場合、通常は、語のレベルの場合は便宜的に「字面の一致＝同語」として扱うことが多い。音読・訓読両様の存在する文字列(文字連結)について、読みを問題とせず「漢字語」として捉えるのである。漢字語とは「何と読むべきか確定できない漢字の熟語、時代によって、読み方をさまざまに変えるけれども、見える文字連結としては、一定の文字列としての漢語を、むしろ音声言語風に還元して扱うことをやめて、全くの書記言語として、つまりは文字言語として扱う」ものである(山田俊雄1978)。そこには漢語も和語の漢字表

記も含まれる。漢字語のような概念を導入することによって、扱うことのできる資料の範囲は飛躍的に拡大する。

　先に掲げた(12)の例文を再度掲げる。

(12)　亥時許火見西方、在大内方、仍乍驚馳参、可然上達部・殿上人多参会、申時左大臣被来、被示孫親王宣旨慶由、尚侍方献舞人下重
(『御堂関白記』寛仁3年3月12日)

(13)と(14)の訓読文とでは、「参会」という文字列を、和語の漢字表記として「参り会ふ」と読むか、字音語(漢語)として「参会す」と読むかが分かれていたが、漢字語という見方を採れば、この違いは問題とならず同一のものということになる。単字の場合も事情は同じである(たとえばある漢字を和語動詞とするか漢語サ変動詞とするか等)。漢語を訓読みするところから、新たな和語が生まれることがあり、また逆に、和語の漢字表記を音読みするところから新たな字音語(和製［日本製］漢語)が生まれることもあるのであり、文字列として捉えるという方法は、日本語史における漢字・漢語のあり方を考える上で有効なものといえる。たとえば、(12)の例文の「馳参」は、(13)(14)の例文ともに「馳せ参る」と訓読みしているが、後世の『日葡辞書』では「Faxemairi, iru, itta」とともに「Chisan」も立項されており、音読することも行われるようになっていたことが確認できる。

　完全に背後の日本語が復元できなくても資料として扱えるのは、文のレベルの場合も、語のレベルの場合と同様である。たとえば、ある漢字・漢語の意味や文法的機能を考える際などを考えてみるとよい。完全な日本語文の復元がいつも必ず求められるのであるならば、こうした考察はほとんどできないことになってしまう。この場合は、復元・想定される日本語文に、ある程度の幅があることを認識した上で資料として扱えばよいであろう。

　なお、最後に一言加えるならば、漢字・漢文の和化(日本化)を問題とするような研究においては、一々の漢字の読みの確定には必ずしも踏み込まずに、意味・用法を問題とする、という方法論もあることを指摘しておきたい

(吉野政治 2005 など)。

　以上、この章では、漢字で書かれた文章(漢字文)を日本語史の資料として扱うための基礎的な事項について説明してきた。総じて、仮名の資料やローマ字の資料にくらべて、前提とする知識や必要とする訓練の量が多く、扱いにくい部分が多い資料群であるといえる。
　実際に手に取り、少しずつ慣れていくことが肝要であろう。

依拠テキスト
『万葉集』:佐竹昭広・山田英雄・工藤力男・大谷雅夫・山崎福之校注(1999・2000)『萬葉集 一・二』(新日本古典文学大系)岩波書店
西本願寺本:佐佐木信綱・武田祐吉編(1933)『西本願寺本萬葉集 巻一』竹柏会
『続日本紀』宣命:青木和夫・稲岡耕二・笹山春生・白藤禮幸校注(1989)『続日本紀 一』(新日本古典文学大系)岩波書店
『大唐西域記』石山寺本:中田祝夫(1979)『改訂版 古点本の国語学的研究 訳文篇』勉誠社
『御堂関白記』:東京大学史料編纂所・陽明文庫編(1954)『御堂関白記 下』(大日本古記録)岩波書店
　　　　　　陽明文庫編(1984)『御堂関白記 五』(陽明叢書 記録文書篇)思文閣出版
『古事記』:倉野憲司・武田祐吉校注(1958)『古事記 祝詞』(日本古典文学大系)岩波書店
　　　　　西宮一民校注(1979)『古事記』(新潮日本古典集成)新潮社
　　　　　青木和夫・石母田正・小林芳規・佐伯有清校注(1982)『古事記』(日本思想大系)岩波書店
　　　　　山口佳紀・神野志隆光校注・訳(1997)『古事記』(新編日本古典文学全集)小学館
『日葡辞書』:土井忠生・森田武・長南実編訳(1980)『邦訳日葡辞書』岩波書店

参考ウェブ・サイト
国際日本文化研究センター「摂関期古記録データベース」

http://db.nichibun.ac.jp/ja/category/heian-diaries.html

参考文献

池上禎造(1959)「文体の変遷」『岩波講座日本文学史 16 一般項目』岩波書店
小山登久(1982)「変体漢文の文体史」『講座日本語学 7 文体史Ⅰ』明治書院
小山登久(1996)『平安時代公家日記の国語学的研究』おうふう
亀井孝(1957)「古事記はよめるか」『古事記大成 3 言語文字篇』平凡社(『亀井孝論文集 4 日本語のすがたとこころ(二)』吉川弘文館 1985)
小林芳規(1982)「古事記訓読について」『古事記』(日本思想大系)岩波書店
佐佐木隆(2004)『万葉歌を解読する』日本放送出版協会
柴田雅生(1998)「訓点資料の訓読文について」『明星大学研究紀要 日本文化学部・言語文化学科』6
白石良夫(2010)『古語の謎―書き替えられる読みと意味―』中央公論新社(中公新書)
築島裕(1957)「変体漢文研究の構想」『人文科学科紀要』13(築島裕(1963)所収)
築島裕(1963)『平安時代の漢文訓読語につきての研究』東京大学出版会
築島裕(1969)『平安時代語新論』東京大学出版会
中田祝夫(1979)『改訂版 古点本の国語学的研究 訳文篇』勉誠社
舩城俊太郎(1993)「変体漢文はよめるか―『将門記』による検討―」『小松英雄博士退官記念 日本語学論集』三省堂(『院政時代文章様式史論考』勉誠出版 2011 所収)
堀畑正臣(2007)『古記録資料の国語学的研究』清文堂出版
峰岸明(1986a)『平安時代古記録の国語学的研究』東京大学出版会
峰岸明(1986b)「記録語文の訓読方法について」『築島裕博士還暦記念 国語学論集』明治書院
峰岸明(1986c)『変体漢文』東京堂出版
山口佳紀(1997)「解説(五 『古事記』の表記形式、六 『古事記』の用字法と訓読)」『古事記』(新編日本古典文学全集)小学館
山田俊雄(1978)『日本語と辞書』中央公論社(中公新書)
吉田金彦・築島裕・石塚晴通・月本雅幸編(2001)『訓点語辞典』東京堂出版
吉野政治(2005)「敬字の成立―「御」と「奉」―」『古代の基礎的認識語と敬語の研究』和泉書院

第6章
写本・版本の読み方

　古い文献資料は写本あるいは版本の形で残されているが、この写本・版本そのものを手に取ることは少ないであろうし、また、それらを利用して調査をおこなうということも必ずしも多くはないであろう。しかしながら、活字本によるだけでは心許ないという場合もあろうし、また、明らかにする事象によっては写本・版本、あるいは、その複製本(写真版・影印本)を見る必要が出てくる。たとえば、文字の形の変遷について調べようとすると、実際に書かれた字形が問題になるから、活字本によるわけにはいかない。そういう場合、写本・版本、あるいは、その複製本などを使う必要が出てくる。現在は、写真版・影印本などの複製本も数多く刊行されており、とくに最近はweb上に古典作品の写真が公開されていることも多くなっている。入門的には、古典叢書などの活字本を利用するにしても、写本・版本の形の古い文献を読めるようになっておくのにこしたことはない。そこで、ここでは、写本・版本の読み方の基本的なところを見ておくことにする。

1. ひらがなを読む

　現代の文献に見られるひらがなの形は統一されており、「か」と書こうとすれば「か」という形で書くしかないが、古い文献は必ずしもそうではなく、「か」と書く場合でも、「か」のほかに「り」「𛀙」などという形でも書

いた。ひらがなは、漢字をくずしたものであって、現在使う「か」は「加」をくずしたもの、「り」「𛀙」は、それぞれ「可」「閑」をくずしたものである。このような仮名を変体仮名、あるいは異体仮名と呼ぶ(巻末別表参照)。

　図1は写本の例であるが、古い文献にはこのような仮名が使われていることが多いので、まずは、これを読めるようになる必要がある。このような変体仮名を見ると気後れするところがあるだろうが、実際には江戸時代以前の人々はこの仮名で読み書きしていたわけであるから、現代の我々に読めないということはない。また、多く用いられる変体仮名は、現在の仮名1字に対して1〜4種類ほどあるが(普通は2〜3種)、それらを合わせても全部で100種類程度である。そのうちの50程度はある程度知っている形(「あ」であれば、「あ」の類)なのである。漢字は常用漢字表の漢字が2,136字(音訓4,388種)あり、これらが読めるのだから、100種類程度のものであれば、やはり読めないということはないだろう。もちろん、若干の練習は必要であるが、練習すれば読めるようになる。ここでは、その際のヒントになることを述べていく。

　それでは、巻末の変体仮名の一覧表を見てみよう。これは簡略な一覧表で、仮名字体をさらにあつめた小冊子(笠間書院影印叢刊刊行会編『字典かな 写本を読むたのしみ』笠間書院、かな研究会編『実用変体がな』新典社、等)もあるが、まずは、この表を利用して覚えることにする。最初にこの各仮名の最初の群を見てほしい。そこには現行のひらがな字体の元になった漢字(字母)を元にする仮名があげられている。「あ」でいえば、この「あ」は「安」を字母にする仮名字体であるが、この「安」をくずしたタイプの仮名が最初に示されている。おおむねこの群の仮名は頻出するのであるが、覚えるのは、この字母になる漢字である。つまり、「あ」であれば「安」、「い」であれば「以」、「う」であれば「宇」という漢字を覚えるのである。そうすると、「𛀆」「𛀉」のような字形でも、おそらく「以」あるいは「宇」をくずしたものではないか、と見当がつき、それぞれ「い」「う」だと推定することができるのである。

　次に、現行の仮名字体と異なる字母であるが、頻出する字母とその特徴的

つにおもはれんとこそ思はれめとおほせらるゝもいとおかし　中納
言殿まいらせ給て御扇奉らせ給ふにたかいるこそいみしきほ
ねをえて侍れ それをはらせてまいらせんとするをおほろけ
のかみははるましけれはもとめ侍なりと申給ふ いかやうなるに
かあるととひきこえさせ給へはすへていみしく侍らましま
見ぬほねのさまなりとなむ人〴〵申給へは さて扇のにはあらて
誠にかはかりのは見さり つとことたかく申給へはくらけのなりと

に思はれむとこそ思はめ」と仰せらるるもいとをかし。中納
言殿参らせたまひて、御扇奉らせたまふに、「隆家こそえいみじき骨
を得てはべれ。それを、張らせてまゐらせむとするを、おぼろけ
の紙は張るまじければ、もとめはべるなり」と申したまふ。「いかやうなるに
かある」と問ひこえさせたまへば、「すべていみじく侍る。『さらにまだ
見ぬ骨のさまなり』となむ人々申す。まことにかばかりのは見ざり
つ」と、こと高く申したまへば、「さては扇のにはあらで、くらげのなり」と

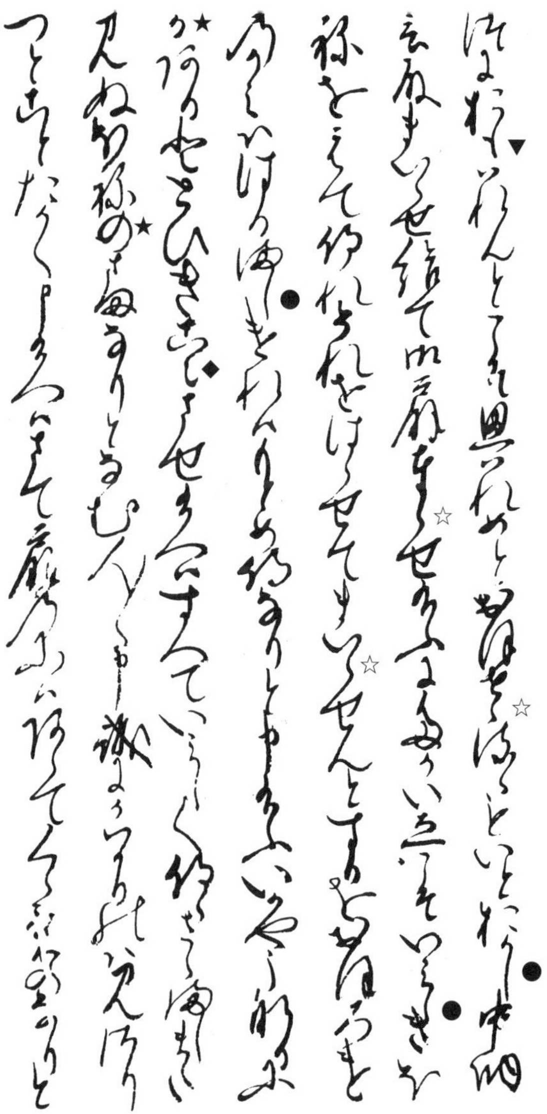

図1　能因本『枕草子』（室町時代書写、学習院大学
　　　図書館蔵）「中納言殿参らせたまひて」冒頭部分
右上段は、図1をそのまま翻刻したもの。
右下は、誤写とおぼしきところを校訂し、
歴史的仮名遣いにし、適宜漢字をあてたもの。

な字形を覚える。たとえば、「か」であれば、現行字体の字母は「加」であるが、「可」を字母とした字形「ﾘ」もよく使われる。そこで、「ﾘ」の類、そのなかでも典型的な形についても覚えるのである。

　さらに、頻出する字形で似ているものに注意して覚えるようにする。後でも述べるが、「か」ﾘと「の」ﾉは似ているが、ﾘは、他の字との比較でいえば小さく書かれるのに対して、ﾉは大きめに書かれるのが普通である(図1の★印参照。5行目がﾘ、6行目がﾉ)。

　以上の覚え方の原則をまとめると、次のようになる。
　　①現行のひらがな字体の元になった漢字(字母)を覚える(現行仮名のくずし方を参考にしながら、類推する)。
　　②現行の仮名字体と異なる字母で頻出するものの字形(典型的なもの)を覚える。
　　③似ている字形で、区別するためのポイントを覚える。

ただし、②以外の形が使われることもないわけではないし、③のポイントも場合によっては当てはまらないこともある。が、まずは、この点を以下に説明するので、この方法で覚え、当てはまらないところは経験を積み重ねていくことで対応するようにしたい。仮名字体一覧表【巻末別表】の◎は頻出字母、○は準頻出字母、△は時々見られる字母を意味する(時代や資料の性格によって異なることもあるが、まずは、これで覚えればよいように思う)。

　以下、個々の仮名について、ポイントとなるところを説明する。また代表的な形・典型的な形を右枠内に示す。

あ…「安」が現行字形「あ」の字母。次に「阿」が比較的よく見られる。

い…「以」が現行字形「い」の字母。次に「伊」が比較的よく見られる。

う…「宇」が現行字形「う」の字母。「有」が時々見られる。1など。

え…「衣」が現行字形「え」の字母。「え」の

形に近いものはよいが、**2**のように全体がつながっているもの(図1の5行目◆印参照)、「衣」の形に近い**3**のようなものに注意する。「江」も比較的よく見られる。

お…「於」が現行字形「お」の字母。漢字「於」の「方」の部分は手偏のように書くことが多く、それが**4**のような形。よりくずした形が現行字体「お」のようなものである。

か…「加」が現行字形「か」の字母。それ以上に頻出するのが「可」を字母にするもの。これは〝超〟頻出。**5・6**のような形で上の点(「可」の横画)はあったりなかったりする。「の」に似ているように思われるが、実際は、比較的小さく書かれるのが普通で、「の」との区別はすぐできるようになる。他に「閑」「賀」が時々見られる。

き…「幾」が現行字形「き」の字母。「起」も頻出。**7**が典型的な形。「支」が時々見られる。

く…「久」が現行字形「く」の字母。**8**のように漢字の字形に近いものに注意する。次に「具」が比較的よく見られる。**9**の形が典型的。

け…「計」が現行字形「け」の字母。次に頻出するのが「介」。しっかり覚えておく。典型的には**10**の形。また「遣」が比較的よく見られる。**11**の下部の「⌒」の部分はしんにょうで、しんにょうの形があるもの

う	1 (字)　(有)
え	2 3 (衣)　(江)
お	4 (於)
か	5 6 (加)(可)(閑)(賀)
き	7 (幾)(起)(支)
く	9 8 (久)(具)

は、「遣(け)、遍(へ)、遊(ゆ)、連(れ)」などいくつかに限られる。「気」も時々見られ**12**の形が典型的。

こ…「己」が現行字形「こ」の字母。「古」も頻出。**13**の形でよく出てくるのでしっかり覚えておく。

さ…「左」が現行字形「さ」の字母。「佐」も頻出。**14**の形が典型的。この形は「つ(徒)」**15**と間違いやすいが、この典型のように旁の側の／の部分に角がないのが「さ」であり、角張っているのが「つ」である。

し…「之」が現行字形「し」の字母(「し」の上に点を打つ場合があるが、それは「之」の1画目の点に由来する)。ただ縦線が長く伸びているような「し」もあるので注意(図1の1行目●印)。よく見ると連綿(続け書き)の中に「し」があることがあるので、そのことを意識しておくこと(図1の2・4行目●印)。また、「ら」との区別がつきにくい場合があるが、その場合は文脈で区別することになる。さらに「志」も頻出。

す…「寸」が現行字形「す」の字母。また、「春」も頻出。典型的には**16**の形である。仮名2字、あるいは漢字だと認識し間違えることもあるが、「春」が「す」の仮名であることを意識しておきたい。さらに、「須」が比較的よく見られるものである。

せ…「世」が現行字形「せ」の字母。「世」の**17・18**の形を「を」と勘違

いしやすいが、「を」は全体的に縦長で、上の「十」と下の「と」を結ぶ線が比較的長い。それに対して「せ」は縦横同寸に近く、上の「十」と下の「と」を結ぶ線は短い。

そ…「曽」が現行字形「そ」の字母。**19**のようなものを「ろ」としがちだが、「そ」は全体的に縦長である。漢字「曽」に近い字形のものに注意する。次に「楚」が比較的よく見られるものである。そば屋の暖簾などに「きそば」とあるときの「そ」は、この「楚」である。

た…「太」が現行字形「た」の字母。これとほぼ同程度に頻出するのが「多」。典型的には **20・21**。また **22** の形もよく見られる。頻度の高い変体仮名で、近代の夏目漱石も「た」を **20** のように書いている。また「堂」**23** も比較的よく見られる。「け」の「気」**12** と間違うことがあるので注意する。

ち…「知」が現行字形「ち」の字母。「地」が時々見られる。

つ…「川」が現行字形「つ」の字母。「徒」**15** も頻出する。「さ（佐）」との区別は前述。

て…「天」が現行字形「て」の字母。「天」の漢字の字形に近い **24・25** が「て」だと認識できず、仮名2字分と間違えることが多いので注意する。あとは「帝」が時々見られる。**26** が典型的な形。

と…「止」が現行字形「と」の字母。また

「登」も頻出。典型的には 27 の形。

な…「奈」が現行字形「な」の字母。また「那」も 28 のような形で頻出。はじめは「れ」と間違いやすいので注意。

に…「仁」が現行字形「に」の字母。これと同程度に頻出するのが「尓」。「よ」に似ているが、「よ」とは異なり、29 のように、上の横画が縦画の左側に出ているのが普通で、大きさは小さめである。また、漢字「尓」に近い 30 のような字形にも注意する。さらに「耳」、そして「丹」も比較的よく見られるものである。「耳」は 31、「丹」は 32 が典型的な形。

ぬ…「奴」が現行字形「ぬ」の字母。

ね…「祢」が現行字形「ね」の字母。次に「年」が比較的よく見られる。典型的には 33 の形。

の…「乃」が現行字形「の」の字母。相対的に大きく書かれることが多い(「か」の「可」と対照的)。また、「能」も頻出。34 の形が典型的。加えて、「農」も時々見られる。典型的には 35 の形。

は…「波」が現行字形「は」の字母。これと同程度(あるいはそれ以上)に頻出するのが「者」。「者」は 36 の形が典型で、あまり大きくなく縦長に書かれる。「む」に似ているように思われるが、「む」は縦横同寸に近く比較的大きいのが普通。また、「盤」も頻出。37 などが典型的な形であるが、比較的大きく書かれるために、仮名 2 字(「に」+「て」など)に誤りやすいので注意して、しっかり覚えておく。さらに、「八」も頻出する。翻刻をする際には「は」としてよい(「ハ」とする場合もあるが、

な	な れ 28
	(奈) (那)
に	に よ 29 / 30 み 32
	(仁) (尓) (耳) (丹)
ぬ	ぬ
	(奴)
ね	れ ね 33
	(祢) (年)
の	の れ 34 む 35
	(乃) (能) (農)
は	は も る ハ 36 37
	(波) (者) (盤) (八)

必ずしもその必要はない)。

ひ…「比」が現行字形「ひ」の字母。次に「飛」が比較的よく見られる。

ふ…「不」が現行字形「ふ」の字母。また、「布」も頻出。典型的には**38**の形であるので、しっかり覚えておく。「婦」も比較的よく見られる。現代でも変体仮名で「てんぷら(天ふら)」と書くときの「ふ」はよく「婦」で書かれている。

へ…「部」の旁が現行字形「へ」の元になる。「遍」も頻出。**39**の形が典型。下の「⼀」部分がしんにょうにあたる。

ほ…「保」が現行字形「ほ」の字母。「本」も頻出。**40**の形で覚える。

ま…「末」が現行字形「ま」の字母。「万」も頻出。「満」も比較的よく見られ、**41**の形が典型。

み…「美」が現行字形「み」の字母。「三」も頻出。「見」も比較的よく見られる。「見」字の意味が反映されている場合は、漢字で翻刻してもよい。

む…「武」が現行字形「む」の字母。「無」も比較的よく見られる。

め…「女」が現行字形「め」の字母。「免」が時々見られる。

も…「毛」が現行字形「も」の字母。**42**のように横画が1本しかないものもあるので注意する(図1の1行目▼印参照)。「裳」**43**も時々見られる。

や…「也」が現行字形「や」の字母。

ゆ…「由」が現行字形「ゆ」の字母。「遊」44も時々見られる。下部の横画がしんにょう部分。

よ…「与」が現行字形「よ」の字母。「尓」29の「に」とは異なり、上の横画は縦画の右側にあるのが普通である。

ら…「良」が現行字形「ら」の字母。45のように「ら」の上の点がない(つながっているもの)も多い。連綿の中によく見ると「ら」があることがあるので、そのことは意識しておく(図1の1・2・3行目の☆印)。「羅」も比較的よく見られる。

り…「利」が現行字形「り」の字母。46のように「わ」とよく似ているものもある。「わ」に比べて右曲線が縦長であることが多いが、すべてがそうともいえないので、文脈で判断する。また、「里」も頻出し、典型の形は47。

る…「留」が現行字形「る」の字母。典型的なのは、現行字体「る」の上半分のないような48の形。とはいえ、49のようなものも見られるので字母「留」をしっかり覚えておく。「流」50、「累」51も比較的よく見られる。また、「類」も時々見られる。典型的には52の形。

れ…「礼」が現行字形「れ」の字母。また、53のような「連」も頻出するのでしっかり覚えておく。

や	や (也)	
り	り 里 47 (利) (里)	
る	ろ は ふ れ 48 50 51 52 蜀 49 (留)(流)(累)(類)	
れ	れ 连 53 (礼) (連)	
ろ	ろ (呂)	
ゆ	申 遊 44 (由) (遊)	
よ	よ (与)	
ら	ら 羅 45 (良) (羅)	

ろ…「呂」が現行字形「ろ」の字母。
わ…「和」が現行字形「わ」の字母。「王」も頻出する。**54**が典型例。「者(は)」と似ているので注意。
ゐ…「為」が「ゐ」の字母。
ゑ…「恵」が「ゑ」の字母。「衛」も時々見られる。
を…「遠」が現行字形「を」の字母。やや小さめであることが多い。「世(せ)」の **17**・**18** との違いに注意。また、「越」**55**も比較的よく見られる。

変体仮名を覚えるには実際の写本・版本を読むのがよいのであるが、現物を入手するのはなかなか難しいので、写真版・影印本として刊行されているものを読んでみるとよいだろう。あるいは、変体仮名の練習帳も刊行されているので、そのようなもので練習してみるのもよい。

A　中野幸一・財前謙編『検定変体がな』武蔵野書院 2012
B　小島孝之『古筆切で読むくずし字練習帳』新典社 2006
C　兼築信行『一週間で読めるくずし字 古今集・新古今集』淡交社 2006

また、タブレット型コンピュータやスマートフォンで利用できる変体仮名学習用のソフトウェアもある(Android／iOS対応)。Eは変体仮名だけではなく、漢字のくずし字も学習できる(ガイドブックとして、飯倉洋一編 2017 がある)。

D　変体仮名あぷり(柳井正イニシアチブ・早稲田大学・UCLA、提供元 WASEDA University)

E　くずし字学習支援アプリ KuLA(飯倉洋一監修、提供元 Yuta Hashimoto)

2. カタカナを読む

　写本・版本にはカタカナが用いられているものも多い。次の図2のようなものが、カタカナの使われた写本である。カタカナは万葉仮名(漢字)の字画の一部をとることによって生まれたもので、たとえば「ア」「イ」であれば「阿」「伊」の偏、「ウ」であれば「宇」の冠、「エ」であれば「江」の旁をとったものである(「ニ」「ミ」など省画部分のないものもある)。このカタカナは、漢文を訓読する際に訓点とともに用いられたもので、漢文の行間などに書き入れたものがはじまりである。そのため、カタカナは漢文に付属するという性格をもち、カタカナ主体で書かれている文章というのはあまり多くなく、図2のように、漢字が主、カタカナが従という形で、漢字とともに用いられるのが普通である。

　カタカナが成立したばかりの時代(9世紀)では、書き手や資料によってその形はまちまちであったが、次第に統一されていき、12世紀になると字体はほぼ統一され、現行字体に近いものになる。現在使われているカタカナの字体の字源にあたる漢字を示すと以下のようになる。

ア 阿	イ 伊	ウ 宇	エ 江	オ 於(変体仮名4図の偏)
カ 加	キ 幾	ク 久	ケ 介	コ 己
サ 散	シ 之	ス 須	セ 世	ソ 曽
タ 多	チ 千	ツ 川	テ 天	ト 止
ナ 奈	ニ 二	ヌ 奴	ネ 祢	ノ 乃
ハ 八	ヒ 比	フ 不	ヘ 部	ホ 保
マ 万	ミ 三	ム 牟	メ 女	モ 毛
ヤ 也		ユ 由		ヨ 与
ラ 良	リ 利	ル 流	レ 礼	ロ 呂
ワ ⟨⟩	ヰ 井		ヱ 慧	ヲ 乎　ン し

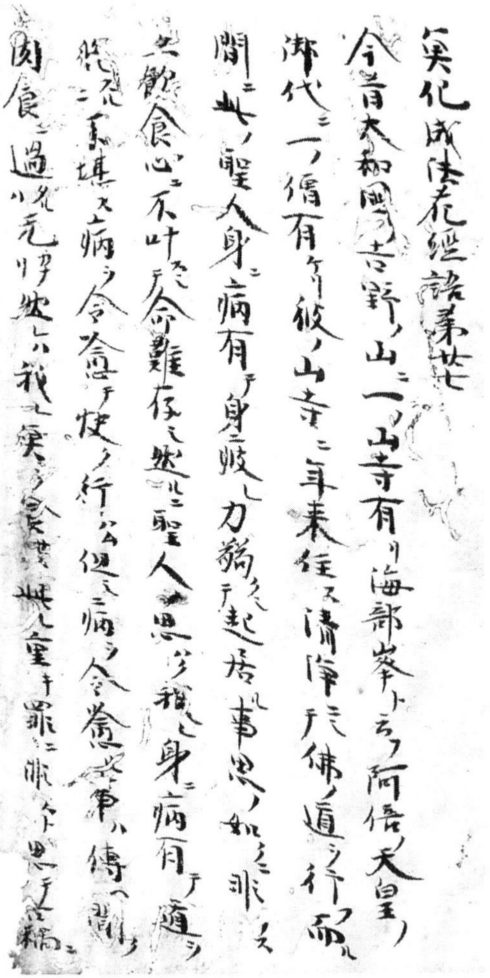

魚化成法花経語第廿七

今昔、大和國ノ吉野ノ山ニ一ノ山寺有リ、海部峯ト云フ、阿倍ノ天皇ノ御代ニ二ノ僧有ケリ、彼ノ山寺ニ二年来住ス、清浄ニシテ佛ノ道ヲ行フ、而ル間ニ此ノ聖人身ニ病有テ、身疲レカ弱クシテ、起居ル事思フ如クニ非ラス、亦飲食心ニ不叶スシテ命難存シ、然ルニ聖人思ハク、我レ身ニ病有テ道ヲ修スルニ不堪ス、病ヲ令蝙存テ快ク行ハム、但シ病ヲ令蝙ル事ハ、傳ヘ聞ク、肉食ニ過タルハ无カナリ、然レハ、我レ魚ヲ食セム、此レ重キ罪ニ非スト思テ、竊ニ

図2　鈴鹿本『今昔物語集』巻十二　第廿七語（冒頭部分、京都大学附属図書館蔵）

　カタカナの場合は、ひらがな（変体仮名）の場合とは異なり、おおむね古い写本などでも現行のカタカナ字体から推測できる。図3は訓点資料（漢文を訓読するために本文の傍らにヲコト点という読みかたを示す記号やカタカナで訓が示された資料）の『大慈恩寺三蔵法師伝』巻六に用いられたカタカナの一覧表である（平安時代末、永久4(1116)年加点）。これを見るとかなりの

符畳	ン	ワ	ラ	ヤ	マ	ハ	ナ	サ	カ	ア
ステムアト:トい	レ	ん	う	ヤヤ	T	ハ	ナヤ	サヤ	カ	ア
		也	キ	リ		ミ	ヒ	ニ	チ	シ	キ	イ
		セ	井	リ		三	ヒ	ニ	千チ	しし	ｷネ	イ
以	給		ル	ユ	ム	フ	ヌ	ツ	ス	ク	ウ
ル	下		ル	丄	ム	フ	ヌ	･･	スヘ	クリ	宇
事	奉	エ	レ		メ	ヘ	ネ	テ	セ	ケ	エ
了	上	辶	し		メ	ヘ	子子ホ木	チテスト	せセ	个	エエ
云	テ	シ	ヲ	ロ	ヨ	モ	ホ	ノ	ト	ソ	コ	オ
云	V	ン	ら	ロ	ヨ	もん	アロイ	ノ	ト	ソ	コ	オ

図3 『大慈恩寺三蔵法師伝』巻六のカタカナ（築島裕1986）

ものが現在使われているカタカナと同じか、あるいは、よく似ているものであることがわかる。ただし、全く同じというわけではなく、いくつかのものに現代とは異なるカタカナ字体が見られる。たとえば、キには横画のないものがあるし、ホ・マなども現代の字体とは異なっている。横画のないキも、現行字体と異なるホもマも字源となる漢字は同じであるが、省画のしかたが異なるものである。また、ネの「子」という形は現行字体と字源が異なるものである。このように、現行字体と異なるものは覚えておくとよい。次にあ

げるようなものである。

　　キ・サ・ス・ネ・ホ・マ・ミ・ワ・ヲ

　また、現行字体にかなり似てはいるもののウ・ツのように最終画が短く書かれたり、ユのようにはじめの横画がはっきりしない形で書かれるものもある。つまり、現行字体とほぼ同様であるが、一部の画の長さ、向きなどが現行字体とやや異なるものである。そのような字形についても意識しておくとよい。それは次のようなものである。

　　ウ・ケ・セ・ツ・ユ

　以下に注意すべき字形をあげておく。

　その他、「トキ」を「㐂」、「トモ・ドモ」を「㐧」と表すように、2字を合わせて1字分とした合字や、「ノ」（シテ）、「ヿ」（こと）などにも注意する。

3. 漢字を読む

　ほとんどの写本・版本には、その割合の多寡はあるものの、何らかの形で漢字が書かれている。図2のように楷書（に近い形）で書かれていれば、あまり問題はなく、行書のようなくずし方の度合いが小さいものであれば何とか読めるにしても、草書のようにかなりくずされているとなかなか読めないという場合も多い。江戸時代の辞書である『節用集大全』など、見出し語が草書で示されるようなものがあることからもわかるように、漢字が草書で書かれる場合も多かった（図4参照。2行目「雨」、3行目「場」「都」、後ろから3行目「水分山」などに注目。□内が楷書）。したがって、くずされた漢字も少しずつ読めるようになりたい。

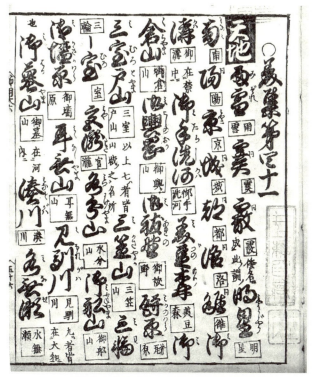

図4　恵空編『節用集大全』(無窮会神習文庫蔵)

　仮名主体の文章でも漢字が散見されることも多く、図1はひらがな主体で書かれてはいるが、「思」「中納言殿」「給」「御扇」「奉」「侍」「申」などの漢字が使われている。このようなひらがな主体の表記の場合にも、次のような漢字はよく現れる。そういったもののなかには、元の漢字を推測しにくいくずし方をしたものがあるので、そのようなものは覚えておくとよいだろう。やや詳しくは巻末別表を参照されたいが、敬語にかかわる漢字の例をいくつかあげておく。

頻出するものは覚えるにしても、一度にすべての漢字が読めるようにはならないので、手元にくずし字解読辞典を用意しておくとよい。次のようなものがくずし字辞典の例である。

F　若尾俊平・服部大超編『検索自在　くずし字解読字典』柏書房 1976
G　児玉幸多編『くずし字用例辞典』東京堂出版 1993 (新装版)
H　児玉幸多編『くずし字解読辞典 普及版』東京堂出版 1993 (新装版)

　さらに、上記のような頻出する漢字の草書を覚えるための、次のような参考書、先に掲げたソフトウェア(E)などを利用してもよいだろう。

I　柏書房編集部編『覚えておきたい古文書くずし字 200 選』柏書房 2001
J　柏書房編集部編『覚えておきたい古文書くずし字 500 選』柏書房 2002

　また、楷書で書かれている文献でも、現行の漢字字体とは異なる字体の漢字が見られることもある。たとえば、図2には冒頭に㐂という字が見られるが、これは「魚」という字である。この字は、現在普通に使う「魚」字とは異なるが、音訓や表している意味は「魚」と同じである。また、4行目なかほどあたりの弱という字も「弱」字と音訓・意味が同じである。2行目の上から3分の2くらいのところにある「峯」は「峰」という字と音訓・意味が同じということはわかると思われるが、㐂と「魚」、弱と「弱」もこれと同様の関係だといえる。このような関係をもつ漢字どうしを異体字という。つまり、異体字とは、字体は異なるが音訓・意味が共通する漢字どうし、ということである。したがって、「国」「國」、「学」「學」などのいわゆる新字体・旧字体もそれぞれ異体字どうしであるということになる。古い文

献だからといって、必ずしも「國」「學」のような字体が用いられているわけではないことには注意したい。

このような異体字を確認するためには次のようなものを見るとよい。

K　山田勝美監修『異体字解読字典』柏書房 1987（M の縮刷・簡易版）
L　有賀要延編『難字・異体字典』国書刊行会 1987（新装版 2011）
M　「難字大鑑」編集委員会編『難字大鑑』柏書房 1976

　異体字は、筆画の差異がそれほど大きくないものも多く、異体字どうしの差異が、字画の多寡の違い（京・京、歩・歩など）、字画の長さ・点画の向きの違い（半・半、羽・羽、起・起、青・青など）、構成要素の配置の違い（羣・群、嶌・嶋・島、秌・秋など。動用字ともいう）、一部分の改変・簡略化（鑛・鉱、學・学、櫻・桜、營・営、拎・於、など）や筆画を書きやすく単純化したもの（竝・並、亞・亜、壯・壮など）などのような場合、おおよそ現行字体が何であるかわかることが多い。が、なかには、形がかなり異なるもの（叓・事、圀・圏・國・国、㐂・喜、龍・竜など。龍・竜は現在でも両方用いられるが）もあって、類推が及びにくいこともある。そういったものは個々に覚えていくとよいだろう。

　なお、カタカナのようであるが、慣用的な漢字の省画として、「艹」「艹」（菩薩）、「爻」「爻」（声聞）、「忄忄」（懺悔）などがある。これらは僧侶が経典を速記するために用いられたもの（＝抄物書き）であるが、使用度の高い漢字を狭い場所に筆記するために慣用的に省画されることもあり、たとえば、「亠」（音）、「谷」（俗）、「禾」（和）、「牛」（物）、「川」（訓）などは古辞書などでよく用いられる（第 7 章参照）。

　ここまで、写本・版本の読み方の基本的なところ、なかでも写本・版本に見られる文字の読み方を中心に述べてきたが、写本・版本は本としての形態が、我々が普段目にする本、すなわち近代以降の洋装本とは異なっており、また本文の信頼性といった側面も異なっている。これらの点については、書

誌学・文献学を扱った第 2 章を参照されたい。

依拠テキスト
『枕草子』能因本：松尾聡編(1971)『枕草子 能因本』笠間書院
『今昔物語集』鈴鹿本：安田章編(1997)『鈴鹿本今昔物語集 影印と考証』京都大学学術出版会
『節用集大全』：中田祝夫(1975)『恵空編 節用集大全 研究並びに索引』勉誠社

参考文献
飯倉洋一編(2017)『アプリで学ぶくずし字 くずし字学習支援アプリ KuLa(クーラ)の使い方』笠間書院
板倉聖宣(2008)『変体仮名とその覚え方』仮説社
大矢透(1909)『仮名遣及仮名字体沿革史料』国定教科書協同販売所(勉誠社複製 1969、勉誠出版縮刷版 2005)
亀井孝他編(1966)『日本語の歴史別巻 言語史研究入門』平凡社(平凡社ライブラリー 2008)
駒井鵞静(1984)『古典かなの知識と読みかた』(東京美術選書)東京美術
小松英雄(1998)『日本語書記史原論』笠間書院(補訂版 2000、新装版 2006)
佐々木勇(2013)「御物本『更級日記』の仮名字体について」『論叢国語教育学』(復刊)4
笹原宏之(2006)「字体・書体」前田富祺・野村雅昭編『朝倉漢字講座 2 漢字のはたらき』朝倉書店
杉浦克己(2008)『文献学』放送大学教育振興会
杉本つとむ(1984)「異体字はなぜ生まれるか」『日本語学』3-3
築島裕(1986)『平安時代訓点本論考 ヲコト点図仮名字体表』汲古書院
森岡隆(2006)『図説かなの成り立ち事典』教育出版
矢田勉(2012)『国語文字・表記史の研究』汲古書院
矢田勉(2013)「十一世紀中頃における平仮名字体 実用的資料と美的資料との連関について」『語文』100・101

第 7 章
古辞書をつかう

　現代の日常生活において、ことばについて何かわからないことがあり、それを調べて解決しようとするとき、我々はどうするか。耳で聞いて意味のわからないことばがあれば国語辞典を引き、文章を読んでいて読めない漢字が出てくれば、とりあえず当てずっぽうの(漢字のつくりや文脈から推定される)読みで国語辞典を引き、見出しが無ければ漢和辞典を引くだろう。

　では何百年も前の人々はどうしていただろうか。日本語が漢字を利用し、音読みしたり訓読みしたりする状況は現代と変わらない。となれば、やはりそれを書き留めて検索できるように編集したもの、すなわち辞書は、どの時代にもあったのである。日本における辞書は、まずは中国のものをまねた漢字辞典から始まる。そのうち漢字をどのように読むのかという情報が付け加わる。漢和辞典である。また一方で、あることばを漢字でどのように書いたらよいのかということを調べる辞書も生まれてくる。これは用字の辞典であるが、その単語の意味と無関係でもないので国語辞典の一種といってもよいだろう。こうして、特に鎌倉〜室町〜江戸と様々な辞書が編まれ、それぞれの時代の言語情報をとどめてきた。そのようなものを古辞書という。

　日本語の歴史を考えるには、このような古辞書は非常に有益である。ただし、現代のものとはかなり形態が異なっている。そこでこの章では、たくさんの種類がある古辞書の中から代表的なものをいくつか選び、基本的な利用の仕方を具体的に解説する。

1. 漢字辞典・漢和辞典の利用

　最初に、漢字を読むための辞書、漢和辞典の例として平安末期から鎌倉時代に成立した『類聚名義抄』(以下、『名義抄』)を見てみよう。図1は東寺観智院に保管されて伝えられたもので、「観智院本 類聚名義抄」と呼ばれているもの。およそ120の部首によって分類・配列されており、漢字に付された和訓の総数は3万4千を超える。図1は60番目の部首、衣部の初めである。このページを例に、漢字・カタカナ・記号から得られる情報を確認していこう。

(A) 異体字

　まず、衣という字が上下に二つ並んでいる。下の字は見慣れないものだが、最終画の起筆位置が少し変わっただけの、異体字である。

(B) 字体意識

　その掲出漢字の下に、小さい字で「上今　下正」と記されている(⊥＝上)。これは掲出二字の字体としての評価を表しており、下の字が正字という意味。「今」「正」の他に「俗(谷)」、「通」、「或」、「古」といったものがある。ただし、当時の日本の字体意識を反映したものではない。

(C) 漢字音・反切

　その下にはまた「⊥」の記号があるが、これは「音」という字の二画目までを書いた略字であり、その下の「依」によって掲出字「衣」の漢字音を示す。これを同音(類音)字注という。本来の漢字音(正音)を表すには他に反切という方法があり、図1では4行目「表」字の「方少メ」という注がそれである。「メ」は反の略字で、上の字「方(pɪang)」の頭子音 p(声母)と下の字「少(ʃɪeu)」の頭子音以外 ɪeu(韻母)とを組み合わせたものが掲出字の正音 pɪeu であることを示す。回りくどい方法のようにも思えるが、そもそも仮名やローマ字のような表音文字を併用せず、一定数の代表的な漢字を組み

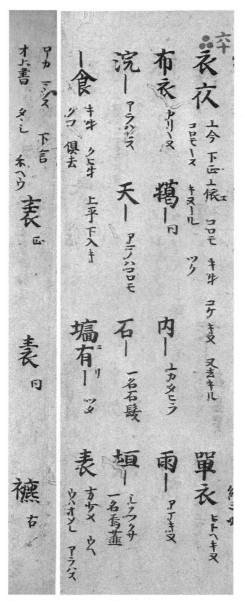

図1　観智院本『類聚名義抄』(天理大学附属天理図書館蔵)法中

合わせるだけであらゆる(何万字もの)漢字の発音を記述するために古代中国で編み出された方法である。それが日本に輸入され、平安時代編纂の『篆隷万象名義』や『新撰字鏡』といった初期の字書に受け継がれた。学者や僧侶による漢籍や仏典の発音・意義の解読が辞書利用の主たる目的のうちは、当然尊重された方式である。一方、日本漢字音あるいは法華経等の読誦音を示すと言われる和音注というものもあり、和の略字「禾」の下にカタカナで字音が示されている(図1「表」字の最後の注記「禾ヘウ」)。片仮名が、日本語より複雑な音体系をもつ中国語を十全に写しえないことは言うまでもないが、『名義抄』以降の『字鏡集』、『倭玉篇』といったものになると、仏教色が薄れて通俗化が進むせいか、反切が省かれ(『倭玉篇』にはあるものもある)、ほとんど全ての掲出字にカタカナで字音注記がなされることになる。

(D) 和訓と片仮名字体

　字体注、字音注の次からは、片仮名で和訓が並ぶ。「衣」字の和訓をすべて現行の字体で記すと、

　　　コロモ　キ物　コケ　キヌ　又去　キル
　　　コロモキス　キヌキル　ツク

となる。詳しくは第6章に譲るが、一音一字対応ではなく複数の異体仮名が使われること、現行の字体でも線の長短や角度によって判別しにくいものがあることに留意し、片仮名の一覧表や古辞書影印本の凡例・解説・研究編等を常に参照する習慣をつける。なお索引(後述4.の影印・索引一覧の(7)。「資料7」と呼ぶ。以下同じ)では、例えば図1「内(衣)ユカタヒラ」(2行目)のユは、形だけ見れば上述「上」「音」と同じだが、異体とまではいかないものとして現行の字体に直してある。一方、ア・く(マ)、丶(キ)、牛(物：モノ)のようなものはそのままの形で見出しにしている。

(E) 声点

　名義抄の和訓には、そのカタカナ各字の周囲(四隅)に点が付されている場合がある。これは声点といい、本来漢字の発音の仕方(声調)を示したもの

で、左下から時計回りに順に平声(ひょうしょう)・上声(じょうしょう)・去声(きょしょう)・入声(にっしょう)を表す(四声、図2)。和訓に付されているものはアクセントの高低を示し、平声は低、上声は高、去声は拍内上昇、入声は促音と対応(他に拍内下降の東声(とうせい)などもある)するため、図1の「衣」字の和訓の当時のアクセントは、コケ＝低低、キヌ＝低高、キル＝高低だとわかる。コロモのモやコロモキスには差声(させい)(声点を記すこと)されていない。

図2　漢字の四声

(F) 濁声点

　図1の2行目「雨(衣)」の和訓は声点が［低低低高］で、3文字目の点が二つある。これは濁音を表すので、「アマギヌ」と連濁したことがわかる。同じ熟語が図3の図書寮本『名義抄』(後述)では「阿万歧沼」(3行目)と万葉仮名で記され、アクセントも［低低低高］で同じだが、濁声点は無い。一方、同じ図1の2行目「内(衣)　ユカタヒラ」は、ヒラに声点が付いていない。同じ熟語が図書寮本では「由賀太比良」(3行目)で「比」に濁声点が付いているから「ユカタビラ」である。要するに、濁声点があれば、その箇所が濁音の語形が存したということは言える(但し誤記も存する)。濁声点が無いことは、そこが清音であることを積極的に意味しない。そしてこの差声された和訓というのは、当該字との結びつきが特に強かったものと考えられている。

(G) 文字の間隔・声調

　和訓の一つ一つをそれと認定させているのは、基本的に単語間に一文字ぶんくらい空けられた空白部分である。が、書写のときに若干狭くなってしまい、2つの単語なのか1つの複合語なのか定かでない場合がある。図1の1行目「コケ　キヌ」の文字列がそれで、観智院本の仮名索引(資料7)では一語「コケキヌ」と認定してしまった。同時期の『色葉字類抄』(後述、**2.1**)にはコケ、キヌとも対応する漢字の一つとして「衣」が掲出されており(コケ

は「苔」から始まって9番目〈図5参照〉、キヌでは1番目)、ここは2つの別々の単語とみるべきところである。一方、キヌの下の「又去キル」は、空白無く続けて書いてあるが「去」は衣字の声調注記、「キル」は和訓注記であり、単語としてのつながりはない。その意味は"「衣」字が去声のときは、キル、コロモキスといった動詞と対応する"ということである。一つの漢字に複数の声調があり、それが複数の意味(品詞)に対応するというのは現代中国語でも変わらない。

そのように考えてくると、図1の4行目に「(衣)食 キモノ クヒモノ」とあるのも、「衣食」という熟語についた和訓なのに、空白で分かち書きになっているため、原則通りの読み方が通用しないものである。また、上で確認した「衣」字の場合は〈声調注、和訓〉という記載順だったが、「衣食」の場合は逆で、〈和訓、声調注〉となっている。よって、「衣食」の注記(キモノ クヒモノ 上平下入キ／クフ 倶去)は、前半が【「キモノ・クヒモノ」と名詞で解するとき、字の発音は上の字(衣)が平声、下の字(食)が入声】とまとめられ、後半は【「キ・クフ」と動詞で解するとき、字の発音は「衣」、「食」、倶に去声】と読める。このように、形式に原則はあるが、人のする作業なので誤脱や不統一はある。それは漢字や和訓の意味、他掲出字の注記、他の古辞書の同一字の注記などを勘案することで補い、重要な情報を見落とさないようにしたい。

【諸本】『類聚名義抄』の諸本のうち、図書寮本(図3)は、編纂時に参照した先行辞書が出典として記されているなど注記の内容が詳しいもので、原撰本系と言われる。これに対し観智院本(図1)は改編本(広益本)系に分類され、他に高山寺本、蓮成院本、宝菩提院本といったものもある。が、完本は観智院本だけで他は零本(残っている部分が少ない本)のため、まずは観智院本で探し、当該字が他本にもある場合には参照し比較して異同を確認するとよい。

他の古辞書にも、それぞれ書写の時期や系統の異なる本が複数あるので、用例として提示する場合には「〜本」という情報を必ず付ける。

【索引利用の留意点】現代の漢和辞典同様、『類聚名義抄』(や『字鏡集』や『倭玉篇』)は部首引きである。漢字文献を読み解いていくための辞書だから形から検索できれば必要十分なのであって、現代の我々でも同じ手順で目的の漢字を探し当てることが出来る。

和訓索引は、現代の古辞書研究者が調査の過程で作成したもので、あるものは利用すれば作業効率が上がることは間違いない。ただし、索引にもそれぞれ編集方針があり、その凡例で断ってある条件のもとに原本の断片を一覧している状態であることを常に念頭におくべきである。その切り出された断片は、何者かによる単語認定の一つの結果でしかなく、転写する際には誤脱もありうる。索引自体を情報源として原本の確認を怠ると、前述の「コケキヌ」を積極的に「キヌ」を後項とする複合語として扱ったり(資料7「類聚名義抄仮名索引補遺─下部構成素を検索するために─」p. 565)、「衣」字の古訓と注記したり(『学研新漢和大字典』p. 1578)して、不適当な情報を再生産してしまうことになる。

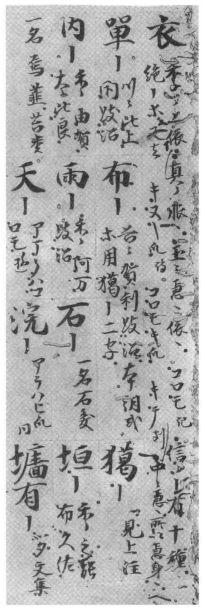

図3　図書寮本『類聚名義抄』
　　（宮内庁書陵部蔵）

2. 国語辞典の利用

　漢和辞典が漢字を読むための辞書であるのに対し、国語辞典は「漢字を書くための辞書」ということができる。国語辞典の代表として、平安時代末期成立の『色葉字類抄(いろはじるいしょう)』と室町時代の『節用集(せつようしゅう)』の特徴を把握し、利用上の留意点を確認しよう。

2.1　色葉字類抄

　『色葉字類抄』(以下『字類抄』)は、その名の通り、まずイから始まる単語群、次にロから始まる単語群、というイロハ順に語を掲載し、最後はス篇で終わる。現代の国語辞典と違って、音による配列は第1音節のみによる。そして、例えば「イから始まる語」のグループは、さらに単語の意味によって次の21種に分類される：天象・地儀・植物・動物・人倫・人体・人事・飲食・雑物・光彩・方角・員数・辞字・重点・畳字・諸社・諸寺・国郡・官職・姓氏・名字。収録語数は1万3千以上。

(A) 漢字・注記・掲出順位

　例えば、コケという植物の呼び名を漢字で記したいときに、まず『字類抄』の「コ」篇を開き、次にその「植物」部を見れば、図4、図5のように対応する漢字が列挙されている。伝本の一つである二巻本(図4)には、コケという振り仮名(和訓)と水衣という注記の付いた「苔」字を筆頭に、「蘚、蘚、薦、衣、…蘿　已上同」とある。これは薜から蘿までの8文字がコケと訓じうる漢字ということである。その下も「水衣　同」とあるので、この熟語までコケの字である。次に二巻本より整備された段階の三巻本(図5)を見てみると、「苔」以下、掲出漢字の順番はほぼ同じで、各字に反切等の注記が充実するようになる。「蘿」字の注記に「女－」とあるのは、「女蘿」(まつのこけ)という熟語があることを示す。二巻本の「已上同」の左の「女」注記は、それ自体では意味するところが不明だが、三巻本と見比べることで直上の「蘿」字と熟語を成すのだとわかる。

このように一つの語に複数の漢字が対応して列挙されている場合、掲出最上位かそれに準ずる位置のものはその語（和訓）との結びつきが強い、日常常用の漢字と考えられる。また、掲出順位が下位でも、「俗用之」と注記の加えられたものと前田本（後述、(E)）で合点（がってん）（図8参照：「財宝」の右肩につけられたカギ型の線）のあるものは、当該和訓にとって重要な漢字と言われている（資料15の解説参照）。

(B) 意義分類

図6（ト篇畳字部）では、1行目「等閑」という熟語に「無礼分／疎詞／トウカン」と注記が付いている。各篇畳字部の収録語には、○○部△△分という二段の階層からなる意義分類体系が用意されていて、「等閑」の上の「貪欲」に人情部

図4　二巻本『色葉字類抄』（尊経閣文庫蔵）

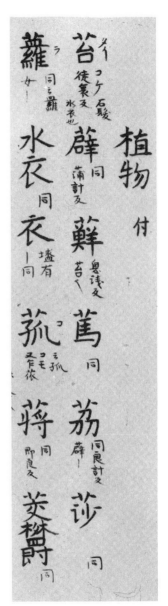

図5　三巻本『色葉字類抄』（黒川家蔵）

(部＝阝)という上位分類の表示がある。そこから下に各語の注記を見ていくと、無礼分(等閑)、忿怨分(怒怨)、呵嗔分(怒目)、同心分(同心)、賢智分(鈍根)という5種の下位分類が確認できる(人情部21分中の5つ)。また、「無礼(无礼)分」に絞って他篇の畳字部を見てみると、蔑尒・蔑如・平懐・蔑賎(ヘ篇)、眼下(カ篇)、忽諸・故怠(コ篇)、雑怠(サ篇)、軽慢(キ篇)といった語が拾える。無礼という人情にも様々な態度があって豊富な類義語が存したことがわかる。

(C) 濁声点

図6の1行目「等閑」の閑字の左下、すなわち平声の位置に点が二つ差してある。これはこの字の声調表示であると同時に、『名義抄』和訓の声点と同様、濁音を表す。よって等閑はトウガン、すぐ左の鈍根はドンゴンと読む。

(D) 無注記語

図6の3行目「頓死」には注記が無い。すぐ上に「頓滅 人事部 トンメツ」とあるので、読みはトンシと推定できる。すぐ下の「同穴」は(人事部)婚姻分であるから、「頓死」が人事部であることは間違いない。この類の無注記語は多数存するが、影印とともに刊行されている索引は和訓と字音表記を集めたものであるから、無注記語は索引の中に現れない。『日本国語大辞典』(第8章参照)の各項目末〔辞書〕の一覧でも漏れていることが多いので、常に影印本に接し、その編纂組織に馴染んで、あるものを無いと事実誤認しないよう注意したい。

(E) 前田本と黒川本

『色葉字類抄』の諸本では、前田本(三巻本、12世紀末写)が最善本だが欠本(けつぼん)なので、黒川本(三巻本、江戸時代中期写、完本)と二巻本で補う。図7の黒川本で上述の「等閑」を見ると、左傍に「ナヲサリ」という前田本に無い和訓が付されている。これは後世に書き加えられたと考えるべきもので、黒川本ではしばしば同様の例が見られる。また黒川本3行目「突磨 トツル」

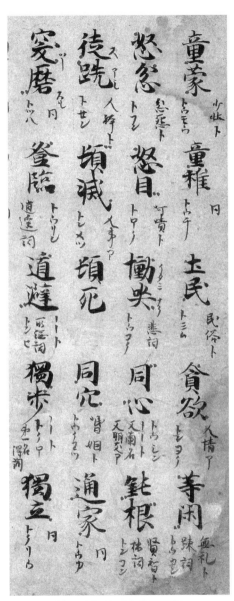
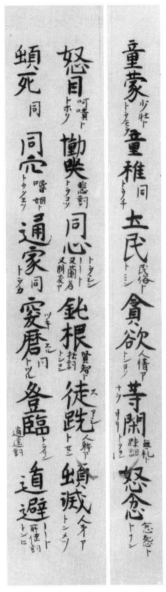

図6　前田本『色葉字類抄』
（尊経閣文庫蔵）

図7　黒川本『色葉字類抄』
（黒川家蔵）

は前田本訓「トツハ」とあるのが正しく（バは「磨」字の漢音）、単純な誤写の例。このように黒川本には誤りが多い。ただし、前田本にも誤りはあり、「等閑」の前後（図6・7の範囲外）でいえば、同じ上巻62丁表「登用 トウリヨウ」、62丁裏「東閣 トウカフ」、は黒川本のトウヨウ、トウカクがそれぞれ正しいと思われる。

2.2 節用集

次に、同じイロハ引きの国語辞典で使用頻度の高い、室町時代の『節用集』を見てみよう。分類原理は『色葉字類抄』と同じで、各単語はその第一音節と意味分野で所在が決まる。室町時代の日常語を多く収める。

15世紀後半から江戸時代初期までの、主に写本で伝えられた約50種を「古本節用集」といい、イ部の最初の収録語によって「伊勢本」「印度本」「乾本」という3つの系統に分類される。一方、江戸時代以降に版本として刊行され、庶民の百科便覧のようになったものは「近世節用集」と呼ばれ、300種以上が存する。

図8は「古本節用集」の一つ、永禄二年本『節用集』のユ部で、枠外に小字で書かれている「財宝(門)」が意義分類である。1行目に「湯桶 酒器也／文章可咲」とあるが、後半"文章可咲"の意味が判然としない。そこで別の古本節用集の同じ箇所を見比べてみると、文明本『節用集』に「酒器也。日本ノ世話ニ湯桶文章ト云、是也。一字ヲバ読ニ云、一字ヲバ音ニ云、此類甚多。可笑。」（ユ部器財門、※「咲」「笑」は異体の関係にある同字）とあるので、注記後半はもともと「湯桶文章」と呼ばれる熟語の音訓に関して、その定義、位相（文体）、使用実態、評価、が記してあったうちの一部が残ったものとして理解することができる。

図8　永禄二年本『節用集』
（大阪府立中之島図書館蔵）

第 7 章 古辞書をつかう　145

表 1　節用集諸本におけるユカタビラの項目

番号	系統	伝本通称	書写・刊行の時期	漢字表記と注記
①	伊勢	正宗文庫本	室町後期	明衣
②	伊勢	明応五年本	～1496	明衣　或作浴衣
③	伊勢	大谷大学本	～室町末	明衣　或作浴具
④	伊勢	文明本	1474～	明衣
⑤	伊勢	増刊下学集	室町中期	明衣　或作浴衣
⑥	伊勢	伊京集	室町末	明衣　或作浴衣　袞襲
⑦	伊勢	天正十八年本	1590 刊	明衣　或作浴衣
⑧	伊勢	饅頭屋本	室町末刊	明衣　浴衣
⑨	印度	黒本本	15C 末～16C 初	明衣　又作浴衣
⑩	印度	図書寮零本	1550～	明衣　或作浴衣
図 8	印度	永禄二年本	1565～	明衣　或浴衣
⑪	印度	尭空本	1565～	明衣　或浴衣
⑫	印度	経亮本	1565～	明衣　或浴衣
⑬	印度	枳園本	室町末期	明衣　或作浴衣
⑭	印度	和漢通用集	江戸前期	明衣　浴衣
⑮	印度	弘治二年本	江戸中期～	明衣　浴衣
⑯	乾	原刻易林本	1597 刊	明衣　浴衣
⑰		合類	1680 刊	内衣(順和名)　浴衣　又明衣
⑱		書言字考	1717 刊	明衣(ユカタビラ)(論語)　浴衣(ユカタ)　又云内衣(順和名)

　また、『節用集』類を調べてみると語の歴史がわかることがある。図 8 の 2 行目に「明衣（ユカタビラ）或浴衣」とあり、ここでの主要漢字表記の「明衣」は『色葉字類抄』にすでに用例があるものだが、現代通用の「浴衣」が別表記として小さいながら出現している。これをいくつかの『節用集』と比較したものが上の表 1 である。伊勢本系の中でも古い書写と目される①④では「明衣」のみ掲出、次の段階として「浴衣」が漢文注として付され、室町時代末～江戸時代初期には「浴衣」が注記という補足情報から脱し、第二表記の位置を得ている（⑧⑭⑮⑯）。さらに下った近世節用集の⑰では、『名義抄』に見ら

れた(図1・3参照)「内衣」が古い典拠あるものとして掲載され(「順和名」とは源順による『和名類聚抄』のこと)、次が「浴衣」、その割注(1行を2つに割って小書きした注記)の中に「明衣」と、立場の逆転が見られる。⑱は「明衣」が漢籍の典拠を付けて再び第一掲出字となっているが、漢字の右傍がユカタビラ、そして左傍に短縮よりなる新語形ユカタが出現する。

　このように複数の辞書の同一項目を見比べると、項目内での扱い・掲出順位・漢字表記・和訓などから現代語への連続が観察できる場合がある。「浴衣」の表記が徐々に力を増していく一方で、「ユカタ」という語形はなかなか現れない。これは、15世紀の「湯かたびらを、ゆかたとハ云まじき也」(『奉公覚悟之事』)といった例に見られる規範意識を反映したものだろう。辞書が基本的にもつ古態継承性の中で、その時代の新要素がどのように現れるのか、総合的に把握したい。

　以上のような中世の『節用集』の前後には、意義分類体の『下学集』やイロハ順で掲出語数の多い『運歩色葉集』などがあり、採録語や注記に影響関係が見られる。

3. その他の辞書の姿

　以下に紹介する3種の辞書は、通常「古辞書」の範囲には含まれないものだが、日本語史研究にとって非常に有用で、かつ使い方に少し注意の必要な"古い辞書"ということでこの第7章で扱っておく。

3.1　日葡辞書

　室町時代末期に日本にやってきた宣教師が日本語学習のために作成した、日本語－ポルトガル語の辞書。本編(1603年刊)と補遺(1604年刊)で約3万2千語を収録する。見出しは日本語で、語釈等がポルトガル語で記され、表記はすべてローマ字(綴りは、ヲ＝uo、シ＝xiなど現在通用のヘボン式とは大きく異なる)である。そのため、漢字仮名混じり文では特定しにくい清濁や開合(後述、(E))といった語形に関する情報の、確かなところを提供し

てくれる。

図9はオックスフォード大学ボドレイ文庫本。そしてそれを底本として現代の学者が翻訳し注記などを加えたものが図10の『邦訳日葡辞書』。ここでは、邦訳本の記載内容を単語ごとに底本と比較することを通して、利用上の主な注意点について確認していく。

Corobi iri, ru, itta. Caindo entrar. Vt, Cauaguixino fuchiga attani corobi itte, &c. Feiq. Lib. 3. Caindo dentro de hum pego que estaua ao longo de hũa barroca, ou terra alta ſobre o rio. ¶ Item, Corobi iru. Eſtar deitado.
Corobiuochi, ru, ita. Cair de alto.
Coromo. Habito de Religioſos. ¶ Item, Qualquer outro veſtido.
Coromode. P. i. Sode. Habito, ou veſtido.
Coromogaye. P. O mudar o habito, ou veſtido no eſtio.
Còron. Contenda de palauras.
Coronobi. Vt, Coronobiſu. Palaura de liuro. Estẽder o corpo, ou eſpriguiçar ſe. A palaura corrente he. Nobiuo ſuru.
Corouoi. Tempo, ou conjunção de tempo.
Coroxi, ſu, oita. Matar. Ajuntaſe eſte verbo a muitas raizes doutros, & ſignifica matar conforme a ſiguificação da raiz. Vt, Saxicoroſu. Matar às eſtocadas. ¶ Fumi coroſu. Matar aos couces. ¶ Icoroxi, ſu. Matar às frechadas, ou cõ eſpingarda.
Còrui. Curenaino namida. Lagrimas de ſan-

図9　『日葡辞書』(ボドレイ文庫蔵)

Corobi iri, ru, itta. コロビイリ,ル,ッタ (転び入り,る,つた)　倒れて入り込む．例, Cauaguixino fuchiga attani corobi itte, &c.(川岸の淵があつたに転び入つて,云々) Feiq.(平家)巻三.1)　川に面した崖,または,高い岸に沿って淵があったが,その中へ落ちて．¶また, Corobi iru.(転び居る) 横になっている．　※1) Feiqe, p. 214.
Corobiuochi, ru, ita. コロビヲチ,ツル,チタ (転び落ち,つる,ちた)　高い所から落ちる．
Coromo. コロモ (衣)　僧侶の法衣．¶また,その他の着物一般．
Coromode. コロモデ (衣手)　詩歌語．Sode(袖)に同じ．僧衣,または,着物．
Coromogaye. コロモガエ (衣更)　詩歌語．夏に僧衣,または,着物を変えること．　►Cǒye.
‡**Coromo zauo.** コロモザヲ (衣竿)　→Icô(衣桁)．
Côron. コゥロン (口論)　口争い．
Coronobi. コロノビ (ころ伸び)　例, Coronobisu.(ころ伸びす) 書物用語．身体を伸ばす,または,伸びをする．一般通用の言葉は, Nobiuo suru(伸びをする)である．
Corouoi. コロヲイ (ころほひ)　時,または,よい機会．
Coroxi, su, oita. コロシ,ス,イタ (殺し,す,いた)　殺す．この動詞は,他の多くの動詞の語根〔連用形〕に添って,その語根の意味する1)動作によって殺すことを示す．例, Saxicorosu.(刺し殺す) 突き刺して殺す．¶Fumi corosu.(踏み殺す) 踵・足で蹴とばして殺す．¶Icoroxi, su.(射殺し,す) 矢,または,鉄砲で射て殺す．　※1) 原文の *siguificação* は *significação* の誤植．　►Aburi~; Cami~; Cui ~; Curai~; Fari~; Fineri~; Foxi~; Inori ~; Iqe, uru; Mugueni; Muguetçuqenǒ; Naburi~; Nori ~; Qe~; Qiri~; Vchi~; Voxi~; Xeme~; Xeqi~; Yaqi~.
†**Coroxite.** コロシテ (殺し手)　殺害者．
Côrui. コゥルイ (紅涙)　Curenaino namida.(紅の

図10　『邦訳日葡辞書』(岩波書店)

(A) 動詞と活用形

「コロビイル」と「コロス」を見てみよう。基本的にラテン語文法にならって、語根・現在形・過去形(＝連用形・終止形・タ形)の3形が見出しとして並示される。

Corobi iri - (corobi i) ru - (corobi) itta

Coroxi - (coro) su - (cor) oita

現在形と過去形は語根との共通部分(　)を省いて語尾を記すが、現代の学校

文法のように「語幹」にあたる変化しない部分が厳密に切り出されていないため、語尾が語根のどこから連なるのかが、語や活用形によって異なる。邦訳本(図10)の「(コロビヲ)ツル」という上二段活用の語形は、上のようなルールに従うと図9からは導き出せないものである(語根に語尾を足すと上一段「(コロビヲチ)ル」になる)。が、他文献の用例や語義から考えて、この複合語後項は「落チ」であり、落ツル(Vochi, tsuru, ita)が別項目としてあるので、上二段と判断されている。それでも、日葡辞書そのものには「corobiuotsuru(転び落つる)」なる文字列(上二段の確例)は存在しない。神経質なくらいにそういうことを意識しておくことで、言語変化の萌芽を編集テキストによって見失うという事態をいくらかでも回避できる。

(B) 語の同定

邦訳本(図10)は「¶(また)」記号を介して「転び入る」と「転び居る」とが区別できるようにしてあるけれども、この漢字表記は邦訳本編者が語義から推定して宛てたものである。これが推定通りなら、ラ行四段動詞の項目の中にワ行上一段の別語(同音異義語)が終止形のみ採録されている変則的な項目となる。索引(資料35)は「転び居る」を検索語として立てず、逆引索引(資料38)でも「〜イル」で終わる動詞の並びにこの語は無い。**2.1(D)**でも述べたが、索引は索引がピックアップした語にたどり着くために利用するものであって、索引の見出しの有無でその文献における語の有無は判定できないという例。底本(図9)には活用の種類の不明な Corobi iru とそのポルトガル語訳が記されている。これは事実。また、Corouoi には、邦訳本は"ころほひ"という歴史的仮名遣いを記す。上のコロビイルのように、漢字が想定される場合にはまず漢字を記し、残りを歴史的仮名遣いで書き表すことで語の同定を助けている。邦訳本の表記は、研究による一種の解釈である。

(C) 実例の出典

図9・10中の Feiq. とは同時代の『天草版平家物語』のことで、他に『太平記』(Taif.)や『発心集』(Fox.)、舞の本などからも実例を引いて語法を示

し、実用性を高めている。『太平記』は書きことばの規範とみなされ、引用数は文献中最多の 100 例以上。当該語の用法を短く分かりやすく示すために、出典本文を忠実に引用せず改変している場合がある。

(D) 位相

「コロモデ」「コロモガエ」には詩歌語(P.)、「コロノビ」には書物用語(Palaura de liuro、文書語)という特殊語注記があり、語彙や文体の研究にとって有益な情報である。他に方言(X.)・卑語(B.)・仏法語(Bup.)・婦人語(Palaura de molheres)といったカテゴリーがあって、これらは索引(資料 35)の「特殊語索引」にて一覧できる。それぞれの語彙の特徴と単語ごとの問題点・誤りについても研究があるので、一読しておきたい(森田武 1993)。

(E) 符号

図 10 で「Coromo zauo」に付されているマーク‡は、その見出しは底本(図 9 参照)には無く「Icô(衣桁)」という別項目の中にその文字列がある、ということを意味する。検索の便のために挿入された項目なので、一般の見出し語と同列に扱わないこと。ちなみにそのIcôには合音記号が付されているが、邦訳本は正しくは開音とみなし、Icô(衣桁)項目にて「Icô(イカゥ)の誤りであろう」と注している。合音とは唇をすぼめて [oː] と発音される長音のことで、ou、eu に由来するもの(冬至、蝶など)。開音は口を開く [ɔː] で、au に由来するもの(湯治など)。この時代、開合の混乱例は少なからずある。また、「Coroxite」に付されている†は補遺の採録語を邦訳本で本編に挿入したという印。コロモガエの「▸Cŏye」(更衣)、コロスの「▸Aburi〜；Cami〜」などは、邦訳本編者が当該見出し語の理解に役立つものとして付した参照注記で、翻訳の枠を超えた非常に研究的なメモ。利用の際には、日葡辞書原文に示されている参照指示などと誤解しないようにする。他にも様々な記号が用いられているので、邦訳本は凡例をよく読んで注意しつつ利用する。

(F) 訓釈

　図 9・10 の最下段に「Côrui. Curenaino namida」とあるのは "紅涙" という漢語見出しを訓読みしてみせたもので、実際「紅の涙(くれなみだ)」は源氏物語や平家物語などに用例のある言い方だから、同義語表示とも言える。(E)で述べた「Icô (衣桁). Coromo zauo」も同様。これと形式上似たようなもので Côrui の 7 つ下の項目に「Côsan. Cudari mairu」とあるのだが、これは「降参」という漢語の漢字が想起しやすいように二字それぞれの訓釈を施したもので、この種のものは漢語の語義説明ではなく、またクダリマイルという複合動詞の用例にもならない。

(G) 日本語訳

　1600 年頃のポルトガル語の一語一語の語感を完璧に理解し、最適な現代日本語を掲げる、それは理想ではあるがやはり限界があることであろう。例えば、「Cosaini voyobazu (巨細に及ばず)」を『邦訳日葡辞書』では「一つ一つ長々と事をわけて述べる必要はない」と訳すが、『時代別国語大辞典 室町時代編』は「取立てて詳しく抗弁する必要はない」とし、意味特徴が異なる。だから、語釈の日本語訳は利用しつつも、その細かいニュアンスをもとに論を積み上げてはならない。翻訳物は二次資料である。理解しやすいように再編集されたもののメリットとデメリットを見極めて利用する必要がある。

3.2　和英語林集成

　本邦初の和英辞典。アメリカの宣教医ヘボン (Hepburn, James Curtis 1815–1911) が 1859 年に来日し、読書や対人場面で観察し採集し続けた日本語に英訳を付けて 1867 年 (慶応 3 年) に刊行した。幕末から明治前期にかけて用いられた語彙が多く収められている。見出しはローマ字で ABC 順に配列。その語のカタカナ表記 (歴史的仮名遣い)・漢字表記・品詞 (英語の略称) を記した後、英語による語釈、見出し語を含む慣用的な言い方、類義語が示される。初版→再版 (1872：明治 5)→三版 (1886：明治 19) と増補や訂正が

行われたので、版による記述内容の違いに注意する。初版・和英の部の日本語見出しは約2万語、英和の部の英語見出しは約1万語。ここでは和英の部を中心に、初版(図11)と三版(図12)を比較しつつ特徴や利用方法について確認しよう。

KOROMO, コロモ, 衣, n. The outside robe worn by Buddhist priests.
KOROMO-GAYE, コロモガヘ, 更衣, n. Changing the clothes, from the wadded clothes of winter, to the lighter clothes of summer, on the 2nd day of the 4th month. — wo szru, to change the clothes.
KŌRON, コウロン, 口論 n. Quarrel, angry contention, brawl, dispute. — wo szru, to quarrel, wrangle, squabble.
 Syn. ARASOI, I-AU, ISAKAI.
KORO-OI, コロホヒ, 頃, n. Time, period of time. Itsz no —, at what time? Mō kayeru — da, it is time to return.
 Syn. JIBUN.
KORORI, コロリ, n. Asiatic cholera. This word is the Japanese pronunciation of cholera.
KORORI-TO, コロリ, adv. In a rolling manner, or sound; suddenly. — shinuru, to die suddenly.
KOROSHI,-sz,-sh'ta, コロス, 殺, t.v. To kill, slay, murder; com. coll. = to die. H'to wo —, to kill a man. Koroshitaku nai monda, I should be sorry to have him die. Syn. GAI-SZRU, SHI-SZRU.

KORERA コレラ 虎列拉 n. Asiatic cholera.
 ⋮
KOROMO コロモ 衣 n. The outside robe worn by Buddhist priests; clothing.
†KOROMODE コロモデ n. The sleeve, the arm in the sleeve.
KOROMOGAE コロモガヘ 更衣 n. Changing the clothes from the wadded clothes of winter to the lighter clothes of summer, on the 2nd day of the 4th month (o.c.): — wo suru, to change the clothes.
KORON コロン n. (Eng.) A colon, punctuation mark.
KŌRON コウロン 口論 n. Quarrel, angry contention, brawl, dispute: — wo suru, to quarrel, wrangle, squabble.
 Syn. ARASOI, ISAKAI.
KŌRON コウロン 公論 n. A public dispute, public opinion : an axiom.
KORO-OI コロホヒ 頃 n. Time, period of time: itsu no —, at what time? mō kaeru — da, it is time to return. Syn. JIBUN, KORO.
KORORI TO コロリ adv. In a rolling manner, or sound; suddenly : — shinuru, to die suddenly, to fall over and die; — ochiru.
KOROROGI,-GU コロロギ i.v. To be hoarse.
 Syn. SHIWAGARERU.
KOROSHI,-SU コロス 殺 t.v. To kill, slay, murder; com. coll.=to have one die: hito wo —, to kill a man; koroshitaku nai mon da, I should be sorry to have him die.
 Syn. GAISURU, SHISURU.

図11 『和英語林集成』(初版)　　　図12 『和英語林集成』(三版)

(A) 訳語の削除と追加

　KŌRON(口論)の類義語(Syn.)として初版ではI-AU(言い合う)があるが再版と三版では削除されている。一方KORO-OI(頃ホヒ)の類義語は三版でKOROが追加され、KORORI TO(コロリト)の項目では「(コロリト)死ヌル」の訳語が再版・三版で一つ増え、三版では「(コロリト)落チル」という用例が追加されている。これらは日常的な使用状況を踏まえた細かい修正。また「コロモ」の語釈は、初版では"僧衣"といった限定的意味だが、再版・三版ではそれにclothing(衣類一般)が加えられている。ここで英和の部(図13・

三版)のCLOTHINGを見ると「着物・衣服・衣装」とあって初版・三版ともコロモは和訳語になっていない。ということは、衣類一般の意のコロモはもう使用語ではないが、「コロモガヘ」のような日常語の解釈の助けに、理解語として改版時に加えられたのだと推測できる。

(B) 文章語の増補

　三版では社会情勢の変化に応じた語彙の他に、古典を読む人のために『古事記』『万葉集』などから現在は使われていない古語を選んで、†(短剣印)付きで追加したものがある。図12の「コロモデ」がそれで、『日葡辞書』でも詩歌語という注記がついていた(図10)。また、印は無いが「コロログ」も三版の増補語で、『古事記』に用例(「許呂呂岐」)のある語である。

(C) 維新後の新概念

　三版の「コロン」は英語colonを外来語として新たに立項した例である。また初版の日本的病名KORORI(コロリ)が三版でKORERA(コレラ)と差し替えられている。KŌRON(公論)は再版からの増補語で、訳語は"A public dispute"のみだったのが、三版でさらに2つ増えている。用例自体は中世からあるが、『節用集』や『日葡辞書』に収められるような語ではなかった。これが「五箇条の御誓文」に用いられ、その後本書にも新掲載されて訳語も追加されている。そこには近代社会との深い関わりが考えられよう。

(D) ローマ字

　版によって綴り方が違うので注意が必要。三版のものがいわゆるヘボン式ローマ字なので、我々には引きやすいものだが、初版と再版は以下の例のように見慣れぬ文字の並びがある。図11・12には、コロモガヘが初版でGAYE(三版GAE)、コウロンヲスルが初版でszru(三版suru)、「コロス」項目中のヒトヲが初版でH'to wo(三版hito wo)、といった例がある。その他、ズ(ヅ)は初版DZ・再版DZU・三版ZUで、同じ単語でも掲載位置が甚だしくズレることがあるので、比較の際には見落としに注意する。

(E) 英和の部

　漢字表記が無いので、特に漢語など語の同定がしにくいが、初版と三版は英和の部の日本語を漢字表記つきの五十音順に並べた訳語総索引（資料44,45）が刊行されていて、参考になる。和英の部の見出し語同様、和訳語も初版と三版で大きな差異がある。近世の俗語を収録しているといわれ、例えば図13の CLOTHES-HORSE の訳語「物干(モノホシ)」は、用例は江戸前期からあるが初版の和英の部に無い。もう一つの訳語「衣桁(イコウ)」は『日葡辞書』にも見出しがあった(3.1、(E))ものだが、その同義語だったコロモザヲは見られない。その他、初版和英の部に無いもので江戸の中後期から用例のあるものに、CLOUDY weather の訳語としてのドンテン（曇天）、CLOWN に対するチャリ（茶利）、ニワカシ（俄師）、キドバン（木戸番）などがある。

```
CLOTHES-HORSE, n.   Ikō, monohoshi.
CLOTHING, n.   Kimono, ifuku, ishō.
CLOUD, n.   Kumo. (i.v.) Kumoru.
CLOUDLESS, n.   Kumo-nashi.
CLOUDY, a.   Kumoru. — weather, donten.
CLOVE, n.   Chōji.
CLOVER, n.   Umagoyashi.
CLOWN, n.   Dōke-mono, chari, niwakashi, kido-
　　ban, yabo, bukotsu na mono.
CLOWNISH, a.   Yabo na, bukotsu na, busaho na.
```

図13　『和英語林集成』（三版）英和の部

3.3　言海

　欧米近代辞書を手本に作成された"普通語"の国語辞典。明治22年から24年にかけて4分冊で刊行。約3万9千語が五十音順に配列され、特に知識が無くとも現代の国語辞典や古語辞典と同様に検索して読める（図14）。が、変体仮名・合字や独特の意味を持たせた記号類が使われていたり、現行五十音順とは微妙に異なる点もあったりするので、研究資源として見落とし無く活用するには、本編直前の「索引指南」の12項目・略語ノ解・種種ノ標は参照しないでは済まない。

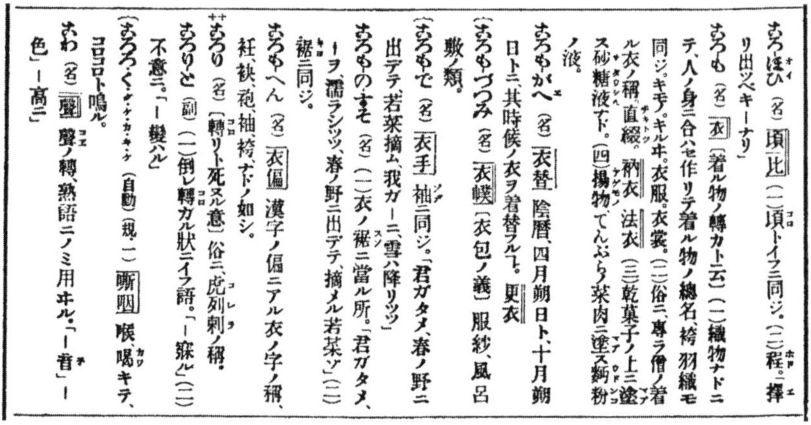

図14 『言海』(六合館)

(A) 使用文字

　見出しは歴史的仮名遣いによる五十音順で、ハ行や長音など文字と発音がずれたところにだけ、当時の口語の発音をカタカナで記す。変体仮名は、和語用の活字として「古(こ)」(図14の各見出し参照)、漢語用の活字として「春(す)」を字母とするものが使われている。他に［し／志］、［に／尓］、図14の「こわ［聲］」の用例「(こわ)音」の振り仮名等があるが、これらは和漢の区別に対応しない。「ころもがへ」の項の文末のコト＝ヿは頻出の合字。漢字は「ころりと」の用例「寐ル」が目に付くが、これは「寝」の異体字ではない。両者とも『康煕字典』にある別字で、本書では「い［寐］」のように別の使われ方をしている。

(B) 見出しの配列

　索引指南(四)に「んハむノ次」とある。しかし実際は、
　　　「込む」「紺」…「混ず」…「小娘」…「近衛府」「米」
のように配列されていて、ムが先、という意識があると、コンやコンズより後にコムスという文字列を期待しないから、コムスメの項目は見落としがちである。特に説明は無いが掲載順には単語の長さも関与する。

(C) 漢字表記

3種類を区別している。「ころもがへ」の |衣替| は日本で通用する漢字表記。それに対して、同項目末尾の更衣は漢の通用字。そしてそれらの合体した |頃|、|衣| などは和漢の通用字ということである。判定の確かさはともかく、漢語の変容・定着などに関する当時の知識人の意識を読み取ることができる。

(D) 記号

「ころもで」の上の{マークは古語を表す。その用例の和歌「君ガタメ…」は出典のあるものだが省略されている。一方「ころり」の上の‡(二重短剣印)は"訛語(ナマリ)、或ハ、俚語(サトビコトバ)"を表し、他に「‡これしき」「‡ころげる」「‡ごろつき」、といった話しことば・俗語があるが、「‡こりる［懲］懲ルノ訛」のように単なる一段活用にまでマークが及んでいる。ちなみに「ゴロツキ」には"東京卑語"という具体的地域情報も加えられている。

(E) 言語学的情報

「ころろ-く」のように、活用語には活用語尾6種と活用の種類を示し、清濁も区別している(『和英語林集成』は「ココロ<u>グ</u>」:図12)。また、「こわ［聲］」という自立しない形態素の立項と語構成的説明がある。その複合語として、聲色(こわいろ)、聲風(こわぶり)、聲眞似(こわまね)、等の12項目を載せるのは、現代の小型古語辞典(4万語クラス)のどれよりも多い。ただし、古語印付き「{こわまね」の『枕草子』用例「若き人こはまねをし」は、現在の一般的本文「若き人〻(ひとびと)はまねをし」の踊字(二の字点)を誤写した本文に拠ると考えられ、古典の例としては疑わしい。が、「こわまね」は明治後期の用例が他にあるので、むしろ『言海』の頃の新しい語を拾った立項かと考えられる。「ころ-も［衣］」の語源説や複合語表示もそうだが、現在の水準からは採用しにくい点が少なからずあるので、鵜呑みにせず、点検しながら研究のヒントを得るとよい。

(F) 同時代辞書・稿本

「ころも」「ころり」語釈中の「俗ニ」という当代人の使用場面意識をあらわす表現には、どの程度の意味があるか。『和漢雅俗いろは辞典』など同時期の国語辞書(資料33)や漢語辞書(資料13)は豊富にあるので、比較しつつ考察が可能である。また、編者大槻文彦による校正の書き込みを、『稿本日本辞書言海』(4冊、大修館書店1979)で確認することができる。上に紹介した表記の問題や語釈の表現など、最終的には採用されなかった語も多く見え、編者の規範意識等が具体的に窺い知れる。

4. 古辞書の種々

最後に、実際の利用を考えて、刊行された影印本と索引のうち、比較的閲覧しやすく使用頻度の高いものと、刊行の新しいものとを中心に紹介する。編者は省略し、漢和辞書、国語辞書、その他に分けて成立の古い辞書から順に掲げた。1993年以前の網羅的なリストは『日本古辞書を学ぶ人のために』の「古辞書影印刊行目録」を参照するとよい。

なお、古辞書についてさらに知るには、章末に掲げる参考文献のほか、雑誌『日本語学』19–11(明治書院2000)の特集「日本語史研究入門」第4章「古辞書の利用法」の5編(pp. 209–269)、および、『月刊しにか』11–3(大修館書店2000)の特集「日本の辞書の歩み 最古の辞書から言海まで」の9編(pp. 15–77)の諸論考も参考になる。

●**漢和辞書系**：(1)『天治本 新撰字鏡 増訂版』臨川書店1967、(2)『新撰字鏡国語索引』臨川書店2000; 初版1958、(3)『諸本集成 倭名類聚抄 本文篇・索引篇』2冊、臨川書店1968、(4)『古写本和名類聚抄集成』3冊、勉誠出版2008、(5)『図書寮本類聚名義抄 本文影印 解説索引』再版、勉誠出版2005【図3】; 初版1976、(6)『類聚名義抄 第一巻』観智院本影印、風間書房1954、(7)『類聚名義抄 第二巻』観智院本仮名索引・漢字索引、風間書房1975; 初版1955、(8)『天理図書館善本叢書 類聚名義抄 観智院本』3冊、天理大学出版部、八木書店(製作発売)1976【図1】、(9)『宝菩提院本 類聚名

義抄』大正大学出版会2002、(10)『宝菩提院本 類聚名義抄 和訓索引』大正大学出版会2006、(11)『尊経閣善本影印集成21～24 字鏡集 二十巻本』4冊, 八木書店1999–2001、(12)『倭玉篇 夢梅本・篇目次第 研究並びに総合索引』3冊, 勉誠社1976、(13)『明治期漢語辞書大系』65冊＋別巻3冊, 大空社1995-1997。

●**国語辞書系**：(14)『色葉字類抄 研究並びに索引 本文・索引編』風間書房1964【図5, 7】、(15)『尊経閣善本影印集成18 色葉字類抄1 三巻本』八木書店1999【図6】、(16)『尊経閣善本影印集成19 色葉字類抄2 二巻本』八木書店2000【図4】、(17)『伊呂波字類抄』10冊, 雄松堂1977；合本5冊, 1987、(18)『古本下学集七種 研究並びに総合索引』風間書房1971、(19)『改訂新版 古本節用集六種 研究並びに総合索引』2冊, 勉誠出版2009; 初版1979、(20)『印度本節用集 古本四種研究並びに総合索引』2冊, 勉誠社1974【図8】、(21)『改訂新版 文明本節用集 研究並びに索引』2冊, 勉誠出版2006; 初版1979、(22)『枳園本節用集索引』和泉書院2002、(23)『広島大学蔵 増刊節用集の研究』武蔵野書院1997、(24)『京都女子大学図書館吉澤文庫蔵 節用集』港の人2008、(25)『国立国会図書館蔵岡田希雄旧蔵本 節用集』港の人2011、(26)『天理図書館蔵阿波国文庫旧蔵本 節用集』港の人2012、(27)『天正十八年本節用集(東洋文庫善本叢書10)』勉誠出版2015、(28)『天正十五年本 運歩色葉集 影印本文・和訓索引』古辞書研究資料叢刊12, 大空社1996、(29)『書言字考節用集 研究並びに索引』改訂新版, 勉誠出版2006; 初版1973、(30)『節用集大系』100冊, 大空社1993–1995、(31)『谷川士清自筆本『倭訓栞』影印・研究・索引』勉誠出版2008、(32)『言海』縮刷版の複製(※ただし一部別の本による差替部分あり), ちくま学芸文庫2004【図14】、(33)『明治期国語辞書大系』27冊, 大空社1997–2001。

●**その他**：(34)『邦訳日葡辞書』岩波書店1980【図10】、(35)『邦訳日葡辞書索引』岩波書店1989、(36)『日葡辞書 VOCABVLARIO DA LINGOA DE IAPAN』再版, 勉誠社1975; 初版1973【図9】、(37)『エヴォラ本日葡辞書』清文堂1998、(38)『邦訳日葡辞書逆引索引』笠間書院1998、(39)『キリシタン版 日葡辞書』カラー影印版, 勉誠出版2013、(40)『ヴァチカン図

書館蔵葡日辞書』臨川書店 1999、(41)『和英語林集成 復刻版』初版本，北辰 1966【図 11】、雄松堂出版 2013、(42)『和英語林集成』三版本，講談社学術文庫 1980【図 12, 13】、(43)『ヘボン著 和英語林集成 初版・再版・三版対照総索引』3 冊，港の人 2000、(44)『和英語林集成 初版訳語総索引』笠間書院 1996、(45)『和英語林集成 第三版訳語総索引』武蔵野書院 1997。

参考文献
沖森卓也編(2008)『図説 日本の辞書』おうふう
沖森卓也他編(1996)『日本辞書辞典』おうふう
北恭昭(1977)「日本語の辞書(1)」大野晋・柴田武編『岩波講座日本語 9 語彙と意味』岩波書店
木村晟(2014)「付録三　古辞書影印本目録」佐藤武義・前田富祺編『日本語大事典』朝倉書店
今野真二(2014)『辞書からみた日本語の歴史』筑摩書房(ちくまプリマー新書)
杉本つとむ(1979)「日本の辞典・事典の歴史―辞書史のための試論―」『杉本つとむ日本語講座 3　辞典・事典の世界』桜楓社
惣郷正明編(1989)『目で見る 明治の辞書』辞典協会
築島裕(1982)「辞書」佐藤喜代治編『講座日本語の語彙 1 語彙原論』明治書院
中田祝夫編(1983)「日本の古辞書」『古語大辞典』付録、小学館
西崎亨編(1995)『日本古辞書を学ぶ人のために』世界思想社
前田富祺(1989)「日本語研究資料としての辞書」『日本語学』8-7
前田富祺(1997)「日本の辞書の歩み―古辞書から現代辞書まで―」文化庁文化部国語課編『新「ことば」シリーズ 5　辞書』文化庁
森田武(1993)『日葡辞書提要』清文堂出版
山田俊雄(1978)『日本語と辞書』中央公論社(中公新書)
吉田金彦(1971)「辞書の歴史」阪倉篤義編『講座国語史 3 語彙史』大修館書店

第8章
現代辞書を利用する

　文献が読めるようになれば、文献を調査して、そこからことばの歴史を組み立てることになる。では、どのようなやり方で調査を進め、また、ことばの歴史を組み立てていけばよいか。そのごくはじめの手順を以下に解説する。

　ある語の歴史、語彙の歴史を明らかにしようとするにあたって、やみくもに調査を始めるのは効率が悪い。そこで、まずは現代の辞書で、ことばの歴史の一端がわかる辞書を利用する。このような辞書を利用して語の歴史的な様相の概要をつかみ、分析をするための方向性を考える手がかりを得ていくとよいだろう。以下に、代表的な現代の辞書をいくつか掲げ、それらの特徴や使用法などを紹介する。

1. 日本国語大辞典を利用する

　はじめに『日本国語大辞典』(小学館)を開いてみたい。この辞書は、日常よく目にする小型辞典ではなく、百科事典をイメージさせる大型辞書の形態である。『大日本国語辞典』(1932〜1937年刊行。全5巻)から改訂増補され、『日本国語大辞典』第一版(1972〜1976年刊行。全20巻)として刊行され、2000〜2002年には第二版が刊行された(全14巻。別巻には漢字索引、方言索引、出典一覧を掲載)。通常の国語辞典で小型辞典は6〜10万語規

模、中型辞典でも10～20万語程度を収録していると言われるが、『日本国語大辞典』第二版の収録語彙は古代から現代まで50万項目が立てられ、用例総数は約100万を誇る。（その編纂の経緯は倉島長正1997、松井栄一2005などを参照。）

　各項目は、見出し、歴史的仮名遣い、漢字表記、品詞、語義説明（語釈）、用例文により成っている。語によっては、補助注記が施され、語誌、方言、語源説、発音、上代特殊仮名遣い、辞書、表記、同訓異字といった要素の記載が加わる場合もある。一般的な場面で国語辞典をひく際に利用者が期待するのは、漢字表記の正しさを確認できることや、ことばの意味がわかるということくらいに留まる。だが、日本語学においてことばの歴史的な様相のあらましをつかむためには、漢字表記や意味説明の欄に留まらず、それ以外の欄や項目、そして、なにより例文を眺めることが重要になってくる。

　たとえば現代語としての「おまえ」は、

（1）（会社の上司が部下に）「何度言ったら分かるんだ、おまえは。」

のように、目上から目下に対する二人称として使用され、その待遇価値は低い語のようである。いま、この語を『日本国語大辞典』でひいてみよう。

　『日本国語大辞典』では、辞書の見出しの文字は原則として古語・現代語を区別せず、いずれも現代仮名遣いによって表記されている。「おまえ」の項目では、歴史的仮名遣いの表記が現代仮名遣いと異なる部分について「‥まへ」のように記される。続けて墨付括弧によって代表的な漢字表記【御前】が示され、さらに白抜き漢数字■■（「根本的な語義が大きく異なる」「漢字の慣用がいちじるしく異なる」場合などの区分）によって品詞または動詞の自・他の別、活用の種類の別などが示される。「おまえ」の項目の場合、■には〚名〛、■には〚代名〛のように、品詞の別を二重亀甲の括弧に入れて表記し、区別している。

　①②の丸付数字は語釈を分けている。その語釈の根拠となるのが、続く用例文である。『日本国語大辞典』では、上代から現代の文学作品や国語資料

おーまえ へ‥ま【御前】❶【名】①神仏や貴人の前を敬っていう。ごぜん。みまえ。＊古今(905-914)雑上・八七四・詞書「くら人ども笑ひて、かめをおまへに持て出でて、ともかくも言はずなりにければ」＊紫式部日記(1010頃か)寛弘五年九月九日「御まへの有様のをかしさ、蔦(つた)の色の心もとなきなど口々聞こえさするに」＊虎寛本狂言・福の神(室町末-近世初)「毎年福天の御前で、年を取りますれば」＊浮世草子・けいせい伝受紙子(1710)二・三「何事もしらぬが仏。おまへにみあかしともして、宮内看経せらるる中」②貴人の所に伺候すること。また、その人、すなわち宮仕えの女房。→御前達(おまえたち)❶。＊たまきはる(1219)「御まへ許されぬ人は、近くさぶらふ人人の、『御所になる』とつぐるに、たちのきて、障子のとにゐる」③貴人に対し、その人を直接ささないで、尊敬の意を込める言い方。＊落窪(10C後)一「おまへにはいとなやましげにて、まだおきさせ給はざめれば、御文もさながらなん」＊枕(10C終)一〇五・殿上より梅のみな散りたる枝を「その詩を誦(ず)して、殿上人、黒戸にいとおほくゐたるを、上のおまへにきこしめして」＊源氏(1001-14頃)夕顔「御まへにこそわりなくおぼさるらめ」＊大鏡(12C前)五・道長上「殿の御まへは三十より関白せさせ給ひて」④座敷。また特に、居間または客間。＊多聞院日記-天正七年(1579)二月二二日「をまゐのたたみ指善四郎来了」❷【代名】対称。①目上の人に対し、敬意をもって用いる語。近世前期までは、男にも女にも用い、また、男女とも使用した。＊蜻蛉(974頃)中・天禄二年「御まへにもいとせきあへぬまでなん、おぼしためるを見たてまつるも、ただおしはかり給へ」＊打聞集(1134頃)補陁落寺層児事「此所をば寺に立て給へ。をまへにゆづりまうす」＊うたたね(1240頃)「あな心憂。御まへは人の手を逃げ出で給か」＊歌舞伎・姫蔵大黒柱(1695)一「是はお前を祝ひましての事で御座ります程に、構へてお腹を立てさしゃんすな」＊浮世草子・世間娘容気(1717)一・男を尻に敷金の威光娘「お前にもあんまりこはだかに物おほせられて下さりますな」②対等もしくは下位者に対して用いる。親愛の意を込めて用いる場合もある。江戸後半期に至って生じた言い方。＊俚言集覧(1797頃)「御前(オマヘ)。人を尊敬して云也、今は同輩にいふ」＊滑稽本・浮世風呂(1809-13)前・上「西光(せへかう)さん、おまへの頭巾(づきん)はいつもよりあたらしくなったやうだ。わたしが目(め)のかすんだせへかの」＊安愚楽鍋(1871-72)〈仮名垣魯文〉二・上「ネエおはねどん、おまへのまへだが、伊賀はんといふ人もあんまりひけうなひとじゃァないか」＊尋常小学読本(明治三六年)(1903)五・六「おまへは、人が、なつ、かぶる麦藁帽子は、なんで、こしらへたのだか、しってゐますか」＊濹東綺譚(1937)〈永井荷風〉六「馴染の女は『君』でも『あんた』でもなく、ただ『お前』といへばよかった」語誌(1)漢字表記「御前」については漢籍の古典にも例がある(→「ぎょぜん(御前)」)。和語の「おまえ」「おんまえ」、漢語の「ごぜん」等いずれも漢字表記で共通するが、どのように関連し合って成立したかは明らかでない。「おまへ」の原義は「前」の敬称で、「神前」「仏前」などを言ったものと見られるが、同義では「みまへ」が先行するか。(2)❷の例は、江戸前期までは、敬意の強い語として上位者に対して用いられたが、明和・安永(一七六四～八一)頃には上位もしくは対等者に、さらに文化・文政(一八〇四～三〇)頃になると、同等もしくは下位者に対して用いられるようになり今日に至った。ただし方言としては、今も上位もしくは対等者を呼ぶところが点在する。

図１　『日本国語大辞典』「おまえ」の項目

だけでなく、さまざまな歴史的な文献からも用例が採集されている。引用される文献は平安時代から明治までの日本漢文資料、奈良時代から江戸時代までの歴史資料、中世から近世にかけての口語を伝える資料、明治期の新聞・雑誌、翻訳語の資料などとたいへん広い。＊(アスタリスク)の後、項目にあげた語を含む文献名やジャンル、併せて、文献の成立・刊行年が(　)内にあげられる。近代の文芸作品には、たとえば「＊濹東綺譚(1937)〈永井荷風〉」のように、その作者の姓名が〈　〉内に付記されている。さて、「おまえ」

の■ 〘名〙①の最初の用例文では、

（2）　＊古今(905-914)雑上・八七四・詞書「くら人ども笑ひて、かめをおまへに持て出でて、ともかくも言はずなりにければ」

とある。これは905〜914年に成立した『古今和歌集』の部立「雑歌上」、874番歌の詞書が典拠であることを示している。

　これらを眺めれば、語釈を分ける①②の丸付数字の順は、項目語の語義の発生の早いものから順に並べられていることに気づくであろう。そのため、この語がどのような分野の文献に使用されていた可能性が高いのか、いつ頃からその語義として使用されていたのか、といったことにだいたいの見当がつき、語のたどった歴史について大づかみにできる。「おまえ」という語においては、最も古くは平安時代において貴人の前を意味する(■①)。それが、しだいに貴人に対し婉曲な敬意を表すようになっていく。婉曲的に用いられることに端を発し、代名詞としても使われ、平安時代には目上に対し敬意を持った対称となる(■①)。さらに江戸時代に下ると、対等・下位の対称に変化(■②)し、現代語における「おまえ」の用法にいよいよ近づいていることがわかる。

　このように『日本国語大辞典』を引くことで、語釈の整列や、そこにあげられた用例を観察することによって、語の大まかな意味の変遷をとらえることができる。この点を利用し、調査の方向性を探るとよい。ただ、具体的な調査を進めてゆくと、『日本国語大辞典』に記載されている項目語が原本になかったり、原本からの引用に誤りがあったりすることもある。そのため、自らが調査にあたる際は原本にあたることを忘れずにおきたい。

　また、語釈の項目の設定はこの項目の執筆者の考えである。項目執筆者は用例を集め、分析を行ってこの項目を執筆しているが、それとは異なる分類・分析がまったくないとは言い切れない。語の変遷を考えるにあたってはよりよい分類・分析があり得ることも多い。辞書の意味記述は、あくまでも参考であるということは忘れてはならない。

加えて、初出例についてはいささか注意をもって見る必要がある。それぞれの語釈の第一番目にあげられる用例が確実な初出とは限らない。今後さらに広く、そして多くの史料に調査がおよび、用例採取が行われることで、語義の発生が前後することも考えられる。したがって、『日本国語大辞典』の語義掲載順については、必ずしも語義の発生順ではない可能性があることに注意を要する。

　さて、用例文中において( )にひらがな、もしくはカタカナ表記によって読みが入れられている場合がある。『日本国語大辞典』では用例文において見出し語に当たる部分は原本のかたちに従うこととしている。そのため、たとえば見出し語として「さゆり【小百合】」とあげる項目では、万葉集歌を初出とする用例文中で以下の(3)のようにまず万葉仮名の表記を掲載し、その読みを( )にカタカナ表記で示している。

（3）　＊万葉(8C後)一八・四一一三「夏の野の佐由利(サユリ)引き植ゑて咲く花を　出で見るごとに」〈大伴家持〉

　さらに、見出し語「じつり【実利】」について見てみると、以下の(4)のように見出し語の漢字部分について、その読みが原本につけられている場合は( )にカタカナによって読みが示される。つまり、カタカナで読みが示されるものは、そう読むことが確実な場合である。

（4）　＊内地雑居未来之夢(1886)〈坪内逍遥〉一「さう実利(ジツリ)ばかりに凝固ッちゃア。まるで論談ができませんテ」

　これに対して、原本での読みが不確実なものについても、その部分を( )にひらがなで補っている。たとえば、見出し語「ぬみ【要害・要】」用例中に見られる「賊虜」に対し「(あた)」としている場合である。

（5）　＊書紀(720)神武即位前(熱田本訓)「賊虜(あた)の拠所は、皆是要害

（ヌミ）の地なり」

　また、語によっては簡単な語誌があげられることもある。その中には先行研究に基づいた執筆者の見解が示されたり、項目語についていまだ明らかにされていない点について触れていたりするため、今後の調査や研究の糸口にもなる。「おまえ」の語誌では、表記と意味の変遷に着目している。すなわち、「おまえ」に漢字の表記を与えた場合に想定される「御前」が、漢籍の古典に見られることをあげ、漢語、和語といった語種に関係なく共通して「御前」という漢字表記が見られることを述べる。ただ、和語としての「おまえ」の原義を考えたとき、それが神仏の前に出ることを意味し、その意味においては「おまえ」という読みよりも「みまへ」が先にあったのではないか、という見解が示されている。

　『日本国語大辞典』では、標準語と同じ語形であっても、現代標準語と異なる意味を持つ場合について方言としての使用の可能性をあげる。「おまえ」については図2のように方言欄が設けられ、品詞別、意味別に語の使用地点が示される。図2の■〘名〙❶にあるように、「夫」の意味で使用される「おまえ」が、熊本県天草郡に見られるという。地域名の後に記される「936」などの算用数字は、方言資料の出典を示す。方言出典番号は、「方言資料および方言出典番号一覧」として『日本国語大辞典』別冊に掲げられている。方言としての使用については辞書上で具体的な用例があげられないものの、語形と意味の結びつきにおいてその地理的分布がつかめ、語の歴史を考えるためのデータになることもある。

　『日本国語大辞典』では、「近代諸方言において、いわゆる標準語と発音のかたちは違っていても、もとは同じものから出たと見られる語」を「なまり」と定義し、そのバリエーションと地理的な分布を記している。そして、標準語と発音が異なる場合については、〈なまり〉として図3のように示す。

　ここに標準語と現代京都アクセントが示されるのは、現代京都アクセントが日本語の「アクセント史を考える上に重要な意味を持つ」ということがあるからである。この「おまえ」の場合、標準語（図3の中〈標ア〉の■②）

方言 ━【名】❶夫。熊本県天草郡936 ❷妻。家内。熊本県天草郡936 鹿児島県大隅054 ◇**おまあ** 鹿児島県種子島975 054 ◇**おみゃ** 熊本県919 ◇**おみゃあ** 熊本県927 930 936 ❸人を招じ入れる時の挨拶の言葉。お入りなさい。和歌山県東牟婁郡690 ❹他家を訪問して案内を請う時の挨拶の言葉。ごめん下さい。こんにちは。◇**おんまあい** 長崎県南高来郡905 ❺土間に対して床の上。畳の上。座敷。佐賀県887 長崎県西彼杵郡054 ◇**おま** 静岡県520 「おまにいるに(座敷にいますよ)」535 京都府中西部629 ❻客間。奥座敷。福島県南会津郡185 新潟県東蒲原郡054 熊本県宇土郡・天草郡919 ◇**おま** 静岡県535 京都府中西部629 ❼居間。茶の間。秋田県河辺郡130 山形県東田川郡139 新潟県岩船郡・東蒲原郡361 長崎県西彼杵郡054 熊本県919 ◇**おま** 新潟県佐渡356 ❽台所。福島県大沼郡175 ◇**おま** 福井県大飯郡429 遠敷郡445 ❾本家。本宅。常陸†064 福島県157 165 茨城県188 栃木県198 新潟県中魚沼郡062 ❿母屋。居宅。群馬県多野郡230 長野県北安曇郡476 ⓫仏壇。◇**おまえだな**〔━棚〕長崎県対馬911 ━【代名】対称。❶あなた。あなた様。伊豆八丈島†080 青森県075 083 秋田県鹿角郡132 河辺郡134 山形県139 福島県会津166 千葉県安房郡297 東京都八丈島340 新潟県359 (最上の尊敬語)368 383 滋賀県神崎郡616 和歌山県那賀郡(主に女性)062 島根県那賀郡054 佐賀県西松浦郡896 長崎県南高来郡905 大分県941 鹿児島県961 ◇**おははん** 愛知県西加茂郡550 ◇**おま** 和歌山県東牟婁郡702 ◇**おまあ** 大分県速見郡・大分郡939 ◇**おまあん** 高知市867 ◇**おまえこ** 三重県度会郡(敬意はない)599 ◇**おまえこん** 滋賀県甲賀郡(児童語)606 ◇**おまえしこお** 島根県美濃郡・益田市(敬意はない)725 ◇**おまえた** 岐阜県北飛騨499 郡上郡「おまいた、ほっとねしゃわせじゃぞな(あなた、本当に幸せでいらっしゃいますわ)」504 静岡県520 愛知県知多郡571 ◇**おまえど** 鹿児島県口之永良部島982 ◇**おまさ** 富山県(使用人に対して)390 ◇**おまさま** 石川県河北郡404 ◇**おまっち** 静岡県志太郡・藤枝市(敬意はない)062 ◇**おまはま** 愛知県名古屋市(中流の町人言葉)「おまはまこのころどうしやあた、やっとう(久しく)かおみなんだなも」562 ◇**おみゃ** 岐阜県本巣郡510 ◇**おみゃあ** 東京都八丈島340 ◇**おめえやい** 茨城県久慈郡(敬意はない)188 ◇**おめへん** 富山県062 ❷お前たち。君ら。あなたがた。◇**おまえた** 長野県468 475 493 ◇**おまえたあ** 長野県更級郡054 ◇**おまえち** 石川県鹿島郡411 ◇**おまえどお・おまえろお** 大分県941 ◇**おまえんたあ** 岐阜県恵那郡498 ◇**おまた** 静岡県志太郡「おまたーいくずら(お前さんたちは行くのでしょう)」535 ◇**おまっち** 山梨県南巨摩郡465 静岡県054 527 535 ◇**おまはんがとお** 愛知県碧海郡566 ◇**おまはんた** 岐阜県養老郡・稲葉郡498 ◇**おまはんたらあ** 兵庫県佐用郡047 ◇**おまんち** 石川県羽咋郡412 ◇**おまんとお** 山梨県453 ◇**おまんら** 奈良県宇智郡683 和歌山県海草郡690 ◇**おめえんら** 新潟県佐渡351 ◇**おめがた**〔━方〕山形県139 ◇**おめしら** 和歌山県海草郡690 ◇**おめった** 静岡県田方郡062 ◇**おめんた** 岐阜県養老郡498 ◇**おめんとお** 山梨県455 461

図 2　『日本国語大辞典』「おまえ」の方言欄

は⓪で平板型＝［低高高］、現代京都アクセント(図 3〈京ア〉)も⓪で［高高高］であることを示している(方言とアクセント史の関係の概略は、徳川宗賢 1981 参照)。

『日本国語大辞典』では、辞書に収録された各見出し語と、平安時代から明治中期までに編まれた辞書の中から新撰字鏡、和名類聚抄、色葉字類抄、和英語林集成、言海といった 17 種の代表的な辞書(古辞書、近代辞書の詳細は、第 7 章を参照)の見出し語と対照し、それらに記載がある場合は辞書

発音〈なまり〉ウマイェ〔壱岐〕ウマエ〔壱岐続〕ウメ〔NHK（秋田）〕オマー〔千葉〕オマイ〔埼玉方言・八丈島・岐阜・飛驒・愛知・南知多・大阪・淡路・神戸・紀州・和歌山県・鳥取・徳島・讃岐・伊予・瀬戸内・熊本南部・鹿児島・鹿児島方言〕オマヤ〔岩手・NHK（長崎・大分・宮崎・鹿児島）〕オマヤー〔NHK（佐賀）〕オマン〔富山礪波・岐阜・静岡・愛知・播磨・和歌山県・土佐・島原方言〕オミ〔鹿児島方言〕オメ・オメイ〔福井〕オメァー〔埼玉方言〕オメー〔埼玉方言・神奈川・福井〕オンマ〔岐阜〕ンメァ〔岩手・秋田〕〈標ア〉マ ㊁②は0〈京ア〉⓪ 辞書 書言・ヘボン・言海 表記 御前（書・ヘ・言）

図3 『日本国語大辞典』「おまえ」発音の欄

欄として示される。「おまえ」という語については、図3の辞書に「書言・ヘボン・言海」とあるので、江戸時代の『和漢音釈書言字考合類大節用集』、明治時代の『和英語林集成』『言海』といった辞書に掲載が見られることを示す。それらの辞書に掲載されていた漢字表記が「御前」であったことは、同じく図3の表記欄によってわかる。

ところで『日本国語大辞典』の、語源説の項目については、その読み方に留意する必要がある。見出し語の信頼度の高い語源はこの語源説にはあげられず、【　】で示された漢字表記・品詞の後に（　）内に掲げられる。

（6）　いおのめ（いを）【魚目】〘名〙(「いお」は「いひほ」(いぼ)の転じたもの。また、「いお(魚)」の眼に見たてたものとする)

語源には古くから多くの人が興味を寄せるが、日本語の固有語(和語)の語源は明らかでないものが多く、諸所で述べられる語源の説は思いつきレベルのものが多い。そういった、語源への興味からさまざまに述べられている説を『日本国語大辞典』では、要約、整理し、それらをあくまでも説として語源説という欄に掲げている。つまり、ここに示されているのは、あくまで

も語源説であって、語源として妥当なものがあげられているわけではない。『日本国語大辞典』においては、史料に文字化されたものであっても、「言い伝えや、推測によるもの」と判断した説については「…という」や「…か」といった表現によって記載している。

　以上、『日本国語大辞典』の読み方の概略を示したが、詳細については第1巻の「凡例」を参照してほしい。辞書のひき方の基本は小中学校で習うため、国語辞典をひくことは一応は可能であるが、辞書を使いこなすには、はじめに示される「凡例」を丁寧に読んでおくことが大切である。これは、辞書を使用する場合一般にいえることで、国語辞典に限らず古語辞典・漢和辞典などあらゆる辞書を使うに当たって心得ておくべきことである。

　このように、この『日本国語大辞典』の項目を丁寧に見ることによって、ある語の歴史的な変遷の概要をつかむことができる。調査に先立って『日本国語大辞典』をひくことは有意義である。

2. 古語辞典を利用する

　ことばの歴史を密に紡いでゆくため、さらに古語辞典も用いるのが有益である。語の歴史を調べる手がかりや語の歴史の概略をつかもうとするときは、通常の小型の古語辞典では不十分である。次にあげるような大型の古語辞典や時代別に編纂(後述)された古語辞典を利用していきたい。

A　中田祝夫・和田利政・北原保雄編『古語大辞典』小学館 1983(コンパクト版 1994)

B　中村幸彦・岡見正雄・阪倉篤義編『角川古語大辞典』(全 5 巻)角川書店 1982–1999

C　大野晋・佐竹昭広・前田金五郎編『岩波古語辞典』岩波書店 1974(補訂版 1990)

D　築島裕編集委員会代表『古語大鑑』(全 4 巻)東京大学出版会 2011-

一口に古語辞典と言っても、それぞれの辞書には特性がある。たとえば、先節でもひいた「おまへ」の項目を上記辞書のうちA、Cにおいてひいてみる(図4、5)。

おーまへ【御前】エ:マ ㈠〔名〕①高貴な人や神仏などの、前やそば。「正月三日――に召して」〈古今・春上・八・詞書〉。「小君を――に臥せて……語らひ給ふ」〈源氏・空蟬〉。②（多く「…のおまへ」の形で）その人を直接指さずに、尊敬の意を表すのに用いる語。「上の――には、史記といふ書(ふみ)をなむ書かせ給へる」〈枕草子・三一九〉。㈡〔代名〕人称代名詞。対称。相手を尊敬していう。あなたさま。「――にとく聞こし召せ(=アナタサマモ早ク召シ上ガレ)」〈源氏・手習〉。「――のお蔭にて、わが身代もとり直し申すべし」〈仮名・元のもくあみ・上〉。「あい、どうぞ――の分になされまして、私に逢はせて下さりませ」〈伎・仏母摩耶山開帳・二〉

語誌 「おまへ」の「お」は、「おもの」「おもと」「おまし」などの「お」と同じく、上代の「おほ」から来たもので、中古一般の「おほん(↑おほみ)」とは異なるとも考えられるが、いずれも次がマ行音の語に限られるから、特殊な事情も考えられる。源氏物語の古写本などでも仮名書きされることが多い。中世には音読の「ごぜん」「ごんぜん」「ごぜ」の形が多く用いられるようになった。㈡の用例は中古・中世にかけては少なく、しかも、㈠②の意味用法との差が分明でない。対称の代名詞として確立するのは近世初期で、前代の「こなた」に替わって最高の敬意を持つものとして登場したが、やがて「あなた」「あなたさま」に取って替わられ、漸次敬意を失い、近世後期では、対等もしくは目下の者に対して用いるようになった。

参考文献 A三〇八・A三〇九・A三一〇

御前の試み →五節の御前(ごぜん)の試み

御前の物 貴人に供する食膳。「姫宮の――は例のやうにては、憎げに候はむ」〈枕草子・八〉。「――いろいろを尽くしたる籠物、檜破子(ひわりご)の心ばへどもを」〈源氏・柏木〉

図4 A『古語大辞典』(小学館)「おまへ」の項目

おまへ エ:マ【御前】㈠【名】《オホ(大)マヘ(前)の約》①神仏または貴人の前の尊敬語。おそば。「蔵人(くらびと)ども笑ひて瓶を―にもていでて」〈古今八七四詞書〉②貴人を指していう。ごぜん。「―にこそわりなく思さるらめ」〈源氏夕顔〉。「殿の―、上の―、今ぞ泣かせ給ふ」〈栄花楚王夢〉③「おいへ」(2)に同じ。〈多聞院日記天文二一・三・二〉④真宗で、持仏をいう。「―の花を立て、掃除をし」〈九十箇条制法〉
㈡【代】二人称。相手に敬意をこめていう。あなた。「―のおかげにて我が身代も取り直し申すべし」〈仮・元の木阿彌上〉。「―といふは、貴人ならずは言ふべからざるか」〈俳・かたこと五〉 →お〔接頭〕
―たち【御前達】宮仕えの女房たち。「―も、かならずさおぼすゆゑ侍らむかし」〈更級〉
―づいしょう【御前追従】人の面前でこびへつらうこと。「御前軽薄」とも。「―聞きまがふ人は、その智の浅きゆゑか」〈仮・御伽物語三〉
―のこころみ【御前の試み】十一月、中の寅の日、清涼殿で行なわれる五節の試楽。「―の夜の御髪上(みぐしあげ)」〈枕一五六〉
―ばな【御前花】仏前に供える花。「斎(とき)前に差せるや春の―」〈俳・絵合下〉
―まち【御前町】寺社の門前町。「天神橋と行き通ふ、所も神の―」〈近松・天網島中〉

図5 C『岩波古語辞典』(岩波書店)「おまへ」の項目

図4の『古語大辞典』(小学館)では、意味分類と意味解説の分量は『日本国語大辞典』と比べると少ないようであるが、語誌の欄はほぼ同程度の分量となっておりひけを取らない。また、意味解釈および語誌に記載されている内容の根拠は 参考文献 として記号と番号で示されており、これらは巻末の「参考文献一覧」にまとめて記載される。項目語を含んだ二語以上にわたる成句・諺の類は、子項目とされているのが見て取れる。

　その点において図5の『岩波古語辞典』では、親項目に相当する部分を「━」で略し追い込み項目のかたちで記載している。

　このように、項目の立て方のみあげてみても各辞書には編集執筆者らの意図が色濃く反映されている。調査の初期段階から一つの辞書の記述にとらわれてしまうと、それらの先入観が以降の調査において障りとなるおそれもあるため、辞書類は数点を併用したほうがよい。

　以下に、それぞれの辞書について凡例などを参照しながら、辞書の特徴をあげていく。

2.1 『古語大辞典』(小学館)

　『古語大辞典』(小学館1983年刊行、以下『小学館古語大辞典』)は一巻本で5万5000語を収録する。その用例は、古典文学作品に限らず、訓点資料・古辞書・抄物・キリシタン資料などの国語資料をはじめとし、歴史・仏教・演劇・茶道・武道などの専門性の高い諸方面の文献からも採用している。

　本辞典の特徴は、3800以上の語誌欄が設けられ、語源・語構成・語形・語義・語史・位相・類義語・対義語といった日本語史的事項の解説が充実しているところである。では、語誌欄にはどこまで詳細な内容が記載されているのであろうか。たとえば、「うずくまる」【蹲る・踞る】の語誌欄を例にあげてみよう。「うずくまる」の語誌欄では、次のように仮名遣いに重きをおいて解説を加える。

（7）　仮名遣いは、「うずくまる」が正しい。日本霊異記には用例以外に

「蹲 ウスクマリ」〈中・三四・訓釈〉、「踞 ウックマリヲリ」〈下・一八・訓釈〉があり、「す」「つ」の両表記がみられるが、「づ」とあるのは後世の記入で信ずべきでない。「蹲 ウスクマリ」〈金剛頂略出念誦経延六年点〉、「蹲 ウスクマル」〈涅槃経平安後期点〉、「端坐 ウスクマリタレハ」〈醍醐寺遊仙窟〉、「踞 ウスクマリキル」〈名義抄〉、「蹲 ウスクマル」〈黒川本色葉字類抄〉(伊呂波字類抄は「ウックマル」)などの諸資料の表記によると、古くは「ず」であった。なお、サントスの御作業言葉の和らげや日葡辞書には、Vzzucumaruとあり、この場合は「づ」の例である。疑問仮名遣いでは、鎌倉時代の文献の表記に徴して、この語の仮名遣いを「うずくまる」とする。　　　　　［岡村昌夫］

　本項目の解説では、現代においても「ず」「づ」いずれに表記するか迷いが生じる仮名遣いの問題に切り込んでいる。すなわち、「蹲る」もしくは「踞る」に対する仮名遣いについて、平安時代初期の『日本霊異記』やそれに先行する各種文献資料を精査した結果、「ウスクマル」という表記であったという。このことをもとに、「ず」の仮名遣いが源であると見解を示し、一方、「づ」の仮名遣いは後世の記入であるとしている。併せて、国語調査委員会(1902〜1913)の「疑問仮名遣い」における見解も、鎌倉時代の文献表記に基づき「うずくまる」の仮名遣いを推していることを紹介している。
　また次にあげる「きびし」【厳し・密し】の語誌欄では、「きびし」の例がよくみられる文章のジャンルに触れ、語がまとっている性格を述べた後、文法的説明に移っていく。

（8）　漢文訓読語であり、和文には用例が少ない。古くは「歯は白き事斉しくきびくして［密　キヒシクテ］〈最勝王経古点〉のように、ク活用であったが、ク活用の語幹末がイ列音の形容詞は存在しにくいために、後にシク活用に転じた。同種の例に、「かまびすし」「いちじるし」などがある。
　　　　　　　　　　　　　　　　　　　　　　　　　　　　　［佐々木峻］

このように比較的詳しい解説がなされているが、すべての項目に語誌があるわけではない。さらに本辞書は、意味分類と語誌に記載されている内容の根拠として参考文献を記号で示し、巻末に書名・論文名を掲出している。このことで、項目語についての先行研究がわかるようになっている。

2.2 『角川古語大辞典』(角川書店)

『角川古語大辞典』(1982〜1999年刊行)は5巻本で10万語を収録する。『角川古語大辞典』は、『小学館古語大辞典』のように語誌欄は立てられないが、品詞の後の語義説明の最初にその語の歴史の概略が述べられ、そこが『小学館古語大辞典』語誌欄のようなはたらきをする。また、編集方針に、「語の解説にあたっては、単なる語義の説明にとどまることなく、できる限り典拠を示して、その語の文学的・時代的・生活的意味を明らかにすることに意を用いた。」とあるように、ことばをとりまく環境の考察への配慮が大きい。たとえば、「えきば」の項目を見てみよう。

(9) えきば【驛馬】〚名〛令制で、諸国の宿駅に常備して駅使(えきし)の乗用とされた馬。道路の重要度によって数が異なり、大路(山陽道)の駅には二十頭、中路(東海道・東山道)十頭、小路(上記以外)五頭の常置が定められたが、利用度による増減の裁定が国司に任されていた。駅馬の飼育は駅子(えきこ)に課せられたが、欠失した場合は駅田(えきでん)の収支で買い替えた。中世には鎌倉幕府によって宿ごとに早馬(はやうま)を二頭ずつ置くことが定められた。近世に入ると伝馬(てんま)の制度が主になったため、古代の駅馬・伝馬も混同して考えられるようになった。「Yeqiba　うまやぢにある馬」〔日ポ〕「諸道に駅馬を置く事、大路に廿疋、中路に十疋、小路に五疋」〔厩収令〕「山城国山科駅を停し、近江国勢多の駅馬の数を加ふ」〔日本後紀・延暦二三・六・二六〕

上記のように、まずは「駅馬」とは何かといったことば自体の説明を行い、その後に古代の律令制といった歴史資料に基づいて駅馬の配置に関する

きまりがどのようであったかを説明する。くわえて、時代を追って駅馬制度の変遷にも触れている。

2.3 『岩波古語辞典』（岩波書店）

『岩波古語辞典』(1974年刊行。1990年補訂版。4万3000語収録)は、小型辞典ではあるが語の歴史的な側面の記述に意をはらったものである。

この辞書は見出し語、とくに動詞の掲出が他の辞書と大きく異なる。それは、「動詞および動詞を作る接尾語の類は、項目を掲げるにあたって、終止形ではなく、連用形を見出し」としているという点である。『岩波古語辞典』の編集者のひとりでもある大野晋は、動詞の「終止形は全活用の中で、わずか一割前後の使用度数しか持たない。最も多いのは六割に達する使用度数を持つ連用形である」という。そのため、辞書の利用者にとって「文献に出てくるままの形で語を検索できる割合が高い」と、連用形を見出しとすることの利点を述べている。自動詞・他動詞の区別も表記していない。

また、「動詞の連用形は、そのまま転成して名詞としても使われることが多」く、「複合語を作るにもそのまま前項とな」る性質を有するため、「一括して解説しうるなどの利便がある」という。

以下に例として、「あそび」の項目を見てみよう。用例は省略する。

(10) あそび【遊び】㊀《四段》《日常的な生活から別の世界に心身を解放し、その中で熱中もしくは陶酔すること。宗教的な諸行事・狩猟・酒宴・音楽・遊楽などについて、広範囲に用いる》①神遊び、すなわち神楽(かぐら)を演じる。②音楽を奏し歌を歌う。③宴会をする。④狩りをする。⑤舟遊びをする。⑥勝負事をする。⑦子供や動物が気楽に動きまわる。⑧気晴らしに遠出をする。遊山する。⑨遊興する。⑩仕事などしないでぶらぶらしている。㊁《名》❶①神遊び。(神前の)舞や音楽。②管絃の演奏。③宴会。④狩猟。⑤漫然とする楽しみごと。⑥遊興。❷「遊びを行うための女性。集団で移動するものもあり、後世の白拍子などもこれの系統をひく。─がたき【遊び敵】遊び相手。─

ぐさ【遊び種】遊びの材料。遊び相手。―こ【遊び子】色を売る少年。陰間(かげま)陰子(かげこ)。―でら【遊び寺】人が信仰でなく遊楽に来る寺。―どころ【遊び所】①競技その他遊びをする場所。②遊女のいる所。遊郭。遊里。―びと【遊び人】演奏者。楽人。―ひろげ【遊び広げ】〖下二〗広く場所をとって遊ぶこと。―ぶね【遊び舟】舟遊びの舟。遊山舟。―べ【遊部】天皇崩御の際、棺や祭器を作り、霊前で歌舞をする部民。―ほふし(ホウ)【遊び法師】歌舞音曲を専門とする僧。遊僧(ゆうそう)。―もの【遊び物】①管絃の楽器。―もの【遊び者】やとわれて歌舞で宴に興を添える女。あそびおんな。―やど【遊び宿】揚屋・色茶屋など遊興する家。「あそびや」とも。―よね【遊び娼】遊女。―わざ【遊び業】小弓・碁・篇付など、技量をくらべ争う競技。勝負事。―をんな【遊び女】「遊び者」に同じ。

　このように、「あそび」の動詞、名詞としての意味を解説した後は、追い込み式をとり、「あそび」を前部とする複合名詞として 16 語を挙げている。
　その他の品詞の区別についても特徴的で、形容動詞を立てず、その語幹に相当する語を名詞として扱っている。さらに、擬態語・擬声語の類も名詞として扱っている。
　『岩波古語辞典』の用例は 5,000 種の文献資料から採取している。ただ、「比較的古いものから適例を選び、かならずしも初出にこだわらなかった」と凡例にあることから、各意味記述の項目の一番目の用例が初出と限らないことに注意しておかなければならない。そういった点から、『岩波古語辞典』は、語誌の考察や構築よりも、意味記述に重点を置いた辞書といえる。

2.4 『古語大鑑』(東京大学出版会)

　『古語大鑑』は、東京大学出版会から 2011 年 12 月に第 1 巻【あ～お】が、2016 年 2 月に第 2 巻【か～さ】が発刊され、今後順次刊行予定である。
　まず、『古語大鑑』では、見出し語が現代仮名遣いとなっていることに注意したい。一般の古語辞典では歴史的仮名遣いによって項目語が立てられて

いるが、『古語大鑑』では「本書の示す歴史的仮名遣いには、従来の形と異なるものが有り、そのままでは、項目の検索が困難となるため」といった配慮による。次に、収録語の編集態度では、「上代語(奈良時代)、中古語(平安時代語)、及び中世語(鎌倉時代語)」を古語の中でも根幹と捉え、重きを置きながら編集」しているため、室町以降の古語については、鎌倉時代までの用例を示す中に補説として言及されていることに注意したい。

さて、『古語大鑑』の最大の特徴は、従来それほど用例が採取されなかった日本漢文・漢文の古訓点、古辞書、古文書類・木簡を含む金石文、その他の古代語関係の資料から用例を多数収録しているところであろう。たとえば、先の **2.2** で挙げた『角川古語大辞典』と『古語大鑑』でそれぞれ同項目「うべなふ」と「うべなう」を比較してみたい。

図 6 の『角川古語大辞典』5 巻本では、意味分類は 2 項目である。一方、図 7 の『古語大鑑』では 5 項目となっている。これは、『古語大鑑』「うべなう」の用例を見てわかるように、『古語大鑑』では漢文訓読系の資料に用例を多数見いだし、それらの例文分析を通して、従来の意味分類が細分化さ

うべな・ふウベナウ【諾】動ハ四「うべ」の動詞化。「なふ」は接尾語。「むべなふ」とも。また「うべなむ」とも。❶みずからの非を認めて服従する。承服する。服罪する。「百済国、辰斯王を殺して謝(ウベナヒ)にき(応神紀三年・訓)」のように罪の償いをする意にも用いている。「其の所不服者(=私記乙本「宇倍奈巴(うべなは)」左留波」)唯星の神香香背男耳」(神代紀下)「犯の状灼然(いちしろき)を欺きて罪無しと言して伏弁(ウベナハ)ず」(天武紀一一年・訓)「うへなふ　したる事をうけふす也」(八雲・四)　❷承諾する。「いとかたじけなし。人には見えじとて長はうべなひぬ」(春雨・宮木の塚)

図 6　『角川古語大辞典』(角川書店)「うべなふ」の項目

うべ な・う【諾】―ふ（動・ハ四）（感動詞「諾（うべ）」に接尾語「なふ」の付いた形。「むべなふ」とも表記する）①相手の意向・要求を受け入れる。承諾する。「彼イ然も諾〈ムヘナ〉ヰ已ラは、後に当（に）之を与ふ［当］（再読）（し）（彼然諾已後当与之）〔蘇悉地羯羅経承保点二612〕」。胡人許諾〈ウヘナ〉ヒテ、言〈ワレ〉、師ヲ送（り）テ五烽ヲ過（き）ム可〈ムヘナフ（上上濁上平）〉（胡人許諾言送師過五烽）〔慈恩伝永久点一190〕」。羅漢の曰ク、王、伽藍ヲ建（て）功成（ら）は感応アリナム、王、苟〈ウヘナ〉ヒ（て）其（の）請に従（ひて）僧（の）伽藍ヲ建（つ）（羅漢曰王建伽藍功成感応王苟従其請建僧伽藍）〔西域記建保点一二311〕」。定（め）て知（り）ヌ、心に肯〈ムヘナ（上上濁上）〉ウ（上）コト在〈ア〉レハコソ、方便とアタカニ強〈アナカチ〉に人を邀〈（さい）キ〉ルラメ（定知心肯在方便強邀人）〔遊仙窟康永点三〇ウ〕」②論・説などに納得して正しいと信じる。「博戯〈ハクキ〉ヲ業〈コフ〉ト為〈シ〉鷹〈ヨフ〉犬ヲ事〈ワサ〉ト為〈ス〉、（略）因果ヲ信〈シン〉セ不〈ス〉罪福ヲ諾〈ウヘナ（〇上濁〇）〉ハ不〈ス〉（博戯為業鷹犬為事（略）不信因果不諾罪福）〔三教指帰久寿点上四ウ〕」③服従する。配下に下る。「一（に）云（はく）、二（の）神遂（に）邪神及（ひ）草木石（の）類を誅（つみな）（ひ）て、皆已（に）平（む）（けぬ）［了］、其（の）［所］不服〈ウヘナ〉ハヌ者（は）唯星（の）神香香背男〈カカセヲ〉（のみ）［耳］（一云二神遂誅邪神及草木石類皆已平了其所不服者唯星神香香背男耳）〔鴨脚本神代紀下嘉禎点一オ〕」④罪を受け入れる。「亦（た）犯の状灼然〈イチシロ〉キ（を）欺（むき）て罪无（しと）言（して）［則］伏辨〈ウヘナ〉ハ不（して）［以］争（ひ）訴（へは）［者］累（ね）て其（の）本の罪に加（へよ）（亦犯状灼然欺言无罪則不伏辨以争訴者累加其本罪）〔北野本天武紀下鎌倉初期点三七ウ〕」⑤謝罪する。「伏（して）願（はくは）、陛下、国命〈オホムヨコト〉を成（し）て朝に入〈マヰ〉（り）て謝罪〈ウヘナ〉ヒマウサムを待（ちたま）へ（伏願陛下待成国命入朝謝罪）〔図書寮本継体紀永治点188〕」。頓首〈ヲカ〉ンテ罪ヲ受〈ウヘナ〉ヒテ尽（く）ニ其（の）地ヲ献（る）（頓首受罪尽献其地）〔兼右本景行紀室町期点二八ウ〕」。是歳、百済の辰斯王、［於］貴〈カシコ〉キ国〈クニ〉ノ天皇〈スメラミコト〉ノミタメニ失礼〈イヤ〉ナシ、（略）是ニ由（り）テ百済国、辰斯王ヲ殺（し）テ［以］謝〈ウヘナ〉ヒキ［之］（是歳百済辰斯王失礼於貴国天皇（略）由是百済国殺辰斯王以謝之）〔兼右本応神紀室町期点三ウ〕」【補説】漢文訓読に用いた語。平安時代初期まで用いた形に「ウベナム」があり、又、子音交替形の「ウメナフ」も認められる。→うべなむ・うめなう

図7　『古語大鑑』（東京大学出版会）「うべなう」の項目

れたことによるためであろう。このように、『古語大鑑』は従来の古語辞典では採例の少なかった漢文訓読系の資料からふんだんに用例を採取することで、実際の使用に基づき、意味分類を細分化することが出来ている。

また、『古語大鑑』では漢文訓読系の資料に多くあたることで、従来の和文体資料から採例された語とは異なる文体位相の語を採取している。それらを補説に見るように「漢文訓読に用いた語」と区別できるようになっているのも『古語大鑑』の成果であろう。

2.5　時代別の古語辞典

以上は時代を区切った古語辞典ではなかったが、次に掲げるのは時代をかぎって語を掲載した時代別の古語辞典である。

a　上代語辞典編修委員会編『時代別国語大辞典　上代編』三省堂 1967

b　室町時代語辞典編修委員会編『時代別国語大辞典　室町時代編』(全 5 巻) 三省堂 1985–2001

c　前田勇編『近世上方語辞典』東京堂出版 1964

d　前田勇編『江戸語大辞典』講談社 1974(新装版 2003、講談社学術文庫『江戸語の辞典』1979)

e　大久保忠国・木下和子編『江戸語辞典』東京堂出版 1991(新装普及版 2014)

a の『時代別国語大辞典　上代編』(8,500 項目、20,000 語を収録)では『古事記』『日本書紀』『万葉集』『風土記』『古語拾遺』『日本霊異記』『大般若経音義』、宣命・祝詞、仏足石歌、金石文、正倉院文書などの資料から、万葉仮名で記された上代語の和語を網羅的に収録している。辞書の見出し語掲載について他の古語辞典と比較すると、上代語に特有の上代特殊仮名遣いに関する配慮がなされていることがわかる。たとえば図 8「きのふ」の項目のように、上代特殊仮名遣いが関係する仮名で、甲乙の別が認められるものについては、仮名の右左にそれぞれ傍線を付し分けている。「きのふ」においては、甲類の仮名とされる「き」には右傍に、乙類の仮名とされる「の」には左傍に傍線が付される。

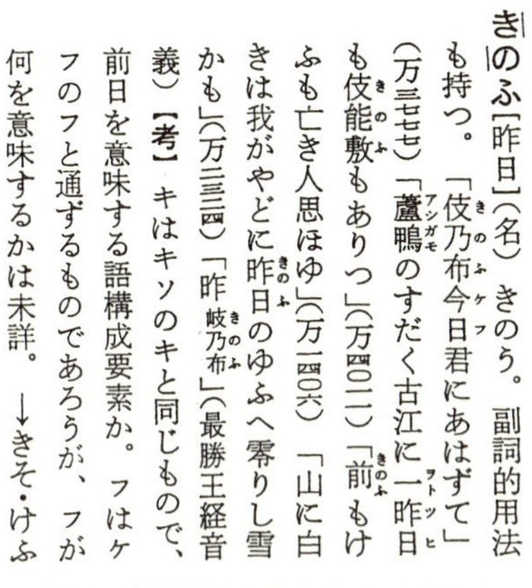
きのふ【昨日】(名) きのう。副詞的用法も持つ。「伎乃布今日君にあはずて」(万三七七七)「蘆鴨のすだく古江に一昨日も伎能敷もありつ」(万四〇一一)「前もけふも亡き人思ほゆ」(万一四〇六)「山に白きは我がやどに昨日のゆふへ零りし雪かも」(万三三四)「昨岐乃布」(最勝王経音義)【考】キはキソのキと同じもので、前日を意味する語構成要素か。フはケフのフと通ずるものであろうが、フが何を意味するかは未詳。→きそ・けふ

図 8　『時代別国語大辞典　上代編』(三省堂)「きのふ」の項目

bとして掲げた『時代別国語大辞典　室町時代編』(各冊 10,000 〜 20,000 語を収録)では「室町時代語に関して、その実態を解明する」としている。この時代は、西洋人によって日本語が研究され、『日葡辞書』、『羅葡日対訳辞書』、ロドリゲスの大小日本文典などの語学書をはじめとしたキリシタン文献と呼ばれる資料群が残された。それらによって本辞典では語形や語義の確定が行われている。また、学芸が上層階級から庶民層へ広がりをみせていったことから、『甲陽軍鑑』『三河物語』といった通俗的な文語文や、当時の口語の状況が反映された抄物や狂言の台本も残されたが、それらのことばを収載している。また、謡曲・幸若舞といった芸能、礼法・茶の湯・医術といった生活と結びついた資料も残されている。それらに目配りし、語を収録している。また、女房詞・仏教語など位相にも配慮している。

　江戸時代はその前期と後期で言語資料が大きく異なる。前期は上方(京都、大坂を中心とする畿内)の資料が主であり、その上方語に関する辞典がcである。『近世上方語辞典』では「近世上方の浮世草子・浄瑠璃本・歌舞伎脚本・噺の本・洒落本・滑稽本・心学書・その他の諸書・一枚摺りの類」といった、「京阪市民の日常語と思われるもの」に焦点をあてている。

　江戸時代の後半ともなると、上方から東の江戸へと文化の中心が移り、それとともに江戸語の資料が多くなり、江戸語の様相がわかってくる。その江戸語の辞典がdとeである。dには講談社学術文庫版、eには新装普及版があり、いずれも携帯できる小型の大きさである。eの収録語については「洒落本、黄表紙、滑稽本、人情本、川柳、江戸歌舞伎脚本等」を中心としており、cの『近世上方語辞典』同様、やはり口語的、俗語的な日常語が多く収録されている。

　時代別の古語辞典はその時代に見られない語は掲載されていないことになるが、その分、その語がどのような資料に見られるか、どのような階層、職業の人々によって使われたのか、使用における性差の有無はどうか、等の情報が詳しく解説されている。その時代の語の研究だけではなく、通史的研究を進める際には是非参照したい。

3. 電子的な辞書（CD-ROM 版、オンライン版）

　近年の情報技術の発展に伴い、前節までにあげた紙媒体の辞書の一部は、電子化され、検索にかかる時間の短縮や、その後の情報処理の簡便さなどの点において、便利に利用されつつある（第 11 章参照）。

3.1 『角川古語大辞典』CD-ROM 版

　『角川古語大辞典』については、CD-ROM 版として角川学芸出版から販売されている。価格は高価であるが、検索の際、歴史的仮名遣い・現代仮名遣いのいずれからでも検索が可能であり、仮名遣いの知識が浅い場合でも手軽に検索できるようになっている。検索の種類としては、一般の辞書と同様の見出し語五十音別のほか、見出し語入力検索（仮名・漢字）、品詞別、出典別用例検索、語釈本文語彙検索（語彙検索では、分類語・位相語の検索も可能）が用意されている。また、検索結果を複数同時に表示することが可能であり、それらの画面を比較して閲覧することが出来る。

　さらに、『角川古語大辞典』CD-ROM 版には「あいまい検索」という検索機能がある。検索条件が完全一致しないような場合や、調べようとする語の周辺的な語を拾い上げたい場合に活用出来る。

3.2 オンライン版

　『日本国語大辞典』、『角川古語大辞典』についてはオンライン版が配信・提供されている。

　『日本国語大辞典』は、第二版の内容が「日国オンライン」の名で辞書サイト「JapanKnowledge」のコンテンツの一つとして 2003 年から配信・提供されている。同じく『角川古語大辞典』も「ジャパンナレッジ版角川古語大辞典」として 2018 年から公開されるようになった。「日国オンライン」、「ジャパンナレッジ版角川古語大辞典」ともに、利用するには有料となる。だが、個人契約の他、法人契約も可能となっているので、まずは利用者の所属する機関（学校図書館、研究室等）が契約しているか確認をお勧めする。

「日国オンライン」での詳細(個別)検索の方法は、辞書内の検索範囲として見出し・全文の他、用例(本文、出典情報)・方言(全体、異形含む見出し)・語誌・語源説など範囲を限定した検索が可能である。また、調べようとする語が検索結果語に含まれている条件として、完全・前方・後方・部分一致を指定できる。さらに、検索者にとって必要な情報のみに絞り込むため、項目種別や品詞、

図9 「日国オンライン」「かえる-また」の図版

ジャンル、図版の有無などもあらかじめ指定してから検索をかけることが可能となっている。

たとえば、検索語に「かえる」を入れ、検索範囲を「見出し」とし、条件を「前方一致」とする。すると、図版を含む「かえる-また」という語が検出される。この検索結果を web からコピーし、Word 文書画面へ貼り付けた場合、以下のように出典が検索日とともに自動的に付記されるのも、調査後の整理に有効である。

(11) "かえる‐また［かへる：］【蛙股・蟇股】",
 日本国語大辞典, JapanKnowledge, http://japanknowledge.com, (検索年月日)

「ジャパンナレッジ版角川古語大辞典」は先に発売された CD-ROM 版のデータを利用しており検索方法もほぼ同様であるが、詳細検索の機能がさらに充実した。

詳細検索の範囲の指定では、「歴史仮名＋現代仮名」に加えて、「歴史的仮名遣いのみ」を指定することができる。また、用例文や出典情報に範囲を絞ることもでき、目的とする語が含まれている用例を探したり、出典を限定したりして調べられるようにもなっている。

また、「項目種別」(親見出し／子見出し)、「品詞」、「分類」(固有名詞／動

物名／俳句季語／字音／能・狂言・芸能／位相語)、「図版」(図版がある項目)といった4つのファセットを使って、特定の項目の取出し、検索結果の絞り込みが可能である。

4. 漢和辞典を利用する

　日本語の歴史を明らかにするにあたって、漢和辞典を利用するのがよい場合がある。漢字・漢語(漢字音読みの語)の歴史を調べる場合である。本節では世界最大の漢和辞典とされる諸橋轍次著『大漢和辞典』(大修館書店)を取り上げる。『大漢和辞典』は親字(見出し漢字)として約5万字を収載する漢和辞典で、初版では全12巻に索引巻を合せた13巻本として刊行された。修訂版ではさらに語彙索引・補巻が付属し、全15巻となった。辞書全体の漢字排列は部首順となっている。

　漢字を部首で検索する場合は、まず各巻見返し(版によっては第1巻のみ)にある部首索引を参照し、目的の漢字を掲載している巻が何巻かを調べる。調べようとする漢字が掲載されている巻の冒頭の「総文字」(部首順による検字)を見て、当該漢字の部首以外の画数を調べ、それをもって当該字を探し、目的のページへとたどり着く。

　総画数・字音(音読み)・字訓(訓読み)から検索する場合は、索引巻を利用する。総画数索引では、本辞典に掲載している漢字を総画数1画から64画までに分けて挙げ、巻、ページを添えて示す。字音・字訓索引では、読みの項目は現代仮名遣いとなっているため、現代仮名遣いに慣れている者にとって検索しやすい。ただし、字音索引では漢字の下部に歴史的仮名遣いで当該漢字の読みが記されているし(図10)、字訓索引では、項目の仮名の右側に歴史的仮名遣いでの表記がなされている(図11)。

　『大漢和辞典』では、見出しの文字(「親字」)は中国清代の『康熙字典』に依った字体で立てられている(現代日本ではいわゆる「正字」とされている)。ついで、そこに文字・熟語の解説が示される。なお、現行通行字体と「正字」の字体が異なる場合に注意する。たとえば、図12の「學」は現行

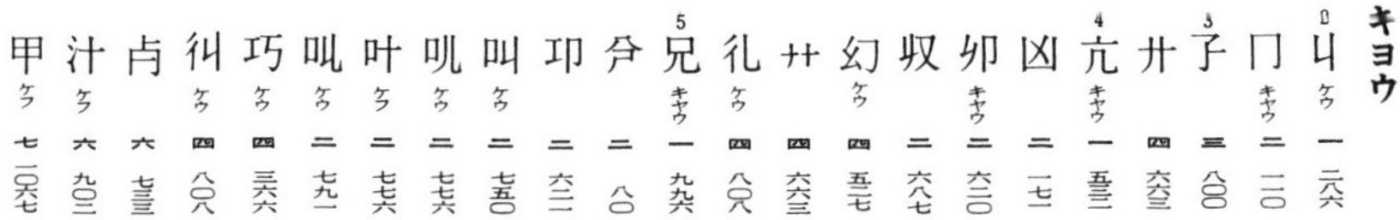

図10　字音索引の漢字の下部に付される歴史的仮名遣いの読み

図11　字訓索引の項目語の右側に付される歴史的仮名遣いの読み

図12　『大漢和辞典』「學」の項目（一部）

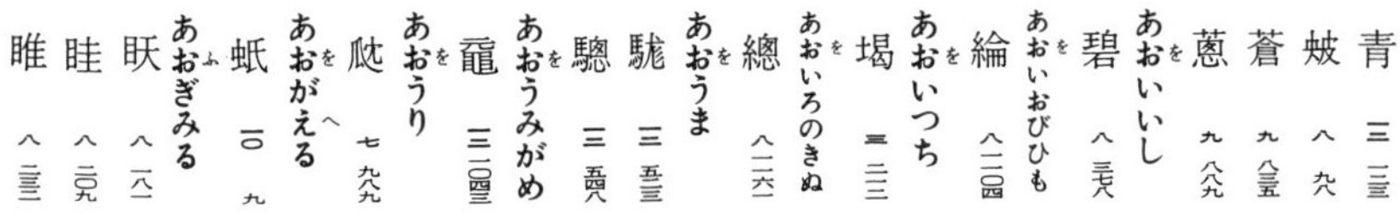

通用字体として用いられる場合は「学」の表記とするが、『大漢和辞典』では図13に挙げるように略字とされ、解説は記載されない。同様に、図14「斈」は「學」の俗字とされ、やはり解説の記載が続かない。このように「正字」ではない異体字は空見出しとなっている。

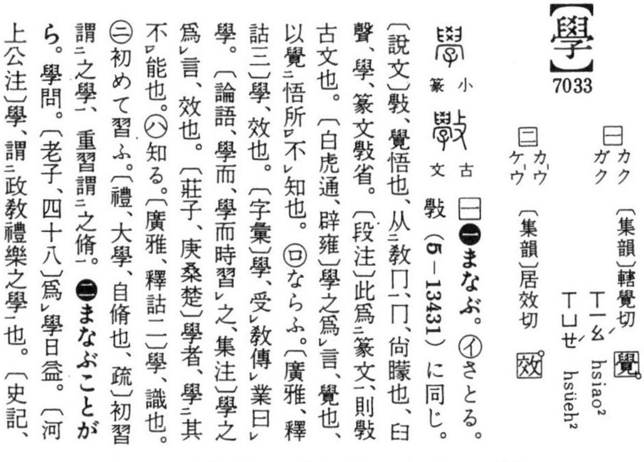

　見出し漢字について、意味・発音が大きく異なる場合には、漢字の下に㊀、㊁と区分される。その下に発音（音読み、漢字音）が記される。発音の読み仮名は歴史的仮名遣いでカタカナ表記となっている。図15に「外」字の例を挙げる。図15に見るように、左右に読みが掲げられている場合があ

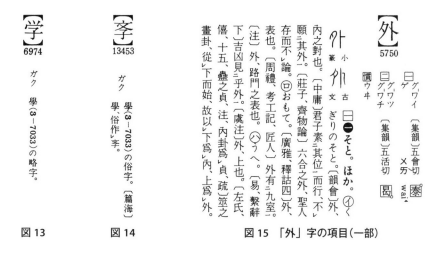

図13　図14　図15 「外」字の項目（一部）

る。その場合、右側に漢音（奈良時代から平安時代にかけて、遣唐使・留学僧・音博士（渡来人）などによって導入された唐の首都長安の標準音）が記され、左側に呉音（漢音以前に日本に伝えられた字音。5・6世紀頃に、揚子江下流域（呉の地方）の中国南方字音が、朝鮮半島を通じ、主に仏教経典の読誦音として伝来した音）が記される。図15の「外」字において、⊖の意味を表す場合、漢音では「グワイ」、呉音では「ゲ」と読むということである。漢字によっては慣用音、唐音（中古中期以降近世以前（宋代から元明清代）にかけて日本へ渡来してきた中国南方呉地方音。宋音、明音、華音とも呼ばれる）があることもある。図15「外」字では「ウキ」が慣用音として示されている。

　さらにその下に漢字の反切・四声（第7章参照）が示される。

　また、古い字形を載せる『説文解字』をはじめとした中国の古い辞書などを資料として、この漢字の古い形があげられることもある。図15では「小篆」（秦の公式書体）および「古文」（小篆より以前に使用されていた書体）といった篆文（篆書体）を掲載し、この漢字の沿革を示している。

　字義の解説は、主となる意味を太字で示しておき、詳細な意味は通常の字体を用いて説明している。図16「仕」字の項目では、「❶つかへる」からさ

【仕】368 〔集韻〕上史切。紙　シ　ジ　ㄕˋ shih4

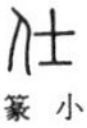
小篆

❶つかへる。㋑官途に就く。つかへ。仕宦。事（1－241）に通ず。〔正字通〕仕、宦也、云云、與㆑事通。〔禮、曲禮上〕四十曰㆑強、而仕。〔禮、禮運〕仕㆓于公㆒曰㆑臣、仕㆓于家㆒曰㆑僕。〔公羊、宣、元〕退而致㆑仕。〔論語、公冶長〕子使㆓漆雕開仕㆒。〔文中子、事君〕子曰、古之従仕者養㆑人、今之従仕者養㆑己。㋺しごととする。〔詩、小雅、四月〕盡瘁以仕。〔箋〕仕、事也。〔詩、大雅、文王有聲〕武王豈不㆑仕。〔傳〕仕、事。❷**まなぶ。あきらかにする。**〔説文〕仕、學也、从㆑人士聲。〔詩、小雅、節南山〕弗㆑問弗㆑仕、勿㆑罔㆓君子㆒。〔箋〕仕、察也。❸**姓。**〔萬姓統譜〕仕、見㆓姓苑㆒、仕鳳昌黎人、正統中、山東陽信縣主簿。邦**つかまつる。**なす・いたすの敬語。

図16　「仕」字の字義解説

らに「㋑官途に就く。つかへ。仕宦。」、「㋺しごととする。」といったように、比較的広い意味から狭い意味へと説明を進めていく。図16の字義説明において邦として記載されるのは邦語・国訓で、本来の漢語にはない字義・読みである。

見出し字の説明の後には、見出し字を1字目にもつ漢語語彙の説明が続く。『大漢和辞典』における語彙の排列は、次の様になっている。漢字の意味の説明後に、見出し字を1字目にもつ漢語の熟語を、まず2字漢語から挙げ、3字、4字と字数が多い語へと続ける。同じ字数内では排列は五十音順となっている。『大漢和辞典』掲載の漢語について、用例がない(図17)語や、あるいは出典として日本の作品しか挙げていない語(図18)は、和製漢語の可能性がある。そのため、「四庫全書」といった漢籍叢書、『佩文韻府』『漢語大字典』『漢語大詞典』『字海』『字源』といった中国辞書に当たるなどし、調査をおこなってみる必要がある。

【學年】183 ガクネン　學校で便宜上一年毎に區分した各修業期間。

図17

【學窓】85 ガクサウ　學問を修める處。學びのまど。學校。〔保元物語、一〕信西を師として、靜かに學窓に籠りて。

図18

いずれにしても、辞書を利用する場合は「凡例」を

よく読んで、辞書の編纂方針や解説項目の説明のしかたを知り、自在に使いこなせるようにすることが大切である。

　そして、辞書の内容を鵜呑みにするのではなく、自身でも追調査をおこなうなど、その都度よく検討しながら用いるということが肝要となろう。

参考文献
青葉ことばの会編(1998)『日本語研究法【古代語編】』おうふう
沖森卓也・倉島節尚・加藤知己・牧野武則(1996)『日本辞書辞典』おうふう
勝田耕起(2014)『国語辞典女子　今日から始める日本語研究』フェリス女学院大学
鎌田正(2001)『大漢和辞典と我が九十年』大修館書店
紀田順一郎(1994)『日本語大博物館　悪魔の文字と闘った人々』ジャストシステム
工藤力男(2001)「辞書編纂における研究者の責任」『国語学』52-1
倉島長正(1997)『「国語」と「国語辞典」の時代(下)―『日国』物語―』小学館
徳川宗賢(1981)『日本語の世界8　言葉・西と東』中央公論社
松井栄一(2002)『出逢った日本語・50万語　辞書作り三代の軌跡』小学館(ちくま文庫 2013)
松井栄一(2005)『国語辞書はこうして作る　理想の辞書をめざして』港の人

第 9 章
参考文献を探す

　日本語学や日本語史研究は、ことばを対象とした学問であり、身近な生活や普段読む本の中にも、研究テーマのヒントが潜んでいる。常日頃から身近なことばに着目して生活することが大切であろう。ふとした疑問からことばへの興味・関心が膨らむことが、日本語学や日本語史研究の面白さでもある。
　しかし、だからといって、自らが抱いた疑問点を整理し、そこから何が問題なのか、どのようなことを明らかにすべきかといった研究テーマを導き出すことは、すぐにできることではない。手順を追いながら、時間をかけてじっくりと取り組むべきである。また、研究とは、自分独自の視点に加え、それを解明する研究方法を見いだすと同時に、このような自分の考えを第三者に納得させる客観的論拠を示すものである。そのため、ことばの研究には言語調査が不可欠だが、その方法は研究テーマごとに異なっており、どのように調査すればよいのか、初めはやり方がわからないであろう。
　そこで、自らの疑問を研究として昇華させ、その疑問の答えを客観的かつ具体的に示す方法を学ぶために必要となってくることが、先行する研究を参照することである。このような先行研究を、以下「参考文献」と呼ぶ。
　本章では、研究をする際に参考文献を探す意味とその方法について、概説する。

1. 参考文献を探す意味

1.1 自分の疑問が研究テーマとなり得るかを確認するために

　研究とは、一言でいえば、ある疑問を提示し、その疑問を解決するためのプロセスと疑問の答えを示すものである。その中において重要なことは、一つには、その研究が新たな知見を伴っているか否かという点にある。いくら素晴らしい疑問であっても、すでに同じ疑問を持った人が存在し、その疑問の解決案が提出されていたならば、どうであろうか。結果が明確に示され、すでにはっきりとわかっている疑問であれば、再度その研究を行う必要性はきわめて低いだろう。

　そのため、研究に取り組むにあたって、まずは自分が興味・関心を抱いた内容やその類することについて、すでに同様の研究が行われているかどうかを確認する作業が必須である。研究とは新たな知見を求めるものであるため、これまで知られていなかったことを少しでもよいので付け加えなければならない。

　ただし、先行する研究があるからといって、そこですぐさま研究をあきらめる必要はない。なぜなら、「すでにはっきりとわかっている」ということは微妙なことで、「すでにはっきりとわかっている」ように思えても、実はそうでもないということはよくあるからである。何をもって解決済みとするのかということは難しい問題であり、自分の疑問と同じ疑問がすでに提示されているからといって、その疑問が十分解決に至っているとは限らない。

　そこで、先行研究が見つかった場合には、まずはそれらをじっくりと読み、これまでにどのようなことが明らかにされてきたのか、その研究がどこまで進んでいるのかなど、研究の進捗状況を自己の視点と比較しながら検討する必要がある。自分の研究テーマに類するものを研究論文や専門書などの中から網羅的に集め、その内容をしっかりと吟味することが重要である。

　また、その際特に注意すべきことは、疑問の答えとそれを導くまでの論拠の妥当性を検証することである。研究の成果は、書き手の主張に基づくものであるため、必ずしも「正しい」ことが述べられているとは限らない。書か

れている内容について、疑問点を掘り起こしながら批判的に読む必要がある。また、一部の研究については、学会の機関誌の展望号（後述、**2.2** 参照）で触れられている場合や専門書であれば書評などが存在する場合もあり、このようなものを頼りに、その研究に対する評価について確認しておくことも重要であろう。研究とは、これまでに蓄積された多くの先学の上に積み重ねていくものであるといえる。

　その結果、先行する論に新たに付け加える点をまったく見いだせなければ、別のテーマを考えるしかない。しかし、複数の先行する論が存在したとしても、例えば、いくつかの異なる結論がだされている場合には、「すでにはっきりとわかっている」とはいえないだろう。いずれの結論もすべて正しいということはないと思われるから、検討する余地はある。また、自分の結論が先行する論と近いものになったとしても、論証の手続きが異なっているようであれば、研究をすすめる意義がないわけではない。より客観性のある論証手続きを提示することも、研究の一つの成果である。ただ、結果も同じ、手続きも同じということでは問題があるので、そのような場合には再度研究内容を検討することが必要になってくる。手続きを変える、あるいはもっと丁寧に分析するなどの対処策が見つかれば、そのテーマで再び調べてみる価値はある。

1.2　自分の研究テーマをより明確にするために

　前節のように、先行研究の有無とその研究状況を検討し、自分が漠然と抱いた疑問や違和感が研究に値する素材（テーマ）であることを確認した後は、その素材をさらに研究テーマとして形づくる必要がある。

　そもそも研究をするにあたって、自分の行いたい研究内容がきわめて明確であるということは、そう多くはないであろう。研究の切り口は、興味・関心のあり方や問題意識の数だけ広げることができ、それだけに多くの選択肢の中から、自分の目的にそって研究テーマを絞っていく必要がある。また、**1.1** で述べたように、先行する論との重複を避けることに加え、自分の論の独創的な点を見定めるうえでも、興味・関心を抱いたテーマがどこまで明ら

表1　論文作成の過程(門脇俊介 1994)

序盤戦	漠然とした問題設定 ↓ 関連資料を集める ⇅　　　⇅ 資料に目を通す⇄文献リストを作る ↓ ある程度絞られた論文題名を決める
中盤戦	題名にそって資料を検討する ↓ 先行研究の整理をする ↓ 自分が新たに貢献しうることは何かを検討する ↓ 論文題名をさらに絞る ↓ 資料の検討⇄自説の模索⇄必要に応じて題名の修正
終盤戦	草稿執筆 ↓ 草稿の検討 (ひとに見てもらったり、草稿をもとに発表したりする) ↓ 完成稿執筆

かになっているのか、その研究状況を整理しなければならない。

　そこで利用するものが、参考文献である。一般的に、論文の作成過程では、参考文献を何度も検討しながらテーマを決定していくことが必要だと考えられている(表1、門脇俊介1994)。

　表1は、論文の作成過程を三段階で整理したものである。「序盤戦」では、まずは「漠然とした問題設定」であったものが、「関連資料を集める」ことによって「ある程度絞られた論文題名を決める」ことができるとされている。さらに「中盤戦」では、「先行研究の整理をする」ことによって「自分が新たに貢献しうることは何かを検討する」(自分がどのような知見を付け加えられるかを検討する)ことができ、「論文題名をさらに絞る」ことができるとある。

この表1からもわかるように、先行研究を整理することで、これまでの論点の整理やその妥当性を検討し、疑問を明らかにするために必要な視点の構築と研究テーマ焦点化が可能になる。その結果、自分の研究テーマを推敲しながら形づくり、新たな知見を生み出すことができるのである。

1.3 疑問を解決するための研究方法や論証方法を学ぶために

また、自分の疑問が研究をするに値する、つまり何らかの新しさをもつ素材であることを確認し、その研究テーマを明確にすること以外にも、参考文献を探す他の理由として、これまでに明らかにされてきたことがどのような方法で解明されてきたのか、その手続きを知るということがあげられる。

研究における重要なことの二点目は、その研究成果が自分自身の判断によってのみ導き出されたものであるわけではなく、多くの人々が納得する客観的根拠を伴って示されているということである。したがって、どのようにして疑問を解決するのかということが重要であり、その疑問を解決するための視点や手順、それにもとづいた調査方法のあり方、調査結果の分析・論証方法など、研究をするにあたっては学ばなければならないことが多々でてくる。参考文献は、この点でも研究の手引きとなる。

具体的には、多くの参考文献から、Ⓐ先行研究やこれまでの議論の過程などの紹介・整理方法、Ⓑ疑問を解決するための思考方法(Ⓐを踏まえたうえでの論点の整理の仕方、そこから現在残されている課題を導く方法)、Ⓒ疑問を解決するための調査方法(調査対象とすべき資料の選定方法、客観的根拠となるデータの収集方法)、Ⓓ疑問を解決するための分析や論証方法(資料やデータの分析方法、調査結果を論証するための視点)などを知ることができる。特に、概説書などで紹介されている、ある分野を代表する著名な研究からは、たとえ自分の研究テーマに直結するものでなくても学ぶことは多い。

この従来の研究方法に学ぶという点でいえば、例えば田中牧郎は、これまでの議論に触れたうえで、語の意味研究の方法を提案している(田中牧郎2000)。具体的には、田中は、万葉集のカナシの意味を分析するにあたって、特に重要な研究として、阪倉篤義と細川英雄を取り上げている(阪倉篤

義 1978a,b、細川英雄 1992)。阪倉は、解釈的方法によって、万葉集のカナシは「悲哀の情」と「愛情」の二つの意味に分かれることを明らかにした。一方、細川は、阪倉の解釈を中心とする方法では多義の使い分けは明らかにならないと疑問を呈し、対象語(カナシという感情を向ける対象となる人やものごと。「別れが悲しい」という時の「別れ」)の内容によって多義が使い分けられるという統語的な観点を導入している。この両論を紹介したうえで、田中は、これまでの古典における語の意味研究は、阪倉のような解釈的方法が主流だったが、語の意味の歴史的な研究においては、解釈のみに依存せず作品の変異を超えて通用する記述の枠組みが必要であり、今後は細川が試みたような統語的方法に磨きをかけることが重要であると研究の前提として述べている。つまり、田中は、参考文献で示された解釈的方法と統語的方法を比較したうえで、統語的方法を自分の研究手段に用いており、先行研究を踏まえたうえでの研究方法の提示を行っているといえる。さらには、語の意味やその歴史について統語的方法で研究を進める実践例を示し、解釈的方法と比較してその特徴を述べるということも行っており、先行研究からの発展のあり方も示されているといえよう。

　また、以上に加え、参考文献から研究方法を学ぶにあたっては、Ⓔ論述の技術の習得という点も重要である。研究成果は、第三者が誤解することなく理解できるように記述する必要があり、そのための文章技術も求められる。どのような論理展開にすべきか、全体の構成を検討するうえでも、先行研究は非常に参考になる。

　さらに、Ⓕ調査結果の示し方を学ぶということも大切である。言語調査の結果は、文章だけでは理解しにくい面もあり、図表を使った効果的な示し方をするということが重要であろう。表やグラフ・図などを作成し、視覚的に訴える工夫が求められることが多い。具体的には、以下のような図表などがこれまでに提示されている(以下の表 2–4・図 1 は、大木一夫 2013 による)。論文を作成する際は、このような先学の知恵を参考にしながら、自分の主張にあった示し方ができるように工夫し、読者が理解しやすくなる努力をするべきである(第 12 章参照)。

表2　係り結びの衰退（北原保雄 1982 による）

	成立	こそ	ぞ	なむ
源氏物語	平安中	1880	1687	1814
夜の寝覚	平安後	465	359	103
大鏡	平安後	504	501	91
平治物語	鎌倉	137	267	0
平家物語	鎌倉	1024	1361	0
徒然草	鎌倉末	197	162	10

表3　平安時代の時の移り変わりの表現（峰岸明 1986 による）

	和文体	訓読体	記録体
なる	◎	×	△
いたる(至)	△	○	△
およぶ(及)	×	△	◎

◎…頻出、○…使われる、△…少数みられる、×…用いられない

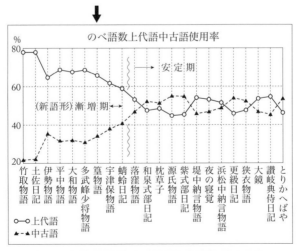

図1　上代形容詞と中古形容詞（安部清哉 1996）

以上のように参考文献を深く読解することで、自分の思考を深め、研究方法や論述方法を知ることができる。そのため、研究を進めるためには、漏れがないようにしっかりと先行研究を探し、原則次の(1)〜(4)の手順を踏む必要がある。

（1）自分の疑問が研究をするに値する、つまり何らかの新しさをもつ素材(テーマ)であるか否かを確認する。
　　　→まず、先行する研究があるかどうかを確認。
　　　→先行する研究があれば、その研究の進捗状況を確認。さらに、結論や論証の手続きなどにおいてまだ検討する余地がある疑問(テーマ)か否かを確認。
（2）どのようなことを明らかにしなければならないのか、先行研究を踏まえたうえで論点を定め、漠然とした自分の研究テーマをより明確・具体的にする。
　　　→従来までの研究を整理し、残された課題の中から自分が付け加えられる

表4　「天気」の変遷（〜室町末）
（小野正弘 1985 による）

時代	文献	天の精気	天皇の様子	空もよう・気候
奈良	武智麻呂家伝			・
平安	性霊集	●		
	宇多天皇御記		・	
	新撰万葉集	・		
	醍醐天皇御記		・	・
	土佐日記			●
	九暦		・	
	小右記		●	・
	本朝文粋	・		●
	後鳥羽天皇綸旨		●	
	本朝無題詩			●
	釈氏往来			・
	十二月往来			・
	貴嶺問答			・
	興福寺牒状			・
鎌倉	平治物語			・
	平家物語			●
	後堀河天皇綸旨		⬤	
	尊性法親王書状		⬤	
	書札礼		⬤	
	十訓抄			・
	正安三年大嘗会		・	
	徒然草			●
室町	異制庭訓往来			・
	太平記			・
	杜詩続翠抄			●
	続翠詩集			●
	東大寺法花堂要録			●
	村菴小稿			●
	島陰集			●
	宜竹残稿			⬤
	蒙求抄			⬤
	中華若木詩抄			⬤
	毛詩抄			⬤
	中興禅林風月集抄			⬤
	玉塵抄			⬤
	詩学大成抄			⬤
	天正日記			⬤
	ラホ日対訳辞書			⬤
江戸	日葡辞書			⬤

・1例、● 2〜4例、⬤ 5例以上

新たな知見とは何かを検討。明らかにすべきことを焦点化。
（３）　明らかにすべき疑問を解決するためにどのような手段を用いるべきか、参考文献に示された思考方法や分析方法などを踏まえて自分の研究テーマを確立させ、調査・分析・論証方法を検討する。
　　　→先行研究の流れをつかんだうえで、新たな知見を加えられる点を考慮し、調査対象とすべき資料やデータの収集方法を選定。
　　　→疑問を解決するための視点を定め、資料やデータの分析方法・調査結果の論証方法を決定。
（４）　調査した結果とそこから生じた自分の主張（結論）をわかりやすく読者に提示するための論述の仕方と方法を工夫する。
　　　→自分の主張（先行研究と異なる点は何か）を明確に示すためにどのような論理展開にすべきか、全体の構成を検討。
　　　→参考文献を参照し、調査結果を表やグラフ・図に作成するなど、視覚的に訴える方法を検討。

2.　参考文献を探す方法

　ところで、参考文献は大きく二種類に分けられる。一つは学術論文であり、多くの場合、学会や研究会が発行する「学術雑誌」、あるいは大学が発行する「研究紀要」、研究機関などが発行する「報告書」に掲載される。専門的な研究成果は、まずこのような雑誌や研究紀要に発表されることが多い。もう一つは専門の研究書（専門書）であり、これは主に単行書として刊行される。この二種類の参考文献には、印刷物だけではなく、CD-ROMやウェブ上の資料も含まれる。
　では、このような参考文献を利用するためには、具体的にどのようにすればよいのであろうか。参考文献を探すには、まず、ⓐ自分の研究テーマに関して、どのような学術論文や専門書があるのか、文献をリストアップする必要がある。次に、ⓑリストアップした文献がどこの図書館にあるのかを検索し、その結果をもとに、ⓒ文献を入手することになる。以下、**2.** ではこの

ⓐ文献のリストアップについて述べ、**3.** ではⓑ図書館検索、ⓒ文献入手について述べる。もちろん、文献を借りるのではなく購入するという方法もあり、これは **3.3** で述べる。

　ⓐ文献のリストアップで重要なことは、漏れのない検索を行うということである。**1.1** で述べたが、いくらよい着眼点であっても、その答えがすでに明確に示されている場合は、研究をする意義はきわめて希薄である。後から必読の書が見つかるということがないようにしなければならない。

　そのためのリストアップにはいくつかの方法があるが、一つは、図書館の書架や書店で図書や雑誌の題名を眺め、気になるものがあれば、その目次や前書きなどを拾い読みする、ブラウジング browsing と呼ばれる方法である。図書館などでは、資料はテーマ（主題）別に配列されているので、目的とする分野、あるいは関連する分野の書架に行き、実際に自分の目で見ながら必要な文献を探すということも有効な方法である。特に、自分の大学の図書館にどのような蔵書があるのかということは知っておく必要があり、予想外の参考文献が見つかる利点もあるため、定期的に行うことが望ましい。しかし、これは図書館の規模に左右される方法であるうえ、研究を始めたばかりであれば効率よく探すことが難しい一面もある。

　そのため、他の方法も併用することになるが、参考文献を網羅的に探す代表的な方法は、ウェブ上のデータベースや冊子体の文献目録（レファレンス資料）を用いる方法である。膨大な資料の中から必要とする文献を的確に探すためには、それらの種類や使い方といった知識・技能を十分に習得しなければならない（以下、本章の情報と検索日は 2019 年 4 月 1 日現在）。

2.1　ウェブ上のデータベース

　参考文献を探すための現在の主流の方法は、ウェブ上のデータベースを利用した文献検索である（以下、各ウェブサイトの URL は章末の一覧参照）。データベースを用いることで、目的とする研究テーマに関して、キーワードなどから検索することができ、どのような論文があるのかということと、その論文の書誌情報（論文名、著者名・編者名、掲載雑誌名・書名、掲載巻・

号、ページ、出版社・出版者、発行(出版)年、抄録など)を調べることができる。

　日本語学・日本語史研究の文献を検索するための代表的なウェブ上のデータベースとしては、国立国語研究所の「日本語研究・日本語教育文献データベース」があげられる。これは、次節で述べる国立国語研究所編『国語年鑑』や『日本語教育年鑑』という冊子体の文献目録などを引き継いでいる。1950年以降発行の学術雑誌・研究紀要などに掲載された論文と論文集などの単行書に掲載された個々の論文や単行書について、論文著者名、論文名、図書編著者名のほか、誌名・書名、発行、発行年、キーワード・章タイトル、分野などで詳細検索できるようになっている。具体的には、「日本語研究・日本語教育文献データベース」の簡易検索画面と「感情形容詞」をキーワードとした検索結果の一部を示すと、次ページの図2・図3になる。

　また、国文学研究資料館がホームページ上で公開している「国文学論文目録データベース」も有用である。これは総合目録データベースであり、1888年以降発行の学術雑誌・研究紀要・単行書(論文集)などに収められた日本文学・日本語教育関係の論文に加え、日本語学・日本語史研究関係の論文も検索できる。「平安文学」や「国語」などの「時代分類」や「文法」などの「分野」等の条件を指定して検索できるという特徴もある。

　その他のウェブ上のデータベースとしては、国立国会図書館(3.1で触れる)の「国立国会図書館オンライン」がある。日本国内で発行されたすべての出版物は、国立国会図書館に納入することが義務づけられている。そのため、このデータベースでは、日本国内刊行の専門書や一般書、あるいは学術雑誌・研究紀要・専門誌・一般誌などの論文、さらには博士論文といった多様な書籍や論文を網羅的に調べることができる利点がある。しかし、該当件数が多い場合は最大10,000件までしか表示されないので、件名(その図書が扱っているテーマ)や出版年などによって絞り込み検索をする必要がある。

　また、国立情報学研究所の「CiNii Articles」などもある。「CiNii Articles」は、先の国立国会図書館が提供し、「国立国会図書館オンライン」の検索対象でもある「雑誌記事索引」のデータに加え、学協会刊行物や各大学

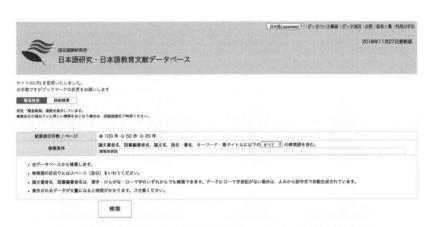

図2 「日本語研究・日本語教育文献データベース」の簡易検索画面

図3 「日本語研究・日本語教育文献データベース」の検索結果画面

が発行する研究紀要などの学術論文情報を検索することができる非常に網羅的なデータベースである。その特徴として、検索した論文の書誌情報を得るだけではなく、一部の学協会刊行物と研究紀要については、その本文を読むことができる。また、本文が取得できるものに絞って検索することも可能である(論文の電子版については、3.1で触れる)。さらに、検索した論文によっては、参考文献と被引用文献が表示され、引用関係をたどることもできる。

ただし、以上のようなデータベースを使用しても上手に論文が検索できない場合もある。具体的には、一つは探しているテーマ以外の論文が多く見つ

かる場合である。この時は、自分の疑問(テーマ)に関する事項について、百科事典や専門事典、入門書などを引き、検索するキーワードの数を増やしたり、より専門的・限定的なキーワードに変えて検索するとよい。

特に、「CiNii Articles」は幅広いジャンルの論文を網羅している分、他分野の論文など、自分が必要としていないものまでも検索してしまう。例えば、「悲しい」や「嬉しい」などの感情を表す語に関する論文を検索したいと考えたとする。その際、「CiNii Articles」でただ「感情」のみで検索すると約23,700件以上の論文がヒットし、医学や心理学・哲学などのさまざまな分野の論文が該当してしまう。そこで、「感情」に加え、「形容詞」というキーワードを追加すると、約210件に絞られる。

逆にあまり論文が見つからない場合は、少し意味の広いことばをキーワードとして使う、あるいはキーワードの数を減らすなどの工夫が必要である。また、著者によって使用する用語が異なる場合がある。そのようなことばを検索語とする場合は、使用される可能性のあることばを収集し、用語を類似するものに変更したり、関連語で再検索するなどのことを行うとよい。例えば、時間性を伴った助動詞に関する論文を検索したいと思い、「CiNii Articles」で「時の助動詞」で検索すると15件しか見つからない。一方、「アスペクト」「助動詞」の二語で再検索すると49件見つかる。漏れのない検索を行うためには、さまざまな角度からキーワードの数や内容などを工夫し、何度も検索することが重要であり、それがデータベースで上手に文献検索をする秘訣である。

また、テーマに合った論文が検索できたら、その結果を一覧表にまとめるなどの方法で整理し、分析することが重要である。そうすることで、そのテーマにおける研究の流れを見ることができる。さらに、以下の(5)のこともわかる。

(5) a　そのテーマで頻繁に論文を書いている著者
　　 b　そのテーマの論文が頻繁に載っている雑誌
　　 c　そのテーマの論文の題名やキーワードに頻繁に出てくることば

(5)の著者名や雑誌名、新しく見つけたことばなどを手がかりにして、より広く論文を探し、それまでは見逃していた論文を新たに見つけることが重要である。

2.2 各種文献目録

次に、冊子体の文献目録(レファレンス資料)について述べる。文献目録とは、「事典」や「年鑑」「目録」「索引」など、ある特定分野の情報を調べるために利用可能な資料のことであり、最初から最後まで通読する必要はなく、必要な項目だけを参照すればよいものである。

日本語学における冊子体の文献目録としては、かつて国立国語研究所編(1954–2009)『国語年鑑』(秀英出版・大日本図書)があった(隣接分野のものとして、国文学研究資料館編(1979–2007)『国文学年鑑』(至文堂)や、国立国語研究所編(2000–2008)『日本語教育年鑑』(くろしお出版)もあった)。この『国語年鑑』は、国語に関する研究情報を集めたものであり、毎年刊行され、前年の1月から12月に発行された単行書や雑誌論文の書誌情報などが、「国語史」や「語彙・用語」などの分野別に掲載されている。各年の論文題目を通覧すれば、どの分野でどのような研究が行われているかといった概略をつかむことができる。さらに、研究者のリストや著編者名による索引も付いており、1954年版〜2008年版が刊行されている。なお、2003年版から2008年版にはCD-ROMも付いている。また、2009年版は電子版のみが刊行され、国立国語研究所のウェブサイトでPDF公開されている。現在は、前節で触れた国立国語研究所のウェブデータベース「日本語研究・日本語教育文献データベース」がこれを後継している。

他の文献目録としては、時代がやや古くなるが、国語学会・国立国語研究所編(1996)『国語学研究文献索引(国語史篇)』(秀英出版)や佐藤喜代治編(1983)『講座日本語の語彙別巻・語彙研究文献語別目録』(明治書院)、佐藤喜代治他編(1996)『漢字百科大事典』(明治書院)などがある。

『国語学研究文献索引(国語史篇)』は、『国語年鑑』の1954年版〜1985年版に所収されている雑誌論文と1945年〜1952年に刊行された雑誌論文、

1945年〜1984年に刊行された講座類・記念論文集類の論文の中から、日本語史(国語史)に関するものを抽出して、「総記」や「表記史」などの五分野に整理したものである。ただし、語彙に関するものは除外されている。また、これには論文の書誌情報とキーワードが付されており、著者名とキーワードによって検索することができる索引も付いている。

『講座日本語の語彙別巻・語彙研究文献語別目録』は、個々の語について、それぞれどのような研究論文があるのかを語別に検索するものである。明治期から1982年にかけての単行書や雑誌・研究紀要・講座・全集・論文集に所収の論文の中から、題目にその語が表示されているものや、その語についての研究が記述されているものが収録されている。索引はないが、五十音順に語が配列されており、容易に個々の語の先行研究を検索することができる。例えば、「こそ(係助詞)」や「はべり」「めでたし」などの語に関する参考文献が一目でわかる。

『漢字百科大事典』は、漢字・漢語に関することを「事項編」と「資料編」の二部に分けて解説したものである。「事項編」では、漢字の成り立ちや字体、音などの諸事項を簡潔に解説している。「資料編」は、異体字や用字法など、漢字に関わる様々な資料を載せている。事項・書名・人名索引もある。また、「資料編」に、「Ⅵ 漢字研究文献目録」の項目があり、これは、日本語としての漢字の研究にどのようなものがあるのかを示した「漢字研究文献(論文)一覧」と、それを漢字・漢語別に検索できるようにした「漢字研究文献漢字別目録」、「漢字索引書目録」の三種類から成り立っている。

また、飛田良文他編(2007)『日本語学研究事典』(明治書院)も、「理論・一般」や「日本語史」「現代語・方言」の各項目について概説し、研究史や課題などを述べた「事項編」と言語資料を解説した「資料編」からなっている。両編は、項目ごとに参考文献を挙げており、容易にトピックごとの主要な先行研究が分かると同時に、研究史や最近の研究成果、研究課題(刊行時)も知ることができるため、文献目録として使用可能である。なお、各項目の「研究史」の解説でも文献が紹介されている場合がある。ただし、全体の索引(人名、書名、語彙、事項)はあるが、参考文献を引くことはできない。

国語学会編(1948–2004)『国語学』やその改題雑誌である日本語学会編(2005–)『日本語の研究』の展望号も、研究の動向などを知るうえでヒントになる。特に最新の展望号は、近年の研究状況をつかむために有用である。
　さらに、論説資料保存会編(1966–1989)『国語学論説資料』や、その改題資料である論説資料保存会編(1990–)『日本語学論説資料』という、論文を縮刷して集めたものがある。これは、その年発行のすべての論文が載っているわけではないが、日本語学関係の論文(1964年以降)の縮小コピーが年度ごとに、「国語史」や「文法」「語彙」などの分野別に整理されて収められている。1998年発表の論文が収められた第35号からはCD-ROM版も発行された。また、1992年には『フロッピー版国語学・日本語学論説資料索引』が作成され、その後も『日本語学論説資料』の創刊号～最新号の索引がCD-ROM版で発行されている。これらは、論文目録としても実際に論文を取得するうえでも便利であり、あればかなり好都合である。ただし、先にも述べたが、これらの論文集から漏れているものもあり、その場合は目的とする雑誌や研究紀要類に直接当たる必要がある。総目録ではないことに留意しなければならない。
　一方、日本語学に関するさまざまな概説書が出版されているが、それらから、特定分野の主要な文献を知るという方法もある。
　同様に、多くの単行書や論文では、本文中に引用文献を示し、末尾などに参考文献のリストを掲載している。これは、その論文の内容と関連の深い文献が掲げられたものであるので、まずはこれらの論文を読み、さらに読んだ論文の参考文献リストを見るということを繰り返すことも重要である。このように、ある文献で紹介されている先行研究をたどることも参考文献を探すための方法として有用であり、「芋づる式」と呼ばれる。具体的には、図4のように、Aという文献で引用・参照されているB・C・Dをリストアップし、さらに、B・C・Dに引用・

図4　「芋づる式」のイメージ

参照されているE・F・G・H・Iをリストアップするというような方法である。この方法は、目的とする研究テーマにそった内容のものが重点的に収集できるという点で優れている。また、(5)と同様に、頻繁に引用されている重要な論文や著者、雑誌名に気づくことができるという利点も認められる。例えば、図4のGは、B・C・Dの三論文から引用されており、まずあたるべき文献であるということが推測される。

　また、本節で述べた冊子体の文献目録は、前節で述べたウェブ上のデータベースと併用して利用すると効果的である。例えば、文献目録で検索した結果得られた筆者名をもとにウェブ上のデータベースで再度論文を検索すると、より多くの論文が収集できるであろう。あるいは、芋づる式の方法で論文の題名や筆者名は得ることができたが、どの雑誌にいつ掲載されたのかなどの詳しい書誌情報がわからない際にも、ウェブ上のデータベースを利用して検索することができ、非常に役に立つ。

3. 参考文献を入手する

　ブラウジングして図書館や書店の棚から文献が見つかったような場合は、その場で借り出したり、複写したり、買うなどして、すぐに文献が手に入る。だが、ウェブ上のデータベースや冊子体の文献目録を利用して参考文献を見つけた場合には、これらは基本的に目録であるため、その文献を入手するための手続きが必要になる。そこで本節では、この点について解説する。

　文献を入手する方法は、大きく分けて二種類ある。一つは、所蔵図書館を探し、文献を借りたり、複写する方法である。もう一つは、書店などで購入する方法である。

3.1 文献の所蔵先を探す

　参考文献は、一般的には図書館を利用して入手することが多い。そこで、ⓑリストアップした文献がどこの図書館にあるのかを検索する必要がある。

　私たちが一般的に利用できる図書館は、大学図書館と公共図書館、国立国

会図書館の三種類である。大学図書館は、学生や教員が学習・研究を行うための学術的資料を中心に蔵書している。一方、公共図書館は各地方公共団体が設置し、住民が学習・調査研究・レクリエーション活動を行うための教養書・文芸書・娯楽書などを集めている。日本語史研究においては、そこで保管されている地元新聞や郷土資料が有用な場合もあろう。三つ目の国立国会図書館は、日本で唯一の国立図書館である。東京本館・関西館・国際子ども図書館の3館からなり、**2.1**でも述べたが、日本国内で刊行された出版物を納本制度によりすべて登録し、網羅的に集めている。また、古典籍資料や博士論文なども収集している。

　これらの図書館から実際に蔵書を探す順序としては、まず、①自分が所属する大学の図書館(普段利用している図書館)、②近隣の大学図書館や公共図書館、③その他の図書館ということになろう。①の自分が所属する大学の図書館は、所蔵されていれば容易に入手可能であり、まずはここから探している文献があるかどうかを調べてみよう。

　図書館における蔵書検索は、近年はコンピュータを利用した目録を使用することが主流である(以前は冊子体の蔵書目録やカード目録を利用していた)。このコンピュータを利用した目録は、ネットワークを利用して外部に公開されることが多く(学外からでも検索できる)、このようなオンライン閲覧目録を一般に OPAC(Online Public Access Catalog)と呼ぶ。多くの図書館で OPAC が整備されているので、それらを利用すると効率よく検索できる。まずは、自分が所属する大学図書館のホームページにある OPAC を利用し、細かい書誌情報を得よう。学生であれば、自分の大学図書館の使い方に習熟しておく必要がある。

　次ページの図5は、東北大学附属図書館 OPAC の「詳細検索」画面である。この OPAC では「簡易検索」と「詳細検索」の二種類が選択でき、「簡易検索」では、検索窓(サーチボックス)が一つ示され、そこにキーワードや雑誌名・書名、著者名・編者名などを入力すると、図書館の蔵書リストが表示される仕組みになっている。一方、「詳細検索」の場合は、図5のように、検索条件や資料区分、キャンパス、検索オプションを指定したうえで検

第 9 章　参考文献を探す　203

図 5　東北大学附属図書館 OPAC の「詳細検索」画面

索できるようになっている。

　だが、欲しい参考文献が自分の所属する大学内に所蔵されていない場合もある。その際は、次に国内の他機関(図書館)の蔵書を検索することになる。

　国内の他機関としては、まず、②近隣の大学図書館か公共図書館に所蔵されていないかを確認する。その際、探している文献が収蔵されている複数の図書館をインターネットを利用して一挙に探す方法がある。例えば、大学図書館の蔵書を検索する場合に特に便利なのが、国立情報学研究所の「CiNii Books」である。この「CiNii Books」を利用すれば、自分の大学に文献が存在しない場合でも、それがどこの大学図書館に所蔵されているか、日本全国や一部海外の大学図書館などから横断検索できる。各図書館の OPAC を一つ一つ調べる必要がなく、東北地方や関東地方といった地域や都道府県別に所蔵図書館を絞り込んで検索することもできるため、大変効率的である。

　また、「Webcat Plus」という「CiNii Books」ともリンクした検索サービスがある。これは、検索方法として、キーワードによる「一致検索」だけではなく、任意の語句や文章の入力により大量の情報の中から人間の思考に近い技術でテーマに関連する図書や作品・人物などを集める「連想検索」の機能を持つことが特徴である。例えば、「感情」で「連想検索」すると、「表現」や「心理学」などのワードで連想された図書が表示される。あるテーマに関する本をまとめて探したい場合は「連想検索」が有効かもしれない。ただ

し、あらかじめ探す資料が決まっている場合は「一致検索」を選ぶとよい。

　一方で、大学図書館よりも、文芸書や実用書・特定地域に関する資料などであれば、公共図書館の方が充実している場合がある。その際は、各公共図書館のウェブサイトにアクセスして蔵書検索を行う。なお、日本図書館協会による都道府県立図書館、政令指定都市・県庁所在地の市の図書館などの公共図書館のウェブサイトを集めた「図書館リンク集」がある。また、「国立国会図書館サーチ(NDL Search)」という国立国会図書館が所蔵するすべての資料と都道府県立図書館や政令指定都市の市立図書館などの蔵書を検索できるサイトもある。さらに、全国 7,000 以上の図書館の中から、現在地や都道府県などで図書館を選択し、その蔵書情報と現在の貸し出し状況を簡単に横断検索できる「カーリル」というサイトもある。他では、図書館の情報サイト「Jcross」の「横断検索ナビ」でも、全国の図書館の横断検索サイトが紹介されており、「近畿」や「九州」などの地域別に探すことができる。

　各図書館の OPAC や以上のような方法で蔵書を検索した結果、近隣の大学図書館や公共図書館に探している文献が見つかった場合は、まず、その利用法(利用案内)や紹介状の有無、学外者がどのようなサービスを受けられるのかを確認する(各図書館のホームページ上に記載されていることが多い)。そのうえで図書館を訪問し、文献の閲覧や必要に応じて複写・借り出しを行うが、借り出しができない場合や即日不可な場合もあるので注意する。

　なお、自分の論文やレポートの中で、第三者の書いた文章を引用したり参考にした場合は、必ずその参考文献の出典を明記する必要がある。これを怠ると、本人にその意図がなくても、他人の学説などを自分のものとして盗用したと見なされてしまう。そのため、資料を複写する際には、必ず著者名・編者名や書名・雑誌名、発行年、出版社・出版者、雑誌の場合は巻号など、その文献の書誌情報をメモするように習慣づけることが大切である。あるいは、表紙や奥付の部分を一緒に複写してもよい。

　また、「機関リポジトリ」や「電子ジャーナル」などから論文の電子版が取得できることがある。

　現在では、多くの大学等が、その構成員が生み出した知的生産物(学術雑

誌や研究紀要などに発表した研究成果、あるいは講義ノートや教材などの教育成果)を収集してデジタル化し、その管理や発信をウェブ上で行っており、そのシステムや一連のサービスを機関リポジトリと呼ぶ。国立情報学研究所の「学術機関リポジトリ構築連携支援事業」のサイトでは「機関リポジトリ一覧」が掲載されている。また、同じ国立情報学研究所が「IRDB」という、日本国内の学術機関リポジトリに蓄積された学術雑誌論文・学位論文・研究紀要・研究報告書等を横断的に検索できるサービスも提供している。これは、2.1 で述べた「CiNii Articles」と同様、本文が閲覧(取得)できる論文に絞って検索することもできる。

　さらに、科学技術振興機構の「J-STAGE」という電子ジャーナルを公開するシステムもある。電子ジャーナルとは、学術雑誌などを電子化し、その本文をインターネット上で全文読むことができるようにしたものである。「J-STAGE」では、資料名・専門分野・発行機関から登録されている学会誌を検索することができる。また、その収録論文をキーワードなどから直接検索することもでき、どちらの方法でも論文の電子版が手に入る。さらに、すべての論文ではないが、引用(参照)文献・被引用文献の抄録や本文が読める機能もあり、この「J-STAGE」を利用して電子版の本文を無料公開する学協会が増えている。ただし、紙媒体を発行後一定期間を経る場合もある。

　これらのサイトから、先の「CiNii Articles」では見つからなかった本文が入手できる場合がある一方、「CiNii Articles」からリンクがあることもあるので、まずは「CiNii Articles」から順に確認するとよい。

3.2　相互利用サービス

　以上のような方法を駆使しても、探している文献が近隣の図書館で見つからなければ、③その他の図書館を用いることになる。これは、「相互利用サービス」を利用する方法である。

　相互利用サービスとは、自分が所属する大学の図書館など、いつも利用する図書館が持っていない資料について、他の図書館から論文の複写を取り寄せたり、図書そのものを借りることである。この手続きは、自分の大学の図

書館カウンターで行えるため、まずはそのレファレンス担当者に相談しよう。その場合、依頼先はレファレンス担当者の判断になるが、自分でも 3.1 の方法を用い、所属先を知っているのがよい。場合によっては国外機関へ依頼することもあろう。

なお、取り寄せには複写料金や送料等の料金が自己負担でかかるが、このサービスを利用することで必要な資料を入手することができる。卒業論文くらいになれば、このような他機関への文献複写依頼をしなければならず、先にも述べたが、学生のうちに図書館の利用方法に習熟しておく必要がある。

以上の手段でも文献を取得できない場合は、国立国会図書館に依頼する。国内で刊行された書籍は国立国会図書館に収めることになっているので、同館に所蔵されている可能性はきわめて高い。ただし、相互利用サービスで済む場合がほとんどであるため、国立国会図書館は最後の手段である。

3.3 書店などで購入する

また、参考文献は書店などで購入するという方法もある。具体的には、㋐近隣の大型書店・大学生協などで購入する。㋑書店や大学生協などに在庫がなければ注文する。㋒インターネット上の書店で注文する。㋓古書しかない場合は古書店やインターネット上の古書店で買う、の四種類の方法がある。

㋐の書店や生協でブラウジングしながら参考文献を入手するということも非常に大切である。一方で、現在は㋒のインターネットを利用した購入が便利な側面もある。オンライン書店としては、「honto」や「全国書店ネットワーク e-hon」、「Honya Club」、「紀伊國屋書店ウェブストア」、「Amazon.co.jp」、「セブンネットショッピング」、「楽天ブックス」などがある。例えば「honto」では、すべてではないが単行書の目次を見ることができ、その情報も含めて検索できるという特徴がある。「Amazon.co.jp」では、「なか見！検索」というプログラムにより、一部の書籍の本文を横断的に検索し、その本文を見ることができる(PCサイト限定)。その他、「PubDB」というサイトでは、国内で発行された約 230 万点の書籍を検索することができる。また、㋓古書の購入では、特にインターネットを利用した購入が便利であり、「日

本の古本屋」や「スーパー源氏」、「BOOK TOWN じんぼう」などの古書検索サイトがある。「Amazon.co.jp」でも中古本を買うことができる。

　以上のように、参考文献を探す意味とその方法を述べてきたが、参考文献を探すことは研究の第一歩であり、論文の方向性を決めるうえで非常に大切である。先行研究が多くある場合でも、地道にコツコツと参考文献を収集し、丁寧に読解することが、自分の論文を充実したものにする秘訣でもある。参考文献を探すことも研究の重要な過程であり、大きな位置を占めることを自覚したうえで、研究に取り組んでほしい。

レファレンス資料（冊子体・ウェブサイト）
国語学会・国立国語研究所編(1996)『国語学研究文献索引(国語史篇)』秀英出版
国文学研究資料館編(1979–2007)『国文学年鑑』至文堂
国立国語研究所編(1954–2009)『国語年鑑』秀英出版・大日本図書
国立国語研究所編(2000–2008)『日本語教育年鑑』くろしお出版
佐藤喜代治編(1983)『講座日本語の語彙別巻　語彙研究文献語別目録』明治書院
佐藤喜代治他編(1996)『漢字百科大事典』明治書院
飛田良文他編(2007)『日本語学研究事典』明治書院
論説資料保存会編(1966–1989)『国語学論説資料』
論説資料保存会編(1990–)『日本語学論説資料』
一般社団法人日本出版インフラセンター「PubDB」〈https://www.books.or.jp/〉
科学技術振興機構「J-STAGE」〈https://www.jstage.jst.go.jp/browse/-char/ja〉
株式会社カーリル「カーリル」〈https://calil.jp/〉
株式会社ブレインテック「Jcross」〈https://www.jcross.com/〉
国文学研究資料館「国文学論文目録データベース」〈https://base1.nijl.ac.jp/~rombun/〉
国立国語研究所「日本語研究・日本語教育文献データベース」〈https://bibdb.ninjal.ac.jp/bunken/〉
国立国会図書館「国立国会図書館オンライン」〈https://ndlonline.ndl.go.jp/〉
国立国会図書館「国立国会図書館サーチ(NDL Search)」〈https://iss.ndl.go.jp/〉
国立情報学研究所「機関リポジトリ一覧」〈https://www.nii.ac.jp/irp/list/〉
国立情報学研究所「CiNii Articles」〈https://ci.nii.ac.jp/〉

国立情報学研究所「CiNii Books」〈https://ci.nii.ac.jp/books/〉
国立情報学研究所「IRDB」〈https://dev.irdb.nii.ac.jp/〉
国立情報学研究所「Webcat Plus」〈http://webcatplus.nii.ac.jp/〉
日本図書館協会「図書館リンク集　公共図書館(公立図書館)」〈https://www.jla.or.jp/link/link/tabid/172/Default.aspx〉

オンライン書店

「紀伊國屋書店ウェブストア」〈https://www.kinokuniya.co.jp/〉
「スーパー源氏」〈https://www.supergenji.jp/〉
「セブンネットショッピング」〈https://7net.omni7.jp/〉
「全国書店ネットワーク e-hon」〈https://www.e-hon.ne.jp〉
「日本の古本屋」〈https://www.kosho.or.jp/〉
「楽天ブックス」〈https://books.rakuten.co.jp/〉
「Amazon.co.jp」〈https://www.amazon.co.jp/〉
「BOOK TOWN じんぼう」〈http://jimbou.info/〉
「honto」〈https://honto.jp/〉
「Honya Club」〈https://www.honyaclub.com/〉

参考ウェブサイト

国立国会図書館リサーチ・ナビ「日本語学に関する文献を探すには(主題書誌)」
　〈https://rnavi.ndl.go.jp/research_guide/entry/post-198.php〉
聖心女子大学日本語日本文学科「聖心女子大学日本語日本文学科ハンドブックWEB版」
　〈https://www.u-sacred-heart.ac.jp/depart/major/2/handbook.htm〉
東北大学附属図書館「東北大学生のための情報探索の基礎知識シリーズ」
　〈http://www.library.tohoku.ac.jp/literacy/kisochishiki.html〉
名古屋大学附属図書館「探し方サポート」
　〈http://www.nul.nagoya-u.ac.jp/support/index.html〉

参考文献

安部清哉(1996)「語彙・語法史から見る資料―『篁物語』の成立時期をめぐりて―」『国語学』184
井上文子(2013)「図書館の文献の効果的な活用法」『日本語学』32–14
大木一夫(2013)『ガイドブック日本語史』ひつじ書房
小野正弘(1985)「天気の語史―中立的意味のプラス化に言及して―」『国語学研究』25

門脇俊介(1994)「論文を書くとはどのようなことか」小林康夫・船曳建夫編『知の技法：東京大学教養学部「基礎演習」テキスト』東京大学出版会

北原保雄(1982)「係り結びはなぜ消滅したか」『国文学』27–16(北原保雄『文法的に考える 日本語の表現と文法』大修館書店 1984)

阪倉篤義(1978a)『日本語の語源』講談社(講談社現代新書、増補版 平凡社ライブラリー 2011)

阪倉篤義(1978b)「「かなし」の意義」『春日和男教授退官記念語文論叢』桜楓社

田中牧郎(2000)「語彙史 統語的方法に基づく語の意味研究―万葉集・八代集のカナシの分析を例として―」『日本語学』19–11

西岡達裕(2008)『オンライン情報の学術利用―文献探索入門―』日本エディタースクール出版部

細川英雄(1992)「感情形容詞研究の一視点―『万葉集』に見える「かなし」の意味分析から―」『辻村敏樹教授古稀記念日本語史の諸問題』明治書院

峰岸明(1986)『平安時代古記録の国語学的研究』東京大学出版会

茂木俊伸(2013)「ウェブを活用した日本語研究文献情報の収集」『日本語学』32–14

第 10 章
用例を集める

　ことばの歴史を描くためには、調査の対象や方向性が決まったところで、対象となることばが実際に用いられた例、すなわち用例を集めなければならない。ことばの歴史的研究では、現代語研究のように直感的にその意味を知ることができないため、実際の用例を見ずには論述することができない。ただ、用例を集めることが必要だからといって、計画的に取り組まずに行き当たりばったりで用例を集めるのでは信頼できるような結果は出ない。そこで本章では、用例をどのように集め、また集めた用例をどのように効率よく整理するかについて説明していくことにする。

1. 用例を集めるということ

　現代語は日常的に使っていることばであるため、日本語の母語話者(あるいは準母語話者)であればその意味用法について直感的に知ることができる。このため、現代語研究では調査者の内省(母語話者として持っている直観を使って言語表現として成り立つか成り立たないかを判断すること)が一つの大事な調査手段となる。しかし、古い時代の日本語(あるいは現代語をややさかのぼる時代の日本語でも)となると、現代語とつながりを持つものであっても、今私たちが使っていることばではないため、直感的にその意味用法を知ることができない。したがって、用例を集めなければことばの歴史

は描けない。

　用例を集める理由は、これだけではない。用例は結論を裏づける大事な根拠である。実際の用例を集め、調査の対象となる語の意味用法や使用頻度などを客観的に示すことで初めて論が成立するのである。したがって、日本語の歴史的研究にとって、用例収集は欠かせないものである（もっとも、これは現代語研究や方言研究についても同様なのであるが）。

　調査の対象や方向性が決まったら、まず、用例を集めたい。しかし、どのような現象を調査するかによって、用例の集め方が異なってくる。たとえば、語の意味変化を調査する場合と、係り結びの衰退や二段動詞の一段化といった形態論・統語論的変化を調査する場合とでは調査手順が大きく異なる。意味変化を見る場合、最初に、対象となる語の意味用法をどのように分けるか決める必要がある。そして、A、B、Cなどの意味がいつから現れ、またどのように変化していったかを調べていくことになる。辞書に記載してある意味分類が必ずしも調査に合った基準になっているとは限らないので、本調査の前に予備調査を行い、調査に合った意味分類基準を定めるのがよい（この作業にあたって、辞書の記述が参考になることもあるが。第8章を参照）。一方、係り結びの衰退が調査の対象となる場合、文献から係助詞「ぞ」「なむ」「や」「か」「こそ」の用例を探し出し、連体形（「こそ」の場合は已然系）と呼応していない例がいつ頃から現れるかという文レベルの問題を見ていくことになる。このように、用例を集める前に、調査の対象と方向性を定め、どのような情報を収集する必要があるかを決めなければならない。

　どのような条件で用例を集めるかが決まったら、次に用例を集める資料の範囲を決める。時代的にもジャンル的にも調査する作品を絞らないと調査は始まらない。たとえば、江戸時代における完了の助動詞「た」の用法を調べる際、調査範囲は江戸時代の文献だけでよいが、古代語の完了の助動詞「たり」との関連を調べるとなると、遡って江戸時代以前の文献も見なければならない。「た」「たり」の歴史を徹底的に描くことになれば、奈良時代から現代までのできるだけ多くの資料を視野に入れる必要があるだろう。

　用例を集める場合は、必要な範囲について、できるだけ多く（できればす

べて)の例を見ることが重要である。どれほどの用例を見ているかが分析結果の信頼性につながるからである。一例でも見逃していれば、その一例が調査結果をくつがえすようなものである可能性もあるので(多く調べてあれば、全体の傾向は変わらないにしても)、徹底的に用例を集める必要がある。たとえば平安時代では、和文(『源氏物語』『枕草子』など)、漢文訓読文(西大寺本『金光明最勝王経』、興福寺本『大唐大慈恩寺三蔵法師伝』など)、変体漢文(『御堂関白記』『小右記』など)との間で、使用する語彙と語法が大きく異なる。一例をあげると、和文では隠れて物事をするさまをあらわす語として「みそかに」が用いられるが、漢文訓読文では「みそかに」はほとんど用いられず、その代わり「ひそかに」という和文では見られない語が用いられている。さらに、変体漢文を見てみると、和文にも漢文訓読文にも見られない「密々」という表現が用いられ、和文・漢文訓読文・変体漢文という三つの文体の間に相互対立が見られる(峰岸明 1986: 536)。和文のみを対象とする調査では漢文訓読文・変体漢文から用例を集める必要はないにしても、平安時代の全体的な傾向を観察しようとしたときに漢文訓読文・変体漢文を調査範囲から除外してしまえば、平安時代語の重要な側面が失われることになる。

　できれば、すべての例を集めるのが理想的である。しかし、さまざまな事情ですべての例が集められない場合がある。奈良時代における係助詞「も」の用法を調査しようと思ったとき、資料は『万葉集』と記紀歌謡に限られるため、比較的実行可能な調査であるといえるが、奈良時代から江戸時代における同じ係助詞「も」の史的変化を通時的に見ていくとなると、すべての用例を集めて分析することは不可能に近い。あるいは、すべての用例を見たとしても、その分析結果はかなりおろそかになってしまう。このため、調査の範囲を絞ることが必要な場合もある。「も」のような場合、奈良時代から江戸時代までのすべての文献を見ることは非現実的であるため、各時代から2、3文献ずつに絞ったり、分量の多い作品に関しては一部だけを調査対象にしたりするなど、分析可能な量の例を集める方法を考えるとよい。

　しかし、前述したように一例でも見逃していると、その一例が調査結果を

くつがえすものにならないとも限らない。このような問題を避けるため、調査範囲を絞る際には、資料を文体の側面からできるだけ均等に選定する必要がある。すなわち、平安時代における「も」の意味用法を調べるとしたとき、調査範囲を『宇津保物語』『源氏物語』『枕草子』のような和文資料だけにすると、和文での使用しか見えてこない。和文における「も」の使用を調査するものであれば問題はないが、平安時代全体の傾向を観察しようとした際には、『源氏物語』(和文)、『今昔物語集』(和漢混淆文)、興福寺蔵本『大慈恩寺三蔵法師伝』(漢文訓読文)のように文体の異なる文献を含めたほうがよりよいといえるだろう。時代が下れば下るほど、資料の数が増えてくる。とくに江戸時代にいたると、資料の数が莫大になる。このため、江戸時代以降が対象となる調査ではどのように資料を選定するか慎重に考える必要がある。

2. 用例を集める

用例を集める方法には、大きく分けて、文献を読んで探す方法と、検索ツールを利用して探す方法とがある。調査範囲があまり広くない、あるいは内容を理解しながらでないと探せない場合は文献を読んで探し、調査範囲が広い、または多くの例を集めなければならない場合は検索ツールを利用するとよい。ただし、後者であっても集めた用例の内容について十分理解を持つことが必須であることに変わりはない。

2.1 文献を読んで探す

実際に文章を読んでいきながら用例を探すのは用例探しの理想的な在り方であるといえる。なぜなら、それぞれの例についての理解が深まるからである。集めた用例を分析する際に、それぞれの例がどのように用いられているのかをよく把握していないと分析結果が粗くなってしまう恐れがある。文献を読んで探す場合は、内容を理解しながら進むことになるため、後の分析の際に有利な探し方であるといえる。

また、内容を理解しながらでないと収集できないような用例もある。たと

えば、依頼表現の歴史的変遷を分析しようとしたとき、文章を読んでいきながらどの表現が依頼であるかを確認しなければならない。そのうえで、さまざまな形式の依頼表現を収集することになる。とくに音韻に関していえば、検索ツールを使うのでは効率よく用例を集めることができない場合が多い。江戸語における連母音の融合([ai] → [e:])がいつ頃から現れるかを調べようと思ったとき、語彙索引(**2.2**で詳述)で「たかい」「ながい」などの融合する可能性のある語を引いても、ほとんどの場合では連母音の融合についての記述がない。また記述があったとしても、連母音融合が起こり得る一語一語をすべて引くには、莫大な時間がかかってしまう。このように内容の理解が重要になってくる場合や、検索ツールが効率よく利用できない場合は、文献を読んで用例を集めるとよい。

　実際には、文献を読んで探したほうが効率的なのか、検索ツールを利用したほうが効率的なのか、やってみないとわからないところもあるので、本格的な調査に入る前に調査範囲を絞った予備調査を行ってみるとよい。

2.2　検索ツールを利用する

　できれば、文献を読んで用例を探したい。だが、調査範囲が広かったり調査項目が多かったりすると、一つ一つの文献を丁寧に読んで用例を探すことが困難になってくる。このような場合は、検索ツールを利用して用例を探すとよい。

(A)　まずは語彙索引

　検索ツールの最も代表的なものは、語彙索引である。語彙索引とは、ある作品に出現する語彙の所在を容易に探し出すために作品内の語彙を五十音順に配列し、その所在位置を示したものである。教科書や専門書の後ろによくある事項索引、人名索引などと同様な原理で作られているが、事項や人名の代わりに(あるいはこれらに加えて)その作品に出現する語彙そのものが配列されているのである。著名な古典文学作品の多くのものには冊子体の語彙索引が刊行されている。とくに奈良時代〜平安時代の和文資料に関しては、数

見出し	順	漢字	語種	注記	作品	合計	徒然	平家	宇治	方丈	新古	大鏡
あ	1	吾			1	43						
あ	2	足			1	3						
あ	3	彼			1	3						
あ	4	案	漢		1	1						
あ	5			感	1	1		1				
ああ		嗚呼		感	2	2						
あい		愛	漢		1	1						1
あいぎやう		愛敬	漢		6	25	1		2			1
あいぎやうづく		愛敬付	混	動四	4	51						1
あいげう		愛楽	漢		1	1	1					
あいしふ		愛執	漢		1	1						
あいす		愛	混	動サ変	5	20	8	5	3	3		1
あいだちなし				形	1	3						
あいたどころ		朝所			1	1						
あいだる			混	動下二	1	2						

図1 『日本古典対照分類語彙表』より（笠間書院）

がさほど多くないこともあり、ほとんどのものには語彙索引がある。一方、平安時代の訓点資料・変体漢文資料や、鎌倉時代以降の文献資料一般となると、作品の数が全体的に多くなってくるため、語彙索引は代表的なものに限られる。ただし、室町時代のキリシタン資料のような日本語史的価値が高い資料に関しては多くの語彙索引が刊行されている場合がある。

　語彙索引には、総合的なもの（総合索引、総索引）と標本的なもの（要語索引）がある。前者では、対象となる作品の語彙がすべて収録されており、後者では、一定の基準にしたがって語彙が選定され（たとえば、その作品の内容にとって重要となる語彙や、特殊な用法を持つ語彙など）収録されているのである。ほとんどの語彙索引は総合索引であるが、とくに分量が多い作品に関しては標本的になることがある（岡見正雄・大塚光信編（1971–76）『抄物資料集成』（清文堂）はその一例）。また、総合索引であっても、自立語と付属語を分ける索引、あるいは自立語のみを収録する索引も少なくないので、注意が必要である。このため、索引を使う際には必ず巻頭の凡例を読むようにしておきたい。

（B）傾向をつかむための『日本古典対照分類語彙表』

　奈良時代〜鎌倉時代の代表的な作品に出現する語彙の作品ごとの使用頻度を示すものとして、宮島達夫他編（2014）『日本古典対照分類語彙表』（笠間書

更級	紫	源氏	枕	蜻蛉	後撰	土佐	古今	伊勢	竹取	万葉	意味分類
										43	12010(われ・なれ・かれ)
										3	15603(手足・指)
		3									11010(こそあど・他)
		1									13066(判断・推測・評価)
											43000(感動)
	1	1									43010(間投)
											12390(固有人名)
	1	14	6								13030(表情・態度)／13500(交わり)
	1	42	7								23030(表情・態度)
											13020(好悪・愛憎)
		1									13042(欲望・期待・失望)
											23020(好悪・愛憎)／23680(待遇)
		3									33680(待遇・礼など)
			1								14410(家屋・建物)
		2									23020(好悪・愛憎)

図1(つづき)

院)がある(図1、以下、『対照語彙表』。この旧版には、宮島達夫編(1971)『古典対照語い表』(笠間書院)がある)。奈良〜鎌倉時代のことばを調査対象とする場合には、語彙索引を引く前に、使用頻度のおよその傾向を知るために『対照語彙表』を利用するとよい。

　ただ、代表的な作品17点に限られているため、『対照語彙表』にあがっていないからといって、奈良時代〜鎌倉時代の作品に出てこないとは言えないので、やや注意が必要である。また、鎌倉時代以前の文献については和文の作品のみ収録しているため、漢文訓読文や和漢混淆文、変体漢文の傾向は見えてこない。このため、和文以外の文体の資料を対象とするような調査では『対照語彙表』はあまり役に立たない。

　漢文訓読文の傾向が見たいときは、築島裕(2007–09)『訓点語彙集成』(汲古書院)(訓点資料約600点に出てくる語彙を列挙した訓点語の大集成)を利用すれば、その大まかな流れがわかる。『対照語彙表』と同様、それぞれの収録語彙について、時代順にどの資料に出現するかが記載されている。ただし、『対照語彙表』と同様、本集成は莫大な訓点資料の中から編集者の築島裕が実際に調査した資料や公開されている資料から集めた語彙を抜粋して収録したもので、完全なリストでないことは留意すべき点である。このため、とくに統計的な分析を行う際には注意が必要である。

(C) 語彙索引を探すためのツール

このように、日本語史資料の多くのものには語彙索引が刊行されており、たいへん便利であるが、索引そのものはどのように探したらよいだろうか。実は語彙索引そのものを探すためのツールとして、以下の5冊がある。

A　国立国語研究所編『国語国文学資料索引総覧』笠間書院 1995
B　飛田良文他編『日本語学研究事典』明治書院 2007
C　築島裕『訓点語彙集成』第1巻，汲古書院 2007
D　佐藤喜代治他編『漢字百科大事典』明治書院 1996
E　佐藤武義他編『日本語大事典』下，朝倉書店 2014

　Aはその題の通り、日本語・日本文学資料の索引を総覧したものである。BとEは日本語学の研究事典であり、それぞれの末尾の付録に文献資料の索引目録が収録されている。AのほうはB、Eに比べ、収録されている索引の数が多いが、刊行年が1995年となっているため、それ以降に刊行された索引は当然ながら収録されていない。このため、語彙索引を探す際はA、B、Eを併用するとよい。Cは上述したように、訓点資料の語彙を集めた資料であるが、その冒頭に「和訓載録文献一覧表」(『訓点語彙集成』所収訓点資料の書誌情報や索引・研究論文総覧)があり、訓点資料の索引を探すにあたって役に立つ。Dは漢字・漢語の研究事典で、その「資料編」の中に漢籍・仏典および日本漢字文資料の索引を列挙した「漢字索引書目録」があり、漢字文資料の索引を探す際に利用するとよい。

(D) 語彙索引を使ってみよう

　さて、次に実際に語彙索引を使ってみよう。語彙索引には対象となる作品の本文をともに収録しているものもあれば、収録していないものもある。後者の場合は、『(新)日本古典文学大系』(岩波書店)や『(新編)日本古典文学全集』(小学館)といった古典叢書類(第4章参照)を底本とするものが多い。
　ここでは一例として、池田亀鑑編著(1953–56)『源氏物語大成』(中央公論

社)を使って、『源氏物語』における感動詞「あはれ」の用例を引いてみたい。『源氏物語大成』は大島本を底本とする『源氏物語』の校本(校異篇)と、語彙索引(索引篇)からなる。

『源氏物語大成』で「あはれ」の項を引くと、図2のように、一例一例が現れる巻の名並びに所在の頁と行が示されており、校異篇での所在を容易に見つけることができる。たとえば、一番目の「帚木」の例を引こうと思ったとき、校異篇の43頁6行を見ればよい。

あはれ（感）帚木四三⑥　夕顔一一六③
若紫一六九④　末摘花二一八⑭　賢木三
五八⑨　澪標四九四⑭　四九五⑦
絵合五五九⑫　玉鬘七二一④　七四〇
⑫　七五一⑦　柏木一二五一⑦　一二
五二①　一二五五⑨　一二六三⑦　一
二六四⑨　横笛一二七二⑪　一二七四
⑭　一二八三④　夕霧一三三八⑤
紅梅一四五三③　竹河一四八一⑤
椎本一五七一⑧　東屋一八一一⑨　一
八三五⑩　一八四九⑤　一八五一⑬
浮舟一八九九⑧　蜻蛉一九八二⑥
手習二〇三七②

図2　『源氏物語大成』(中央公論社)索引篇における感動詞「あはれ」の項

そして、実際引いてみると、以下のように「あはれ」の例となっている。

（1）　人しれぬ思いてわらひもせられあはれともうちひとりこたるゝになに事そなとあはつかにさしあふきゐたらむはいかゝはくちおしからぬ
(大島本『源氏物語』帚木(大成43・6))

『源氏物語大成』は『源氏物語』の決定的な校本として、日本語史研究にとって欠かすことのできないツールである。しかし、本文に注釈が付いていないため、内容を深く理解しなければならないような場合には『源氏物語大成』だけで調査を行うことは困難であろう。このような場合には柳井滋他編(1999)『源氏物語索引』(『新日本古典文学大系』別巻、岩波書店。『新日本古典文学大系』のテキストを底本にしている)のような古典叢書類のテキストを底本にしているものを併用するとよい。

図2からわかるように、『源氏物語』には感動詞「あはれ」が全部で30例現れている。『源氏物語』を最初から最後まで読んでこの30例を集めようと思えば、莫大な時間がかかるに違いない。語彙索引を利用することで、「あはれ」の全例の所在がすぐわかるため、調査の手間が大幅に省ける。**2.1**

で述べたように、文献を読んで用例を探さなければならない場合もあるが、多数の用例を短時間で収集したいときは語彙索引が効率的である。

(E) 語彙索引を利用する際の注意点

　語彙索引は、このように日本語史研究にとって欠かすことのできない重要なツールである。しかし、いくつか注意しなければならない点がある。まず、索引によって語の認定が違うことがよくある。前述したように語を自立語と付属語に分ける索引が多い。また、付属語をまったく収録しない索引も少なくない。たとえば、『源氏物語大成』では付属語(助詞・助動詞など)が収録されているが、『源氏物語索引』(新日本古典文学大系)では付属語は収録されていない。また、先述の『対照語彙表』をはじめとし、複合語(複合名詞、複合動詞など)をその成分(複合語の構成要素となる個々の語)ごとにではなく、複合語全体としてあげる索引が多い。たとえば、『対照語彙表』で「解く」(自・下二段)を引くと、合計83例となっているが、この数の中には接頭辞「うち」が付いた「うち解く」などの複合語は含まれていない。「うち解く」のような複合語をも検索対象に含めたい場合にはそれぞれの複合語を別々に引く必要がある。実際「うち解く」を引いてみると、合計200例となっており、「解く」よりも多く使われていることがわかる。このほか、用例の所在について頁だけを示す索引、頁・行を両方示す索引、和歌の場合は歌番号だけを示す索引など、さまざまな形式なものがあるので、索引を利用する際には必ず巻頭の凡例を読んでおく必要がある。

　語彙索引を利用すると、文献を読まずに用例を探すことになるため、全体の内容に対しての理解度が下がり、本文に対する解釈が十分とはいえない可能性が大きくなる。とくに語の意味を調べる際、前後の内容をしっかり理解していないと、誤解が起こりやすい。たとえば、「あきらむ」という語は、もともと「あかす」「あきらか」などと同根の語で、平安時代においては「道理を明らかにする」という意味で用いられる。近世に入ると、現代のように「断念する」という意味にも用いられるようになるが、完全に「断念する」の意味に変わる前は、以下の例のように「道理を明らかにしたうえで、

断念する」という中間的な用法が見られる。

（2）　三度はおろか、百度、千度去られても・去らるゝに定りし、前世の約
　　　束と、思ひ諦むれば・悔みもせぬ、憎うもない・

（『心中宵庚申』中之巻）

　この例は『心中宵庚申』(近松門左衛門作の浄瑠璃)の主人公八百屋半兵衛の女房千世が、その姑に追い出されて実家に戻った後の場面である。千世の父は、何度も離縁されるのは前世からの宿命だからもう諦めても悔しくないと、千世を慰める。ここでは「あきらむ」はただ単に姑との仲直りを断念するというより、このような宿命であると、思い知ったうえで断念するという意味を表しているといえる。前後の文脈を注意して読まないと、このような中間的な意味を見落としてしまう恐れがあるため、用例を集める際には、語彙索引を利用したとしても必ず前後文脈を注意深く読んで、本文の内容をしっかり理解しておくようにしたい。

(F) 電子テキスト

　語彙索引と並ぶもう一つ便利なツールとして電子テキストがある。電子テキストの最も大きな利点は、複数の作品が横断的に検索できることや、用例が一括して集められることである。たとえば、国文学研究資料館編「日本古典文学大系本文データベース」(第11章で詳述)を利用すれば、日本古典文学大系(岩波書店)全100冊を横断的に検索することができ、調査にかかる時間を大幅に減らすことができる。また、電子テキストでは、収録されている項目があらかじめ定められている語彙索引と違い、任意の文字列で検索できるため、語彙索引では調べられないような現象も多く調べられる。たとえば、**2.1**で語彙索引が向いていない例としてあげた連母音の融合の場合、「かい」「けえ」「けへ」などの文字列で検索すれば、連語母音「ai」とその融合した形「e:」の用例を一括して集めることが可能となる(この方法では集めきれない例ももちろんあるが)。

電子テキストにはこのような利点がある一方、いくつか注意を要する点がある。まず、形態素解析が為されているテキスト(第11章 1. を参照)では、語単位で検索することできるが、形態素解析が為されていないテキストでは、検索方法が基本的に文字列検索に限られてくる。文字列検索では検索フィールドに入力した文字列がそのまま検索の対象となるため、語彙索引のように一つの項目からある語のすべての活用形や表記のバリエーションを検索することができなくなる。たとえば、文字列検索で他動詞「とる」を検索すると、終止形・連体形「とる」の他に未然形「とら」、連用形「とり」、已然形・命令形「とれ」といった各々の活用形を個別に検索する必要がある。また、仮名表記の他に、「取る」「撮る」「採る」「捕る」など、あり得るすべての漢字表記を個別に検索しなければならない。また逆に、「とる」を文字列検索で調べると、「ふとる」「おとる」など、「とる」が入るすべての文字列を拾ってしまうため、検索結果から求めていない「ゴミ」の例を手作業で取り除くことが必要になってくる。このような事情から、電子テキストを使ったからといって、必ずしも作業が楽になるわけではない。電子テキストの特徴や利用方法などについては第11章で詳しく取り上げる。

3. 用例を記録する

用例を見つけたら、後の分析のためにその用例を記録しておく必要がある。そして、記録した用例を効率よく整理することも重要である。用例の記録についてはいくつかの方法がある。以下に代表的なものを紹介していく。

3.1 ノートに記録する

まず、ノートに記録するという方法がある。これは少数の例を集める際に有用である。用例を記録する際には、作品名の他に依拠したテキストと所在の頁・行を示し、調査の対象となる語や形式にわかりやすく傍線を引くとよい。たとえば、平安時代における形容詞「をかし」の意味を調査した場合は、以下のように作品ごとに用例を記録するとよい(ここで、「新編」は底本

となる『新編日本古典文学全集』(小学館)の略で、カッコ内の数字は所在の頁・行を示す)。

①竹取物語
  1. 中納言よろこびたまひて、「をかしきことにもあるかな。もつともえ知らざりけり。興あること申したり」とのたまひて…(新編51.4)
②伊勢物語
  1. …この男、人の国より夜ごとに来つつ、笛をいとおもしろく吹きて、声はをかしうてぞ、あはれにうたひける。(新編169.13)
  2. …とよみて奉りたりければ、いとかしこくをかしがりたまひて、使に禄たまへりけり。(新編199.11)

このようにノートに記録する方法は、少数の例を集める際に有用であるが、用例が多くなるにつれ、整理することが難しくなってくるため、あまり効率がよいとはいえない。とくに『宇津保物語』や『源氏物語』のような長編の作品となると、用例の数は数百にのぼることもあり、ノートだけでの整理は困難になってくる。

3.2　カードに記録する

　用例が多くなる場合は、用例カードを利用するという方法がある。カードにはさまざまな形式のものがあるが、用例そのものや、意味分類、所在の頁数・行数という、調査に必要な情報が収まるインデックスカードあるいは単語カードのような比較的大きいもの(B7判か3×5インチ程度のもの)を利用するとよい。調査の目的によって、カードに記録する情報が多少変わってくる(ノートで記録するときも同じだが)。たとえば、文体が重要な調査であれば、文体の項を加え、地の文・会話文・心内文の区別を示し、動詞の目的語を分析する調査であれば、目的語の項を加え、目的語を記録することになる。図3は『竹取物語』における「をかし」の例をカードに書き取ったも

のである。ここでは左上に整理番号を付け、右上に対象語を記した。用例は内容がわかるように文単位で記録し、その下に意味分類や備考、出現する作品名、巻名等、所在の頁数・行数等の情報を示した。カードの形式は自由であるが、最低限でもこれぐらいの情報は載せておきたい。

```
No. 1                    語：をかし
中納言よろこびたまひて、「をかしきことにもあるか
な。もつともえ知らざりけり。興あること申したり」
とのたまひて…
意味分類：Ⓐ興味深い
備考：文献上初出の例
作品名：竹取物語    巻名等：7      頁/行：51/4
```

図3　用例カードの形式（一例）

　一枚のカードにつき一例を記録することになるため、後から出典作品名順、所在の頁・行順、あるいは意味分類順などに並べ替えることができ、調査結果を整理するときに便利である。

　調査結果を効率よく整理できるため、日本語史学、そして歴史言語学全般でカードは昔から利用されている。二十世紀初頭に編纂された最も有名な大型英語辞典である『オックスフォード英語辞典』(英名：Oxford English Dictionary。略称：OED)に収められている約300万の用例は当初すべてカードに記録され、後に編集委員会がこれらのカードを整理して、辞書の形にいたったという(『オックスフォード英語辞典』第二版・序)。日本を代表する大型国語辞書『日本国語大辞典』(第8章)も同様に、初版の編纂にあたって、用例を逐一カードに記録していったという(『日本国語大辞典』第二版・あとがき)。用例カードはこのように、日本語史学・歴史言語学にとってかけがえのないものとして長年活用されてきた。

3.3 表計算ソフトに記録する

　現在ではとくに漢字の字体が問題となるような場合、カードが利用されることもあるが、コンピュータの普及にともない、用例の整理がカードから表計算ソフトへと移行しつつある。表計算ソフトを利用すると、カードでは手作業であった並べ替えが自動でかつ瞬間的にできるようになるため、コンピュータが使える環境にいれば、表計算ソフトに入力して記録するようにしておくと便利である。表計算ソフトにはさまざまなものがあるが、ここでは利用者数が最も多いと思われる Microsoft Excel（Microsoft Office 2016 年版。以下、「エクセル」）での用例の記録方法や記録した用例の並べ替え方、表の作成方法について簡単に説明しておくことにする。

　エクセルではセルを利用して、カードと同じ情報を記録することが容易にできる。以下の図 4 は、筆者が奈良〜江戸時代における他動詞「のす」（「のせる」）を調査した際のエクセルに入力したデータの一部である（ジスク 2017）。

　エクセルで用例を記録する際には、基本的に一つの例につき 1 行を設け、ノートとカードと同様に用例を文あるいは文節単位で入力するとよい（ここでは紙幅の都合で前後 10 文字を示しているが、元のデータでは前後 40 文字となっている）。そのうえで、各列に分析に必要な情報を割り当てていく。ここでは左側に「成立年」(A)、「作品名」(B)、「巻名等」(C)、「頁」(D)、「行」(E)といった所在をあらわす列、中央に「前行文脈」(F)、「キー」（分析

	A	B	C	D	E	F	G	H	I	J	K	L	M
1	成立年	作品名	巻名等	頁	行	前行文脈	キー	後行文脈	単複	確例	意味	対象	場所
2	800	神楽歌	39番	315	2	/妹（いも）も／乗（	の）せ	たりあいそ／我（われ	単	○	A	妹	船
3	800	神楽歌	100番	360	4	取（と）りてや／乗（	の）せ	て／渡（わた）さむ／	単	○	A	童	船
4	888	竹取物語	七燕の子安貝	51	2	篭（あらこ）に／乗（	の）せ	据（す）ゑ））へて	複	○	A	人	籠
5	951	大和物語	141	306	8	て／な（*）む、舟に	のせ	などいける。／男（お	単	○	A	妻	船
6	951	大和物語	151	326	9	きて／馬（むま）に	のせ	て、／陸奥國（*＃み	単	○	A	娘	馬
7	951	大和物語	154	325	8	て／馬（むま）にうち	のせ	て／逃（に）げていに	複	○	A	娘	馬
8													
9	1216	新古今和歌集	仮名序	34	11	いれる歌をば、これを	のす	る事なし。たゞし、こ	単	○	B	歌	和歌集
10	1216	新古今和歌集	仮名序	37	4	のうちみづからの歌を	のせ	たること、ふるきたぐ	単	○	B	歌	和歌集
11	1216	新古今和歌集	722番	163	3	（・）て、池のふねに	のせ	て、なかじまの松かげ	単	○	A	人々	船
12	1331	徒然草	72段	148	12	多（おほ）く書（き）	のせ	たる。／多（おほ）く	複	○	B	作善	願文
13	1331	徒然草	227段	272	7	く知（り）て書（き）	のせ	たり。／蒲冠者（か	複	○	B	事	物語
14	1331	徒然草	238段	282	6	題目をも／書（か）き	のせ	て、自讃せられたり。	複	○	B	題目	款状

図 4　エクセルで記録した用例と分析用データ（一例）
A ＝「乗り物の中や上に位置させる」、B ＝「文章の中で記載する」

の対象となる語)(G)、「後行文脈」(H)といった用例そのものをあらわす列、右側に「単複」(単独で用いられているか、複合動詞として用いられているかの別)(I)、「確例」(語形が確定できる列。仮名表記や、漢字表記でも、底本で読み方が振り仮名で示されているようなものか否かの別)(J)、「意味」(意味分類：A＝「乗り物の中や上に位置させる」、B＝「文章の中で記載する」)(K)、「対象」(誰／何を乗せるか)(L)、「場所」(どこ／何に乗せるか)(M)といった用例の性格をあらわす列を置き、収集した用例が容易に分析できるようにしている。カードについても同様であるが、基本的には用例を集める際は、その用例の性格についてできるだけ多くの情報を記録しておきたい。情報が多すぎて困ることはまずない。たとえば、単複の区別が調査の初段階で重要でないにしても、後から重要になってくる可能性があるので、最初から記録しておくと後々の調査にかかる手間が省ける。

　図4では用例を出現する作品の成立年順に並べているが、表を見てわかるように、平安時代ではA「乗物の中や上に位置させる」でしか用いられなかった「のす」が鎌倉時代に入るとB「文章の中で記載する」まで拡張しているのである。ここでは意味の変化をわかりやすく示すために一部の例だけをあげているが、とくに用例の多い調査では、表計算ソフトに入力することで、データの整理がカードよりも格段に容易になる。

3.4　テーブルを使って用例を整理する

　エクセルに用例を記録する最大のメリットの一つは、データの並べ替えやフィルタリング(一部条件に合ったデータだけを表示すること)が容易にできることである。画面の上部にあるリボン(メニュー)の「データ」のタブから一列ずつの並べ替えやフィルタリングができるが、複数の列に同時に並べ替えやフィルタリングの条件を設定したいときはテーブルを作成する必要がある。

　テーブルとは、複数のセルを一つのリストとしてまとめ、まわりのセルに影響を与えずに簡単に並べ替え、フィルタリング、集計などができる機能のことをいう。エクセルでテーブルを作成するには、まずテーブルに変換した

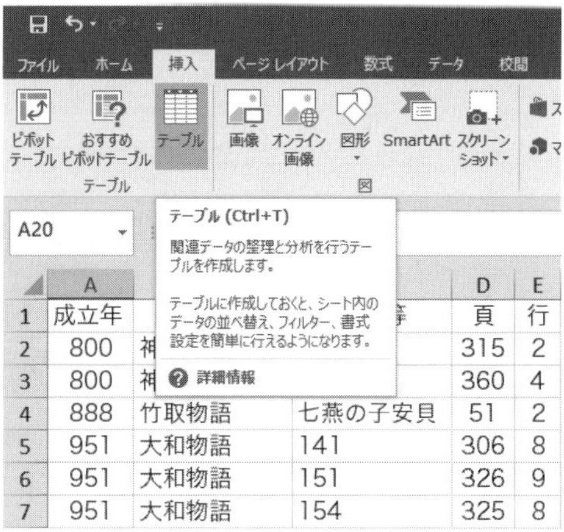

図5　エクセル(2016年版)でのテーブル作成方法

いセルの範囲を選択し、リボンから「挿入」→「テーブル」を選択する。テーブルを作成したら、各列の上に矢印(▼)が表示される。この矢印をクリックすると、「並べ替えとフィルター」のメニューが表示され、列ごとに並べ替えやフィルターのオプションが設定できる(図5)。

　並べ替えには「昇順」と「降順」の二つのオプションがあり、昇順の場合、データは数字(0123…)→アルファベット(ABC…)→仮名(アあいイウうエえオお…)→漢字(音読みの五十音順)の順に並べ替えられ、降順の場合は逆の順序になる。一つの列を並べ替えると左右の列もすべて行ごとに自動的に並べ替えられるので、複数の列にわたるデータがある場合にはたいへん便利な機能である。たとえば、用例を出典の成立年順で並べ替えたいときは、成立年の列の上にある矢印をクリックして「昇順」を選択すると、テーブル内のすべてのデータが成立年の早いものから遅いものへと自動的に並べ替えられる(図6)。

　フィルターは並べ替えと同じメニューから設定できる。フィルターをかけることで、ある条件に一致したセルのみが表示されるようになる。たとえば、意味分類が「B」となっている用例だけを示したいときは、「並べ替えとフィルター」のメニューから「テキストフィルター」→「指定の値に等し

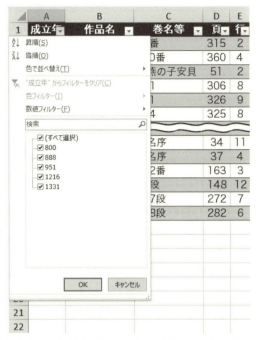

図6　エクセル(2016年版)で作成したテーブルからセルを並べ替える方法

い」(または「指定の値を含む」)を選択し、セルの値を「B」に設定すれば、意味分類が「B」となっている例以外のものは表示されなくなる。

3.5　ピボットテーブルを使ってデータ集計を行う

　上記のテーブルと並ぶ便利な機能として、ピボットテーブルというものがある。ピボットテーブルは、選択した範囲のデータを集計し、表で要約して示す機能であるが、これを利用することで、さまざまな形式の表が容易に作成できる。ここでは一例として、ピボットテーブルを使って、図4のデータから成立年・作品名ごとの意味分類の集計をわかりやすく示す表を作成する。この表を作成するためには次の手順に従う。

　　1. 集計したいデータの範囲を選択し、リボンの「挿入」から「ピボットテーブル」を選ぶ。オプションを既定のままにし、「OK」を押すと、

図7　ピボットテーブルの作成方法

新規ワークシートにピボットテーブルが作成される(図7)。
2. 新しく作成されたワークシートを開くと、右側に「ピボットテーブルのフィールド」というメニューが表示される。フィールドの下にある「列ラベル」「行ラベル」「値」のボックスに集計したいデータのフィールドをドラッグ&ドロップすると、自動的に表として描出される。ここでは、「行ラベル」に「成立年」と「作品名」を設定し、「列ラベル」に「意味」を設定する。そして、「値」にもう一度「意味」を設定する(これは用例の全体の数を集計するために必要である)(図8)。
3. 最後に表をより整理した形にするために、メニューから「ピボットテーブルツール」→「デザイン」→「小計」を選択し、「小計を表示しない」ように設定する。そして、成立年と作品名を一行で並べて表示するために、ピボットテーブルの上に右クリックして、「ピボットテーブルオプション」→「表示」→「従来のピボットテーブルレイアウトを使用する」を選ぶ。こうすると、表は図9のように整理された形で表示されるようになる。

このように、エクセルなどの表計算ソフトを利用することで、手作業では長時間がかかる並べ替えやフィルタリング作業、表の作成などが自動で短時間にできるようになるため、大量のデータを扱う場合にはあらかじめエクセルなどの表計算ソフトの基本を覚えておくとよい。

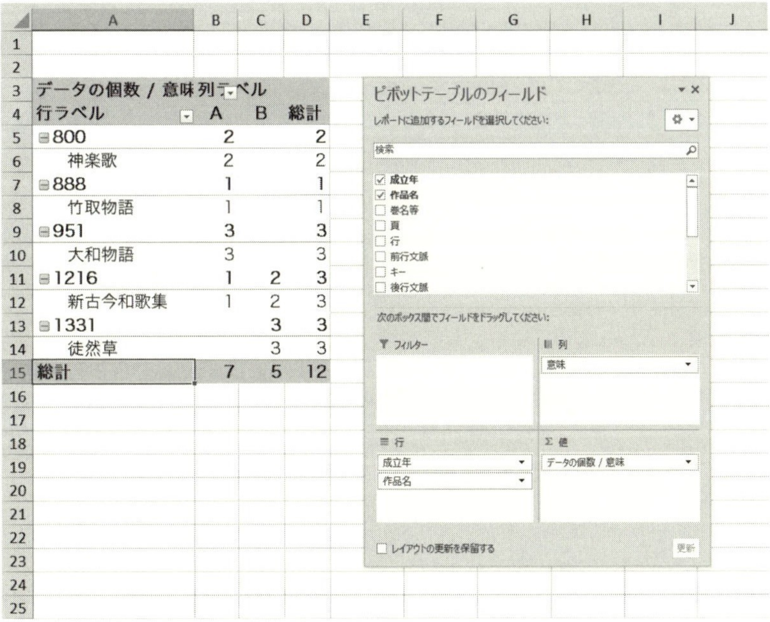

図 8　ピボットテーブルのフィールドの設定

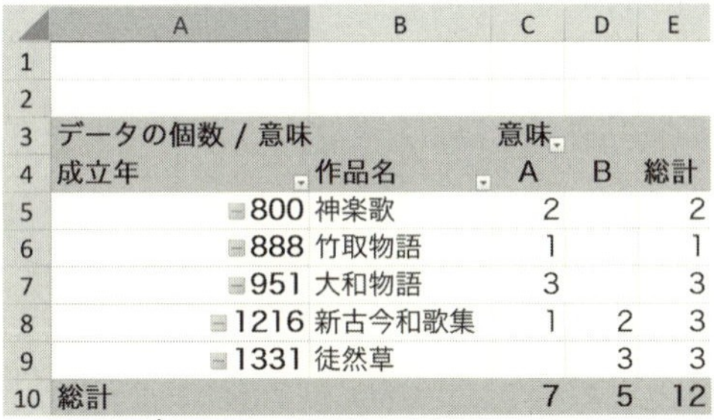

データの個数 / 意味		意味		
成立年	作品名	A	B	総計
800	神楽歌	2		2
888	竹取物語	1		1
951	大和物語	3		3
1216	新古今和歌集	1	2	3
1331	徒然草		3	3
総計		7	5	12

図 9　完成したピボットテーブル

3.6　コンピュータで用例を記録する際の注意点

コンピュータの利点は同時に欠点となることがある。つまり、コンピュータを用例の記録に用いる際にはいくつか注意しなければならない点がある。まず、大きな問題点は、字体の処理である。コンピュータに用例を記録して

おくと、電子テキスト化されるため容易に検索できるようになるが、その反面、異体字や旧字体が正確に表示できないことがある。『今昔文字鏡』(株式会社エーアイ・ネット)などの異体字・旧字体を表示するためのソフトを利用することで、異体字・旧字体の多くのものが Windows で表示できるようになる。しかし、古辞書や訓点資料のような異体字が数多く現れる資料を扱う際には底本通りに字体を表示することがなかなか難しい場合もある。また、漢字・仮名の筆写体、古活字体、崩し字など、細かい字体のバリエーションはフォントであらわすことができない。このため、字体を問題とするような研究では、カードを利用するか、表計算ソフトに字体の画像を直接セルに貼り付けるなどの工夫をする必要がある。同様な問題で、表計算ソフトの多くのものはルビ(振り仮名)に対応していないか、対応していても表示できる形式が非常に限られているため、ルビを表計算ソフトに読み込む際には被ルビ字列の後ろに( )を付けてルビを表記するなどの工夫が必要となる。このような問題点もあるため、調査の内容や方針によっては、カードあるいはノートで用例を記録したほうが実は効率がよい場合もある。

　本章では日本語史調査にとって用例を集めることの大切さについて述べた。そして、検索ツールを利用した用例の収集方法と、カードやコンピュータなどを利用した用例の記録方法を示した。
　日本語史研究・そして歴史言語学研究全般にとって、用例は論の命といっても過言ではない。用例を集めなければことばの歴史を語ることはできない。本章では用例の収集や記録方法についての概略を示したが、実際文献を読んで用例を探し、語彙索引を引き、表計算ソフトで用例を記録するなど、具体的な実践を通して自分の研究目的に合った用例の収集や記録方法を覚えるのが一番よいだろう。

依拠テキスト

『伊勢物語』：片桐洋一他校注・訳(1994)『竹取物語 伊勢物語 大和物語 平中物語』(新編日本古典文学全集)岩波書店

『宇津保物語』：室城秀之(2001)『うつほ物語 全』改訂版、おうふう

『源氏物語』：池田亀鑑編著(1984–85)『源氏物語大成』普及版、全14冊、中央公論社

『竹取物語』：片桐洋一他校注・訳(1994)『竹取物語 伊勢物語 大和物語 平中物語』(新編日本古典文学全集)小学館

『新古今和歌集』：田中裕・赤瀬信吾校注(1992)『新古今和歌集』(新日本古典文学大系)岩波書店

『心中宵庚申』：鳥越文蔵他校注・訳(1998)『近松門左衛門集②』(新編日本古典文学全集)小学館

参考文献

池田亀鑑編著(1953–1956)『源氏物語大成』中央公論社(普及版 1984–85)

岡見正雄・大塚光信編(1971–1976)『抄物資料集成』清文堂出版

国立国語研究所編(1995)『国語国文学資料索引総覧』笠間書院

ジスク，マシュー(2017)「和語の書記行為表現「のる」「のす」の成立をめぐって―漢字を媒介とした意味借用の観点から―」『訓点語と訓点資料』139

築島裕(2007–2009)『訓点語彙集成』汲古書院

峰岸明(1986)『平安時代古記録の国語学的研究』東京大学出版

宮島達夫編(1971)『古典語い対照表』笠間書院

宮島達夫他編(2014)『日本古典対照分類語彙表』笠間書院

柳井滋他編(1999)『源氏物語索引』(新日本古典文学大系・別巻)岩波書店

第 11 章
電子テキストを利用する

　第 10 章では用例を集めるツールとして語彙索引を紹介した。語彙索引と並ぶもうひとつの便利なツールとして、電子テキストというものがある。電子テキストとは、パソコンで閲覧・検索できるように電子化された機械可読テキストのことをいう。電子テキストを利用することで、用例を素早く、かつ大量に集めることができるため、ことばの調査には欠かせない重要なものである。本章では電子テキストの利点やその利用にあたっての注意点をまとめ、また、現在一般公開されている代表的な電子テキストをいくつか紹介していく。

1. コーパス言語学と日本語の歴史研究

1.1 コーパスとコーパス言語学とは何か

　一般言語学では本・雑誌・新聞などの言語資料を大量に集積し、自然言語の構造について容易に分析できるように電子化したものをコーパスという。コーパスという語はラテン語 corpus(「身体」)に由来するもので、言語学では複数の言語資料が一体になった「資料体」という意味で用いられる。すなわち、コーパスは電子テキストの集成である。コーパスの代表的な例として、英語 1 億語からなる「大英国立コーパス」(British National Corpus (BNC))、英語 5 億 7,000 万語からなる「現代アメリカ英語コーパス」(Corpus of Contemporary American English(COCA))(2018 年 7 月現在)、日本語 1 億 430 万語からなる国立国語研究所編「現代日本語書き言葉均衡コーパス」(Balanced Corpus of Contemporary Written Japanese(BCCWJ))などがあげられる。これらはいずれも現代のことばを対象としたものであるが、近年、古代のことばを対象としたコーパスが増えつつあり、日本語の歴史研究にとってもコーパスは欠かせない存在となってきている。

コーパスを利用した言語研究分野をコーパス言語学(corpus linguistics)という(スタッブズ 2001、石川慎一郎 2012 など)。そして、電子テキストを利用した日本語史研究もコーパス言語学の一部だといえる。電子テキストを利用することで、大量のデータを対象とした自然言語の分析が可能になる。とくに歴史研究の場合、短時間で(場合によっては瞬間的に)大量の用例を集めることができ、また、電子的に用例を集めることになるため、手作業では起こりがちの採集ミスを大幅に減らすことができる。しかし、ことばの調査にとって有用なツールである一方、その使用にあたって注意しなければならない点がいくつかある。

1.2　タグ付きテキストとタグ無しテキスト

電子テキストは大きく、本文の電子化にとどまるプレーンテキストのものと、電子化した後に形態素解析(語構成要素の分解と品詞、活用形などの判定)、会話文・地の文の別、底本のページ数・行数などの情報を示すタグを付与したものとに分けられる。一般には前者をタグ無しテキスト、後者をタグ付きテキストというが、タグの有無によって検索方法や分析可能な情報が大きく異なるため、検索の際にはさまざまな注意や工夫が必要である。

タグ無しテキストの多くは、比較的容易に作成することができるため、プレーンテキスト形式(.txt)となっている。また、インターネットに公開されているものの場合、HTML 形式のものが多い。そのままウェブブラウザやメモ帳などのテキストエディタで容易に語彙検索が行えるという点では使い勝手がよい。また、全文検索システム「ひまわり」(国立国語研究所)や Kwic Finder(hishida)などの検索専用ソフト(検索専用ソフトについては **2.2** で述

べる）を利用することで、用例とその前後文脈をKWIC形式（**2.2**を参照）で出力し、容易にエクセルなどの表計算ソフトに読み込むことができる。語彙索引を使った場合に比べ、用例の収集や記録にかかる時間が大幅に節約できるという利点がある。ただ、このような利点を持つ一方、形態素解析がなされていないため、タグ無しテキストにはさまざまな限界がある。

　その最も大きな限界は検索の方法にある。形態素解析されていないプレーンテキストの場合では検索方法は基本的に文字列検索に限られるため、用例を一度に集めきれないことが多い。検索した文字列がそのまま検索結果に上がるため、表記や活用形、仮名遣いなどのバリエーションをすべて個別に検索する必要がある。また、短い語の用例は非常に集めにくい。たとえば、助詞「は」、形式名詞「もの」などの1、2拍の語を調べようと思ったとき、「は」や「もの」をそのまま検索すると、助詞や形式名詞であろうとあるまいと、「は」「もの」という文字列が含まれる語句がすべて検索結果に出てしまう。漢字表記を持つ語や3拍以上の語であれば、もう少し探しやすくなるが、それでも用例でないものが多数ヒットするため、調査結果の分析を行う前には求めていない用例をすべて削除していく、いわゆる「ゴミ分け作業」が必要になる。このような弱点を持つため、調査の内容によっては語彙索引を利用したほうが効率がよい場合もある。

　一方、タグ付きテキストになると、前述したように形態素・文体などの情報を示すタグがテキスト内に付加されているため、タグ無しテキストに比べて検索方法が大幅に増える。とくに形態素解析されているテキストの場合、語単位で検索できることが大きな利点である。タグ無しテキストの場合、動詞・形容詞などの活用語を検索する際は前述したように各々の活用形を個別に検索する必要がある上、用例でないものも多数集まってくる。形態素解析されたタグ付きテキストの場合、語彙素(lexeme。異なる形態であるが同一の語と認められる語の基本形。動詞・形容詞の場合はその終止形で代表される)での検索が可能になるため、検索したい語のすべての例を一括して集めることができる。語彙素そのものによる検索であるため、文字列検索で問題となっていた「ゴミ」の結果もなくなる。

さらに、付与されているタグの種類によっては検索結果を会話文に限定したり、品詞を限定したりすることができる。たとえば、『源氏物語』における名詞と形容詞の割合を算出しようと思ったとき、語彙索引を使ったとしても手作業では莫大な時間がかかることは間違いないが、形態素解析されたタグ付きテキストを利用することで、名詞と形容詞の数をほぼ瞬間的に算出することができる。実際、形態素解析がなされている「日本語歴史コーパス」(国立国語研究所、**3.1** で紹介)を利用して『源氏物語』における名詞(代名詞を含む)と形容詞(形容動詞(形状詞)を含む)の数を算出してみると、『源氏物語』では名詞 92,993 語、形容詞 28,077 語(2018 年 7 月の時点で検索した結果)と、ちょうど 3 対 1 程度の割合で用いられていることがわかる。これは筆者の検索による結果であるが、同じ手順を踏めば、誰でも容易に算出できる結果である。タグ付きテキスト(とくに形態素解析がなされているもの)はこのような利点を持つため、言語の調査にとって極めて有用なツールである。

2. 電子テキストを利用する

電子テキストは大量の用例を短時間で集めるにあたって最適な検索ツールであるといえる。しかし、必ずしも語彙索引のように日本語史調査のために整備されているわけではないため、電子テキストを利用する際にはいくつか注意しなければならない点がある。

2.1 電子テキストの信頼性

電子テキストの中には個人が入力・公開しているものが多いため、信頼性が問題になってくるものもある。上述した「日本語歴史コーパス」のような研究機関が公開している電子テキストは普段、テキスト入力後に人手による校正作業が行われるため信頼性は高いといえるが、個人が入力・公開したテキストになると十分な校正がなされていないものもあり、中には入力ミスが目立つものもある。また、研究機関が開発した電子テキストでも入力ミスが

皆無というわけではないので、一般に電子テキストから用例を引用する際には必ず底本を確認するようにしておきたい。とくに、個人の入力による電子テキストを利用する際には底本を十分に確認する必要がある。

2.2 検索専用ソフトを使う

上述した「日本語歴史コーパス」をはじめとし、研究機関が公開している電子テキストは、多くの場合では、専用の検索システムを持っており、ネット上で容易に検索ができるようになっている。一方、txt 形式や html 形式などで公開されている単体の電子テキストの場合、そのままブラウザやテキストエディタの検索機能でも検索できるが、より効率をあげるには、検索結果を KWIC 形式で表示できる文字列検索専用ソフトを利用したい。KWIC (Keyword in Context)とは、コンコーダンス(Concordance。文脈付き語彙索引)に用いられる用例掲出形式の一つで、テキストの中から指定したキーワードをページの中央位置にあげ、左右に前後文脈を指定した長さで表示する形式のことをいう。たとえば、この段落における KWIC という語を検索し、その検索結果を KWIC 形式で並べると以下のようになる。

1. り効率をあげるには、検索結果を　KWIC　形式で表示できる文字列検索専用
2. 列検索専用ソフトを利用したい。　KWIC　(Keyword in Context)は、コン
3. う。たとえば、この段落における　KWIC　という語を検索し、その検索結果
4. いう語を検索し、その検索結果を　KWIC　形式で並べると以下のようになる

（検索文字列：KWIC　前後文脈の長さ：15 字）

日本語の検索に対応している KWIC 形式の検索専用ソフトとして、国立国語研究所が開発している全文検索システム「ひまわり」(フリーウェア)や hishida が公開している Kwic Finder (無料版と有料版あり)があげられる。これらのソフトを利用することで、電子テキストの用例を KWIC 形式でわかりやすく表示することができる(章末のリンクを参照)。

ここで「ひまわり」を使った実際の語彙調査を見てみよう。この調査では

『源氏物語』桐壺における「あはれ」の使用を調べる。『源氏物語』の電子テキストには「源氏物語の世界」(**3.6**で紹介)で提供されている本文(桐壺の巻は明融臨模本を底本にしている)を利用する。まず、桐壺のテキストを「ひまわり」に読み込み(読み込み方法について「ひまわり」の「利用者マニュアル」を参照)、その上で前後文脈の長さ15字に設定して「あはれ」を検索すると、検索結果は表1のようにKWIC形式の一覧表として表示される。

表1 『源氏物語』桐壺における「あはれ」(KWIC形式、「ひまわり」による検索結果)

1	なる人の、いたう面痩せて、いと	あはれ	とものを思ひしみながら、言に出
2	といたう思ひわびたるを、いとど	あはれ	と御覧じて、後涼殿にもとよりさ
3	聞こえけるを、若き御心地にいと	あはれ	と思ひきこえたまひて、常に参ら
4	きて、門引き入るるより、けはひ	あはれ	なり。やもめ住みなれど、人一人
5	まやかにありさま問はせたまふ。	あはれ	なりつること忍びやかに奏す。御
6	に里がちなるを、いよいよあかず	あはれ	なるものに思ほして、人のそしり
7	、こよなう思し慰むやうなるも、	あはれ	なるわざなりけり。　　［第五段
8	もしろく作りたるに、御子もいと	あはれ	なる句を作りたまへるを、限りな
9	しや」とうちのたまはせて、いと	あはれ	に思しやる。「かくても、おのづ
10	すげなう嫉みたまひしか、人柄の	あはれ	に情けありし御心を、主上の女房
11	殿籠もらせたまはざりける」と、	あはれ	に見たてまつる。御前の壺前栽の
12	からぬはなきわざなるを、まして	あはれ	に言ふかひなし。　　［第五段

用例とその前後文脈が確認しやすい形になるだけではなく、検索結果はそのままエクセルなどの表計算ソフトに容易に読み込むことができるため、用例の記録にとって「ひまわり」はたいへん便利なツールである。検索専用ソフトの多くには複数のテキストファイルを横断的に検索できるという利点もあり、多数のテキストを一括して検索する際には、ぜひ利用したい。

2.3　検索する前にテキスト加工

このように検索専用ソフトを使うことで、インターネットからダウンロードした電子テキストや自分で作成した電子テキストを容易に検索することが

できる。しかし、電子テキストの形式によっては本文が読みづらいこと、また、そのまま検索をかけると用例が漏れてしまうことがある。**2.2** で取り扱った「源氏物語の世界」の本文は比較的整備されているため、そのまま検索に利用できるが、同サイトにある明融臨模本の翻刻資料の場合はそうではない。たとえば、上で取り扱った桐壺の巻の一部を見てみよう。

1 　　侍つ(つ＄)るによこさまなるやうにて・つゐにかく
2 　　なり侍ぬれはかへりてはつらくなむ・かしこき
3 　　御心さしを思(思＋フ)給へられ(られ＄)侍(侍＋ル)これもわりなき心の
4 　　0110【御】－ミ
5 　　やみになむといひもやらす・むせかへり給ほとに
6 　　夜もふけぬ・うへもしかなん・わか御心なから・あ
7 　　0111【うへもしかなん】－命婦詞(大島本 0100)
8 　　0112【御】－ミ
9 　　なかちに人めおとろく許おほされしも・なかゝ
10 　　るましきなりけりと今はつらかりける人のち
11 　　0113【人のちきりに】－命婦北方へ返答ノ詞也
12 　　きりになん・世にいさゝかも人の心をまけたる事
13 　　はあらしと思ふを・たゝこの人のゆへにて」15 オ

　上のテキストを見ると、本文の中に数字から始まる行やカッコ付きの部分があることがわかる。数字から始まる行は底本の行間にある注釈を示し、カッコ付きの部分は底本の訂正跡(ミセケチなど)を示している。底本の注釈や訂正跡は本文批評や古注研究にとって重要な情報であるが、語彙検索の際には検索結果に影響を与えてしまうため、できれば排除したい。
　たとえば、1 行目の「侍つ(つ＄)る」という語では「つ」と「る」の間に「(つ＄)」という注が入っているため、「侍つる」の検索にはヒットしない。そして、より一般的な問題として、「泣き別れ」の問題がある。「泣き別れ」とはひとつの語が複数の行にまたがることをいう(上のテキストでいうと、

9 行目から 10 行目にわたる「なかゝる」(長かる)のようなもの)。文字列検索では泣き別れになった語は基本的にヒットしない。このような「採集漏れ」を防ぐためには検索専用ソフトを利用する前に改行や注、その他の記号などを排除していくテキスト加工作業を行う必要がある。除きたい情報を一つ一つ手で消していくと非常に時間がかかってしまうので、ワードやテキストエディタの文字列置換機能 (**2.6** で詳述) を利用するとよい。

2.4 文字列検索の基本と「ゴミ」の問題

　形態素解析のなされているテキストを用いることで、調査したい語の用例が苦労なく速やかに集められる。しかし、多くの電子テキストが形態素解析されていないのが現状である。このような形態素解析のなされていないテキストで語や文法形式を検索する際には、その語・形式が現れ得るすべての形を念頭に入れて検索しなければならない。

　とくに活用語を調べる際には注意が必要である。たとえば、第 10 章で例として取り上げた「のる」の用例を集めようと思ったとき、用例を漏れなく採集するためには、「のら」「のり」「のる」「のれ」のようにすべての活用形を個別に調べなければならない。そして、平仮名表記の他に、「ノラ」「ノリ」「ノル」「ノレ」のような片仮名表記や、「乗ら」「乗り」「乗る」「乗れ」などの漢字表記をも検索する必要がある。このように検索するバリエーションが多くなると、集めた結果の中での「ゴミ」も多くなってくる。たとえば、筆者は「日本古典文学大系本文データベース」(国文学研究資料館、**3.1** で紹介。以前は本文全体を公開していた) における「のる」の用例を「ひまわり」で探し出し分析したことがあるが、検索結果 19,698 件のうち、「ゴミ」の例 (「いのる」「おのれ」など) は 16,193 件と、結果の 8 割以上を占めていた (ジスク 2017)。「は」「が」「の」などの一拍の語の場合は、「ゴミ」の例はさらに多くなるだろう。このように「ゴミ」の例が多いときは、最初から語彙索引を利用したほうが速い場合もある。

2.5　正規表現を使う

　もう一つ検索の効率を上げるツールとして、正規表現というものがある。正規表現とは、端的にいうと、一つの形式で複数の文字列をまとめたものである。正規表現を利用することで、ある条件(たとえば、英数字であること、行頭に位置していること、カッコに括られていることなど)に合ったすべての文字列を一括して検索することができる。**2.2**で紹介した「ひまわり」と Kwic Finder をはじめとし、多くの検索専用ソフトは正規表現に対応している。また、Notepad++、サクラエディタ(フリーウェア)、Sublime Text、秀丸エディタ(シェアウェア)などのテキストエディタでも正規表現が利用できる。ことばの調査はもちろん、テキスト加工においてもたいへん役に立つツールである。

　文字列検索やテキスト加工をより効率良く行うためには基本的な正規表現をいくつか覚えておくとよい。ソフトによっては正規表現の標準は多少変わってくるが、ここでは本章で取り上げた検索専用ソフトとテキストエディタがいずれも対応している、比較的汎用性が高い Perl 5 言語の正規表現をいくつか紹介していきたい。

　正規表現は基本的に半角英数字のメタ文字からなり、これらのメタ文字を通常の文字と合わせることで、複雑な検索条件を作ることができる。たとえば、任意の文字 1 字をあらわす正規表現である「.」(ピリオド)の場合、「か.る」で検索すれば、「かかる」「かける」「かくる」などの「か」と「る」の間に文字が一つ入るすべての文字列に一致する。また、直前の文字が 0 回以上連続することをあらわす「*」(アスタリスク)の場合、「か*る」で検索すると、「る」「かる」「かかる」などに一致する。正規表現を組み合わせることでより複雑な条件を作ることもできる。たとえば、「かか*.る」で検索すると、「かかる」「かはる」「かかはる」「かへる」「かかへる」などに一致する。

　以下に Perl 言語の基本的な正規表現と簡単な使用例を示す。

表2　基本的な正規表現（Perl 5 言語）

.	任意の文字（改行以外）1字に一致する。 例：か.る　→　かかる、かける、かくる、かはる…
*	直前の文字が0回以上連続する文字列に一致する。 例：か*る　→　る、かる、かかる…
+	直前の文字が1回以上連続する文字列に一致する。 例：か+る　→　かる、かかる、かかかる… ※「*」と「+」はいわゆる貪欲（greedy）な表現で、たとえば「か.*る」で検索したときに行の中で「か」の後ろに「る」が複数回現れた場合は最後の「る」までヒットする。すなわち、「時間がかかる。お金もかかる」という文字列の場合、「か.*る」は「時間がかかる。お金もかかる」まで一致する。最小限の文字列を拾いたいときは、「*」と「+」の後ろに「?」を入れるとよい（例：か.*?る　→　時間が<u>かかる</u>。お金もかかる。）
?	直前の文字が0〜1回現れる文字列に一致する。 例：かか?る　→　かる、かかる ※「*」と「+」の後ろでは貪欲なマッチを非貪欲（non-greedy, lazy）にする機能を持つ（詳しくは「+」の項を参照）
|	この記号の左右に位置する文字列のどちらかに一致する。 例：かる|かす　→　かる、かす
^	行頭に一致する。 例：^い　→　<u>い</u>つれの御ときにか女御更衣あまたふらひ給ひける中にいとやんことなききはにはあらぬか
$	行尾に一致する。 例：か$　→　いつれの御ときにか女御更衣あまたふらひ給ひける中にいとやんことなききはにはあらぬ<u>か</u>
( )	正規表現を部分的にグループ化する。 例：(か|け)(る|す)　→　かる、かす、ける、けす
\1, \2, \3…	( ) でグループ化した文字列に一致する。文字列置換の際に便利。 例：検索文字列：か(か?)は(ら|り|る|れ) 　　置換文字列：か\1わ\2 　　結果：「かはら、かはり、かかはら、かかはり…」を 　　　　「かわら、かわり、かかわら、かかわり…」に置換)

[ ]	この記号で囲んだ文字の中のどれかに一致する。 例：か[かけ][るり] → かかる、かける、かかり、かけり ※「-」を使って、文字コードが連続する複数の文字を一括して指定することもできる。 例：[ぁ-ん] → 平仮名の全文字に一致する。 　　[ア-ヶ] → 片仮名の全文字に一致する。 　　[ｦ-ﾝ] → 半角片仮名の全文字に一致する。 　　[亜-熙] → 漢字の全文字に一致する(Shift JIS の場合。Unicode の場合は [一-龥] になる)。 ※以下のように複数の範囲を並べることもできる。 　　[0-9A-Za-z] → 半角英数字の全文字に一致する。 　　[０-９Ａ-Ｚａ-ｚ] → 全角英数字の全文字に一致する。 　　[ぁ-んゝゞ] → 平仮名の全文字＋平仮名踊り字に一致する。 　　[ア-ヶヽヾ] → 片仮名の全文字＋片仮名踊り字に一致する。
{x} {x,x} {x,}	「x」は任意の数字を示す。直前の文字が指定した回数連続する文字列に一致する。「{x,x}」を用いることで、下限と上限を設けることができる。「{x,}」の形で上限を設けないこともできる。 例：か{2}る → かかる 　　か{1,2}る → かる、かかる 　　か{2,}る → かかる、かかかる、かかかかる…
[^]	この記号で囲んだ文字以外の文字に一致する。 例：かか[^る] → ×かかる　○かから、かかり、かかれ…
\w	半角英数字とアンダーバー1字に一致する。 例：pg. \w\w → pg. 01、pg. 02、pg. 1a、pg. 1b…
\d	半角数字1字に一致する。 例：\d\d\d\d → 0001、0002、0003、0010、0011、0012…
\t	タブ文字に一致する。
\s	半角スペース、タブ、ニューライン(「\n」の説明を参照)文字に一致する。
\n	ニューライン(ラインフィードとも)文字に一致する。 一種の改行コード。Mac OS X と Linux で使用される。
\r	キャリッジリターン文字に一致する。 一種の改行コード。Mac OS X 以前の Mac OS で使用される。 ※ Windows では、改行コードは基本的にニューラインとキャリッジリターンの組み合わせ「\r\n」からなる。
\	直後の文字は正規表現でないことを示す。 例：* → アスタリスクそのものに一致する

注：日本語 OS では「\」が「¥」として表示されることもある。

正規表現を利用することで、通常ならば何回も検索を繰り返さないと拾うことができない文字列を一括して集めることができる。たとえば、「のる」の場合は、中に囲んだ文字のいずれかに一致する「[ ]」を用いて、

　　　[のノ乗載][らりるれラリルレ]

のような正規表現を構成すれば、だいたいの用例は収集できる。あるいは、やや長くなるが、已然形と呼応しない「こそ」の用例を集めるためには、

　　　[こそ|コソ].+?[へけケげゲせセてテねネへヘべベめメれレ][、。]

のような正規表現が使える。

　ここではあくまでも基本的な正規表現しか紹介していない。正規表現をより詳しく勉強したいときは、言語研究における正規表現の応用例を多く紹介する大名力(2012)や、いろいろなプログラミング言語に対応した正規表現のノウハウをまとめた Friedl(2006) と Goyvaerts & Levithan(2009) を参照するとよい。なお、正規表現を利用することで効率よく用例を集めることができる一方、**2.4** で取り上げた文字列検索の問題は依然として残る。検索条件が増えれば増えるほど、検索結果の「ゴミ」も多くなってくるので、条件を広く設定し過ぎないように注意しておきたい。

2.6　正規表現を使ったテキスト加工

　次に、正規表現を使ったテキスト加工の例を見てみよう。表2にしたがって、**2.3** で示した明融臨模本『源氏物語』のテキストから改行、行間の注記、訂正跡をすべて削除する。使用するソフトによって手順が若干異なるが、だいたいの場合は「検索」のメニューから「置換」を選び、検索設定で正規表現をオンにすることで正規表現の検索・置換ができるようになる。

　最初に行間注釈を削除しよう。行間注釈(4, 7, 8, 11 行)の行がすべて数字から始まっているため、まずは行頭が数字になっている行を探したい。ここに行頭に一致する正規表現「^」を使用すれば、簡単に行頭を指定することができる。そして、半角数字1字に一致する「\d」と組み合わせれば、行頭でかつ半角数字という条件が作れる。行間注釈の行を丸ごと削除するには、「^\d」の後ろに任意の文字1字に一致する「.」と直前の文字の一回以

上の連続に一致する「+」を置き、さらにその後ろに行尾の 1 字に一致する「$」を置けばよい(全部で「^\d.+$」のようになる)。検索文字列をこのように設定し、置換文字列を空欄にすれば、行間注釈がすべて削除できる。

次にカッコ内の訂正跡を削除しよう。検索文字列を「(.+)」に設定し(ここで「( )」は全角文字。半角の場合は、グループ化の正規表現に解釈されないように、それぞれのカッコの前に「\」を置く必要がある)、置換文字列を空欄にすれば、カッコとその中にある文字がすべて削除できる。

最後に改行を削除しよう。改行をとるためには「\r\n」(Windows の場合。Mac と Linux では「\n」)で検索し、置換文字列を空欄にすると、改行はすべてなくなる。改行を最初に削除すると、行頭・行尾が指定できなくなるので、最後に削除するとよい。以上の手順をまとめると、以下のようになる。

表 3　テキスト加工の一例

置換条件		検索文字列	置換文字列
1	行間注を削除	^\d.+$	(空欄)
2	訂正跡を削除	(.+)	(空欄)
3	改行を削除	\r\n	(空欄)

このように 1 〜 3 の手順にしたがって文字列置換を行うと、以下のような検索しやすいテキストが出来上がる。

　　侍つるによこさまなるやうにて・つゐにかくなり侍ぬれはかへりてはつらくなむ・かしこき御心さしを思給へられ侍これもわりなき心のやみになむといひもやらす・むせかへり給ほとに夜もふけぬ・うへもしかなん・わか御心なから・あなかちに人めおとろく許おほされしも・なかゝるましきなりけりと今はつらかりける人のちきりになん・世にいさゝかも人の心をまけたる事はあらしと思ふを・たゝこの人のゆへにて

この他、テキスト加工に役立つ文字列置換例をいくつか以下に示す。

表4　テキスト加工に役立つ正規表現

置換条件	検索文字列	置換文字列
句点で改行を挿入	。	。\r\n
半角英数字を削除	[0-9a-zA-Z]	空欄
全半角スペースを削除	␣ |	空欄
2回以上連続する改行を削除	(\r\n){2,}	\1
同の字点→漢字	(.)々	\1\1
P001, P002…(ページ数)を削除	P\d+ ※全角の場合は：P[0-9]+	空欄
1 オ，1 ウ…(帖数)を削除	\d+[オウ] ※全角の場合は：[1-9]+[オウ]	空欄
/漢字(ルビ)形式のルビを削除	/(.+?)\(.+?\) ※全角の場合は：／(.+?)(.+?)	\1
レ点を反読	(.)レ(.)	\2\1
一・二点を反読	(.)一(.+?)二 ※なお、反読される文字数が一文字の場合に限る。二字以上の熟語が含まれる場合は更なる工夫が必要	\2\1

テキストによって必要な加工の手順が異なってくるが、最低限でも調査資料として利用する前に、採集漏れを防ぐために改行、スペース、注などを削除する加工をしておいたほうがよい。

2.7　テキスト加工の問題点

　テキストを加工することで文字列検索の効率が上がる一方で、とくにテキスト内の改行やスペースなどを削除してしまうと、テキストそのものが読みづらくなることがある。このような場合、一つの対策として、加工済みのテキストに句や文の切れ目に再び改行を入れることが考えられる。句読点が付いているテキストでは、上で示した「。」→「。\r\n」のような正規表現で句点を改行に置き換え、より読みやすくすることができる。しかし、**2.3** で示した明融臨模本『源氏物語』のように句読点が付いていないテキストにはこの対策は利かない。このような際には加工前のテキストを残し、加工済み

のテキストと併用するのが一番よい。すなわち、文字列検索には加工済みのテキストを利用し、前後文脈の確認に加工前のテキストを利用すればよい。加工の際に底本のページ数や行数などの情報を削除した場合にもこのような工夫が必要となる。

2.8 電子テキストの限界

　電子テキストを利用することで、多くの場合では用例収集が速くなる。しかし、電子テキストを利用して用例を集める場合も、第10章で述べた検索ツールの利用にあたっての問題点はそのまま当てはまる。つまり、文章を読まずに短時間で大量の用例を集めることになるため、個々の用例の理解度が十分でなく、検討がおろそかになる恐れがある。現在の段階では、電子テキストに注釈が付いているものが非常に少ないので、内容を理解するために改めて注釈書を見ることになる場合が多い。このため、電子テキストを利用しても必ずしも作業が楽になるわけではないことを心に留めておく必要がある。

3. 日本語史研究のための電子テキスト

　これまでに電子テキストの功罪や利用方法について述べてきた。では、電子テキストにはどのようなものがあるのだろうか。本節では、インターネットに公開されている電子テキストや、CD・DVDで販売されている電子テキストの中から代表的なものをいくつか紹介していく。

　なお、日本文学・日本史などの分野では複数の電子テキストを集めたものをデータベースと呼ぶことが多い。このような電子テキストデータベースは実質的にコーパスの一種であるともいえるが、とくに言語研究のために整備されたものをコーパスと呼び、（言語研究のほか）文学、歴史研究などの多目的で作られたデータベースと区別することが多い。

　以下に紹介する電子テキストのURLや書誌情報などは巻末の［日本語史研究のための電子テキスト一覧］で示す。また、そこに本章では紹介できな

かったものをいくつか掲げる。

3.1 国立国語研究所公開のコーパス

まず電子テキストの中でも代表的なものとして、国立国語研究所が開発・公開している

　　（1）「日本語歴史コーパス」（Corpus of Historical Japanese（CHJ））

があげられる。(1)は国立国語研究所共同研究プロジェクト「通時コーパスの設計」および「通時コーパスの構築と日本語史研究の新展開」（リーダー：小木曽智信）と連携して開発されているもので、広く奈良時代から明治・大正の日本語資料を対象にしている。形態素解析済みタグ付きテキストから構成されており、語彙素（**1.2** を参照）による検索ができる。この他、品詞、活用形、語種、前後何語以内に共起する語など、さまざまな条件が指定できる。2019 年 4 月現在では以下のコンテンツが公開されており、今後順次更新されていく予定である。

①奈良時代編：『万葉集』（底本：『新編日本古典文学全集』小学館）

②平安時代編：『古今和歌集』『土佐日記』『竹取物語』『伊勢物語』『落窪物語』『大和物語』『枕草子』『源氏物語』『紫式部日記』『和泉式部日記』『平中物語』『堤中納言物語』『更級日記』『讃岐典侍日記』『蜻蛉日記』『大鏡』（底本：『新編日本古典文学全集』小学館）

③鎌倉時代編：『今昔物語集（本朝部）』『宇治拾遺物語』『十訓抄』『方丈記』『徒然草』『海道記』『建礼門院右京大夫集』『東関紀行』『十六夜日記』『とはずがたり』（底本：『新編日本古典文学全集』小学館）

④室町時代編：大蔵流虎明本『狂言集』(236 曲)（底本：大塚光信編(2006)『大蔵虎明能狂言集―翻刻 註解全二冊』清文堂）『天草版平家物語』『天草版伊曽保物語』（底本：大英図書館蔵本）

⑤江戸時代編：洒落本―『聖遊廓』『月花余情』『新月花余情』『陽台遺編・妣閣秘言』等 30 作品（底本：洒落本大成編集委員会編(1978-88)『洒落本大成』中央公論社）、人情本―（底本：東京大学国語研究室所蔵）

⑥明治・大正編：雑誌―『明六雑誌』（全文）『国民之友』『太陽』『女学雑

誌』『女学世界』『婦人倶楽部』(各一部)、国定教科書？小学校第1期〜第6期、高等小学校1期、口語資料―『交易問答』『安愚楽鍋』『開化のはなし』『文明開化』等9作品(底本：国立国会図書館蔵本及び国立国語研究所蔵本)

　本コーパスでは検索した語(キー)の前後文脈300語まで表示することができるが、元のテキストをそのまま閲覧・ダウンロードすることができないため、前後文脈をより詳しく確認したい場合は、刊行冊子体テキストを見る必要がある。『新編日本古典文学全集』の本文(注釈・現代語訳を含む)は「ジャパンナレッジ」(**3.5**で紹介。有料)に公開されており、外部リンクという形で参照できる(「ジャパンナレッジ」に個人または法人で契約を結んでいる必要がある)ので、アクセスできる環境にいれば、一緒に利用するとよい。明治・大正の雑誌の画像データも一部国立国語研究所によって公開されており、外部リンクで参照できる。「日本語歴史コーパス」は登録制となっており、登録するためには所定の手続きをする必要がある。登録は無料である。

　国立国語研究所はこの他に、全文検索システム「ひまわり」(**2.2**を参照)で検索できるように整理したデータとして、次のようなものを公開している。

　　（2）「太陽コーパス」
　　（3）「近代女性雑誌コーパス」
　　（4）「明六雑誌コーパス」
　　（5）「国民之友コーパス」
　　（6）「青空文庫」パッケージ
　　（7）「人情本」パッケージ
　　（8）「ふみくら」パッケージ
　　（9）「日本文学テキスト」パッケージ
　　（10）「国会会議録」パッケージ

(2)〜(5)は明治〜大正期の雑誌を集めたコーパスで、上記の(1)でもアクセスすることができる。(2)は明治後期〜大正期の総合雑誌『太陽』から5年分のデータをサンプルしたもので、(3)は明治後期〜大正期の女性雑誌3種

から 40 冊分のデータをサンプルしたものである。(4)は明治初期の学術啓蒙雑誌『明六雑誌』の全文を収録したもので、(5)は明治中期の雑誌『国民之友』の第 1 〜 36 号(1887 〜 1888 年刊)のデータを収録したものである。なお、(2)の単体版は CD-ROM(有料)でのみ公開されているが、(1)では無料で検索できるようになっている。(6)はインターネットの「青空文庫」から計約 1 万 4 千作品(2019 年 4 月現在)を集めたものである。「青空文庫」は著作権が消滅した作品をテキスト形式で提供する電子図書館であり、作品の増加にともなって、本パッケージも定期的に更新されている。(7)は近世の人情本 6 作品、(8)は幕末・明治期の読本・小説 17 冊を収録したものである。(9)は後述の(38)で提供されている一部のテキストを「ひまわり」用に変換したものである。(10)は 1947 〜 2012 年の国会会議録(本会議及び予算委員会)を集めたものである。(2)〜(10)はいずれも文体、記事名、著者などの情報がタグで付けられており、横断検索の際にたいへん便利である。検索方法は基本的に文字列検索となるが、(4)と(5)のテキストは形態素解析されており、語彙素による検索が可能となっている。

3.2 国文学研究資料館公開の電子テキストデータベース

「日本語歴史コーパス」と並ぶ大規模なコーパスとして、国文学研究資料館が公開している

  (11) 「日本古典文学大系本文データベース」

がある。(11)は『日本古典文学大系』(岩波書店)100 冊、556 作品を電子化したもので、文字列検索による全作品の横断検索ができる。公開されているデータベースの中で最も作品数が多く、言語資料としての価値が非常に高いが、その一方で、検索方法が文字列検索に限られているため、助詞・助動詞などの短い語の検索には向いていない。また、作品数が多いものの、『日本古典文学大系』の刊行から年数が経っていることもあり、中には信頼性に問題がある底本も含まれている。とくに『宇津保物語』『源氏物語』の底本については、善本とはいえないという見方もあり、最低でも『宇津保物語』『源氏物語』に関してはより信頼できる資料を利用したい。『狂言集』も 19

世紀成立の大蔵流山本東本を底本にしているので、成立時期の早い大蔵流虎明本や『狂言記』などと照らし合わせる必要がある。(1)国立国語研究所「日本語歴史コーパス」には大島本『源氏物語』と大蔵流虎明本『狂言集』が収録されているので、これらのテキストについては(1)を利用するとよい。「日本古典文学大系本文データベース」にアクセスするために登録の必要はないが、アクセスできる場所は大学や図書館、研究所などの公的機関に限られている。

　国文学研究資料館はこの他に以下のようなデータベースも公開している。

　　(12)　「噺本大系本文データベース」

　　(13)　「古典選集本文データベース」

(12)は『噺本大系』(東京堂出版)20冊、329作品を電子化したもので、(13)は『二十一代集』『絵入源氏物語』『吾妻鏡』、歴史物語、奈良絵本など、国文学研究資料館所蔵和古書30作品(2019年4月現在)を電子化したものである。(11)と同様に文字列検索による全文横断検索ができるようになっている。なお、(12)と(13)についてはアクセスの制限はない。

3.3　東京大学史料編纂所公開の電子テキストデータベース

　東京大学史料編纂所はインターネット上で日本史関連史料やデータベースを多く公開している。その中でも、全文検索可能なデータベースとして次のものを公開している。

　　(14)　「古記録フルテキストデータベース」

　　(15)　「古文書フルテキストデータベース」

　　(16)　「奈良時代古文書フルテキストデータベース」

　　(17)　「平安遺文フルテキストデータベース」

　　(18)　「鎌倉遺文フルテキストデータベース」

(14)は東京大学史料編纂所編『大日本古記録』(岩波書店)の全文テキストデータベースで、(15)は同『大日本古文書―家わけ文書』(東京大学出版会)、佐藤進一他編『中世法制史料集』(岩波書店)などの史料集から集めた古文書のデータベースである。(16)は東京大学史料編纂所編『大日本古文書

一編年文書』(東京大学出版会)の全文テキストデータベースで、(17)は竹内理三編『平安遺文』(東京堂出版)の全文と黒板勝美編『新訂増補国史大系』(吉川弘文館)から一部の史料などを集めたデータベースである。(18)は竹内理三編『鎌倉遺文』(東京堂出版)の全文テキストデータベースである。

　古文書・古記録などの変体漢文については語彙索引が刊行されているものが比較的少ないため、変体漢文の調査にとっては、(14)～(18)のデータベースは欠かせないものである。いずれも検索方法は文字列検索に限るが、対象のテキストが漢字文となっているため、和文のように活用形・表記のゆれをそれぞれ指定する必要がなく、比較的容易に用例を集めることができる。

3.4　漢籍・仏典の電子テキストデータベース

　日本語資料のコーパス・電子テキストデータベースの他に、漢籍・仏典・漢詩などの漢文作品を扱ったデータベースが国内外の大学・研究機関によって数多く公開されている。これらは漢字・漢語の歴史的研究を行う際に役に立つ。代表的なものには以下のものがある。

(19)　台湾中央研究院「漢籍全文資料庫」
(20)　陳郁夫「台湾師大図書館【寒泉】古典文献全文検索資料庫」
(21)　Donald Sturgeon「中国哲学書電子化計画」(英名：Chinese Text Project)
(22)　中華電子仏典協会(CBETA)「電子仏典集成」
(23)　東京大学「SAT 大正新脩大蔵経テキストデータベース」
(24)　Christian Wittern「漢籍リポジトリ」

(19)では『二十五史』や『十三経義疏』の全文を検索できる。なお、一部のコンテンツが有料となっている。(20)では『全唐詩』『朱子語録』など、(19)の無料版には含まれていない多くのテキストが検索できる。(21)は本来、古代中国哲学・思想に関連した資料を公開するサイトであるが、近年資料が大幅に増加しつつあり、哲学・思想に限らず、史書・字書・医書・算書など、多くの資料を公開している。テキストによっては英訳や底本の画像まで付いているものもあり、たいへん利便性の高いサイトとなっている。(22)

は『大正新脩大蔵経』(大正一切経刊行会)、『新纂大日本続蔵経』(国書刊行)などの大蔵経類から印度・中国撰述の仏典をすべて収録した大規模なデータベースである(日本撰述の仏典は収録されていない)。インターネット上で検索できる他、プログラムとしてダウンロードしてオフラインで利用することもできる。(23)は東京大学による『大正新脩大蔵経』の全文テキストデータベースである。対象となる作品は基本的に(22)と同じであるが、CBETA 版で収録されていない日本撰述の仏典がすべて収録されているため、仏典を調査する際に CBETA と併用するとよい。(24)は京都大学の Christian Wittern が二十数年にわたってインターネットから収集し、または研究プロジェクトで作成した漢籍電子テキストの大集成である。『四部叢刊』『四庫全書』『正統道蔵』『道蔵輯要』『大正新脩大蔵経』『新纂大日本続蔵経』といった叢書類から集めたテキストが約1万冊収録されている(2019年4月現在)。規模でいうと、漢籍・仏典の電子テキストデータベースの中で最大なものになるが、テキストのほとんどに句読点が施されていないため(これは『漢籍リポジトリ』の問題というより、底本である『四部叢刊』『四庫全書』などの問題)、高度な専門知識がないと、解読が困難であることが多い。

〈漢籍・仏典の当たるべき範囲〉

　さて、漢籍や仏典の電子テキストデータベースを検索すると、きわめて膨大な数の用例が集まることがある。大量の用例を前にして、一つ一つの用例の意味・用法の分析にかかる手間・時間を考えると、研究テーマ自体が無謀なものであったかのように思えてくる場合があるかもしれない。

　調査の範囲を限らずに、できるだけ多くのデータベースに当たるという方法は、ある漢語が和製か否かを判断するような場合、すなわち、基本的に用例の有無のみが問題になるようなケースでは可能かつ有効であろう。しかし、用例数の多い漢字(たとえば助字の類など)の意味・用法の、中国と日本とでの相違を問題にする場合などは、将来的には悉皆調査に近いものを目指すにしても、調査の初期段階としては、見通しをつけるために、ある程度調査範囲を限定せざるを得ないことがある(また、研究のモチベーションを維

持するためにも、その方がよいように思われる)。

　問題は、どのようにして調査範囲を限定するかである。日本語の資料の場合、我々はどのようにして調査範囲を決めるであろうか。通常は、資料の成立年代、ジャンル、言語資料としての性格・重要度等を考慮するはずである。また、そうした情報を確認するためには、『日本語学研究事典』(明治書院)、『日本語大事典』(朝倉書店)のようなものを利用するであろう。中国の資料についても、これと同様のことをすればよい。中国資料の各文献の性格を押さえた上で、基本的かつ重要な資料から調査を始め、余力に応じて調査範囲を拡大していくのである。

　中国の資料の性格を知るためには、以下のようなものを参照するとよい。

A　近藤春雄『中国学芸大事典』大修館書店 1978
B　神田信夫・山根幸夫編『中国史籍解題辞典』燎原書店 1989
C　日原利国編『中国思想辞典』研文出版 1984
D　鎌田茂雄・河村孝照他編『大蔵経全解説大事典』雄山閣出版 1998
E　尾崎雄二郎・竺沙雅章・戸川芳郎他編『中国文化史大事典』大修館書店 2013

　また、昔の日本人がどのようなものを読んでいたかを考慮することも有効である。ある時代の日本人がどのような漢籍を読んでいたのかを知るためには、藤原佐世撰『日本国見在書目録』(寛平3(891)年頃成立、『日本書目大成』(汲古書院)等に収録)等の当時日本に将来されていた漢籍の目録等があるほか、公家日記の類には、読書・書写・抄出した典籍についての記述が間々ある。大島幸雄編『平安朝漢文日記索引―典籍文書名篇―』(国書刊行会)や土井哲治編『実隆公記　書名索引』(続群書類従完成会)のようなものもあるので、目を通してみるのもよいだろう。

　なお、どのような範囲のデータベースを検索すべきかは、研究テーマによって異なってくる。自身の研究テーマに、どういう範囲の調査が適しているかが判断できるようになるためには、それなりの中国学に関する知識も必

要である。たとえば、台湾中央研究院の「漢籍全文資料庫」等を利用するにあたっては、漢籍の分類法のスタンダードである「四部(四庫)」の概略は押さえておいた方がよい。四部では、すべての漢籍を経・史・子・集の4つに大別する。そのおおよその内容は、経部は儒教経典およびその注釈等(注釈のための訓詁学(文字解釈)を含む)、史部は『史記』をはじめとする歴史書および地理等、子部は諸子百家をはじめとする思想の書(天文学・暦学・医学・薬学等も含む)、集部は文学関係の書(文学作品・文芸評論)である。闇雲に検索をするのではなく、自身の調査に関係の深そうな分野の書目を優先的に調査するとよいだろう。

さらに言えば、データベース検索をする前に、調査しようとする漢字・漢語について、中国において中国語学分野から研究が為されている可能性も確認しておくべきだろう。自身の研究にとって有益な情報が得られる場合もある。中国における研究を検索するためには、京都大学人文科学研究所東アジア人文情報学研究センターが作成している『東洋学文献類目』を利用するとよい。これは、1年ごとの東洋学関連の書籍・論文の目録で、毎年作成されている。東洋学関連の先行研究が外国の文献も含めて網羅的に収められているので、まずは参照しておくとよいだろう。書籍版とオンライン版があり、オンライン版では、キーワード検索が可能である(章末のリンクを参照)。

3.5 有料の電子テキスト

これまでに紹介した電子テキストはいずれも研究機関・大学または個人によって開発されているもので、基本的には無料あるいは無料登録制となっている。しかし、すべての電子テキストが無料というわけではない。出版会社などによる有料電子テキストもあり、場合によっては有料のものを利用しなければならないことがある。中には個人で購入できるものもあるが、ものによっては法人契約限定、あるいは高価なため個人での購入・契約が非現実的であることがある。以下に紹介する資料は大学図書館などの研究機関で導入している場合が多いので、利用したい際には所属機関あるいは最寄りの図書館のレファレンスコーナーに問い合わせるとよい。

まず、大学図書館への導入度が高いものとして、

　(25)　株式会社ネットアドバンス「ジャパンナレッジ」(JapanKnowledge)がある。「ジャパンナレッジ」では『新編日本古典文学全集』(小学館)全 88 冊の全文(原文・現代語訳・注釈)と、『東洋文庫』(平凡社)から約 700 冊(2019 年 4 月現在)の全文が検索できるようになっている。また、別途契約が必要となるが、『群書類従(正・続・続々)』(八木書店)全 133 冊(約 3,750 書目)の全文検索システムも公開している。いずれも文字列検索のみとなっているが、『新編日本古典文学全集』の場合、一部の作品は 3.2 で紹介した語彙素による検索が可能な「日本語歴史コーパス」にも収録されているので、合わせて利用するとよい。「ジャパンナレッジ」はこの他に、『日本国語大辞典』(小学館)、『角川古語大辞典』(角川書店、別途契約が必要)、『日本方言大辞典』(同)、『国史大辞典』(吉川弘文館)の検索システム(全文検索可能)や『古事類苑』(古事類苑刊行会)の検索システム(全文検索不可。ただし、目録・索引あり)など、日本語史研究に役立つ資料(第 8 章参照)を数多く公開している。

このほかに、有料電子テキストとして以下のようなものがある。

　(26)　株式会社古典ライブラリー「日本文学 Web 図書館」
　(27)　EBSCO「eBook Collection(EBSCOhost)」

(26)は(a)「和歌ライブラリー」、(b)「和歌＆俳諧ライブラリー」、(c)「平安文学ライブラリー」という三つのデータベースを提供している。(a)では『新編国歌大観』全 10 巻 1162 集(角川学芸術出版)と『新編私家集大成』全 7 巻 527 集・増補 49 集(古典ライブラリー)、(b)では『古典俳文学大系』全 16 巻・増補巻の俳書(集英社)と『歌書集成』(古典ライブラリー)、(c)では『源氏物語』の諸本(大島本、陽明文庫本、保坂本、河内本)をはじめとする平安時代の文学作品の全文が検索できる。(27)では『新訂増補国史大系』(吉川弘文館)全 66 冊、『日本随筆大成』(同)全 105 冊、『大日本佛教全書』(大法輪閣)全 161 冊、『明治年間法令全書』(原書房)全 120 冊など、数多くの電子書籍が公開されている。両方とも文字列検索による横断検索ができるため、大量の用例を一括して集める際には有用な資料である。

インターネットで公開されている電子テキストに加え、近年は減ってきて

いるが、CD-ROM・DVD-ROM で発売されている電子テキストもある。いずれも有料であり、個人での入手が困難な場合もあるので、大学図書館などの研究機関を通して利用するとよい。代表的なものとしては以下のような資料がある。

(28) 「新編国歌大観」編集委員会監修『新編国歌大観 DVD-ROM』(旧版：同『CD-ROM 版新編国歌大観』)角川学芸術出版
(29) 古典索引刊行会編『万葉集電子総索引 CD-ROM 版』塙書房
(30) 古代学協会・古代学研究所編『大島本源氏物語 DVD-ROM 版』角川芸術出版
(31) 西端幸雄・志浦由紀恵編『土井本太平記本文及び語彙索引 CD-ROM 版』勉誠出版
(32) 福田豊彦監修『新訂増補国史大系本吾妻鏡・玉葉データベース CD-ROM 版付人名索引』吉川弘文館
(33) 国立国語研究所編『CD-ROM 版国定読本用語総覧』三省堂
(34) 新潮社編『CD-ROM 版新潮文庫の 100 冊』(絶版)新潮社

3.6 その他の電子テキスト

　上で紹介した資料のほかに個人による日本語史関連電子テキストがインターネットに多く掲載されている。以下に代表的なものを数例掲げる。なお、巻末の［日本語史研究のための電子テキスト一覧］にさらに追加して紹介している。

(35) 吉村誠「万葉集検索」
(36) 渋谷栄一「源氏物語の世界」
(37) 菊池真一・深沢秋男「J-TEXTS 日本文学電子図書館」
(38) 岡島昭浩「日本文学等テキストファイル」

(35)は『万葉集』のデータベースで、歌番号・原文・書き下し文・仮名表記などから検索できる。(36)は『源氏物語』やその関連のテキストを提供するサイトで、『源氏物語』の藤原定家自筆本、明融臨模本、大島本の全文や『紫式部日記』『紫式部集』などのテキストが閲覧・ダウンロードでき

る。(37)は軍記物語・歴史書を中心とした電子テキストを提供するサイトで、『平家物語』の諸本8種や『六国史』(『日本書紀』『続日本紀』『日本後紀』『続日本後紀』『日本文徳天皇実録』『日本三代実録』)の全文など、豊富なテキストが閲覧・ダウンロードできる。(38)は古典文学作品や近代小説のうち、底本の著作権保護期間が過ぎているテキストを多数掲げるサイトである。

日本国外の大学や研究機関が日本語資料の電子テキストデータベースを公開していることもある。現在最も整備されている海外データベースは、

 (39) バージニア大学・ピッツバーグ大学「日本語テキストイニシアティブ」(Japanese Text Initiative)

である(日本語版サイトもある)。本データベースは歌集・物語・謡曲・歌舞伎脚本を中心した81作品を収録する前近代(明治以前)編と、詩集、小説を中心とした216作品を収録する近代編(明治以降)から構成されている。すべての作品を横断検索できるほか、各テキストを閲覧・ダウンロードすることもできる。このほかに上代日本語(『万葉集』、記紀歌謡、『延喜式』祝詞など)を対象とした

 (40) オックスフォード大学・国立国語研究所「オックスフォード・NINJAL上代日本語コーパス」(Oxford-NINJAL Corpus of Old Japanese (ONCOJ))

がある。本データベースは仮名ではあらわせない甲乙の区別やア行とヤ行のエなどをローマ字で示しているのみならず、形態素・構文解析(構文木)の情報をも提示しており、古代音韻や文法・統語の研究にとって価値の高い資料となっている。

また、厳密には電子テキストとはいえないが、漢字字体の歴史的変遷を調べられるデータベースとして以下のようなものがある。

 (41) 漢字字体規範史データセット保存会「漢字字体規範史データセット単字検索」(Hanzi Normative Glyphs (HNG))

 (42) 奈良文化財研究所・東京大学史料編纂所「「木簡画像データベース・木簡字典」「電子くずし字字典データベース」連携検索」

本章では電子テキストの利用方法を示したうえで実際の電子テキストをいくつか紹介した。電子テキストは大量なデータを短時間で集めるための最適なツールであるといえる。そして、電子テキストを利用することによって、従来できなかったさまざまな計量的な分析が可能となる。

その一方で電子テキストの多くのものは語彙索引のように言語研究のために整備されていないのが現状で、とくに形態素解析されていないテキストについてはさまざまな限界がある。この意味では電子テキストは現状では必ずしも万能であるとはいえない。今後、電子テキストの数はさらに増えていき、また形態素解析の技術の進歩にともなって、形態素解析済みのテキストの数も増えていくだろう。資料の増加や解析技術の進化とともに調査の視野も大幅に広がることが期待できる。

本章で紹介した検索専用ソフトとテキストエディタ
(1) 全文検索システム「ひまわり」 http://www2.ninjal.ac.jp/lrc/index.php
(2) KwicFinder http://ebstudio.info/home/KWIC.html
(3) Notepad++ https://notepad-plus-plus.org/
(4) サクラエディタ http://sakura-editor.sourceforge.net/
(5) Sublime Text https://www.sublimetext.com/ （日本語化については http://matome.naver.jp/odai/2138657649717812101 を参照）
(6) 秀丸エディタ https://hide.maruo.co.jp/software/hidemaru.html

参考文献
石川慎一郎(2012)『ベーシックコーパス言語学』ひつじ書房
荻野綱男・田野村忠温編(2011a)『講座ITと日本語研究5 コーパスの作成と活用』明治書院
荻野綱男・田野村忠温編(2011b)『講座ITと日本語研究6 コーパスとしてのウェブ』明治書院
大名力(2012)『言語研究のための正規表現によるコーパス検索』ひつじ書房
近藤泰弘・田中牧郎・小木曽智信編(2015)『コーパスと日本語史研究』ひつじ書房

国立国語研究所編(2005)『雑誌『太陽』による確立期現代語の研究―『太陽コーパス』研究論文集』(国立国語研究所報告 122)博文館新社

ジスク,マシュー(2017)「和語の書記行為表現「のる」「のす」の成立をめぐって―漢字を媒介とした意味借用の観点から―」『訓点語と訓点資料』139

スタッブズ,M.(2001)『コーパス語彙意味論―語から句へ』(南出康世・石川慎一郎監訳 2006)研究社

前川喜久雄編(2013)『講座日本語コーパス 1 コーパス入門』朝倉書店

Friedl, Jeffrey E. F.(2006)『詳説正規表現』第 3 版(株式会社ロングテール・長尾高弘訳 2008)オライリー・ジャパン

Goyvaerts, Jan & Levithan, Steven(2009)『正規表現クックブック』(長尾高弘訳 2010)オライリー・ジャパン

東洋学文献類目検索

第 7.4 α 版　http://ruimoku.zinbun.kyoto-u.ac.jp/ruimoku/index.html.ja
　　(1934 年度版〜 1980 年度版、2001 年度版以降のデータを収録)

第 6.10 版　http://ruimoku.zinbun.kyoto-u.ac.jp/ruimoku6/index.html.ja
　　(1981 年度版〜 2000 年度版のデータを収録)

第12章
ことばの歴史を構築する

　ここまで、古い文献を用いて日本語の歴史を明らかにしていくために、証拠としての用例を集めるための古い文献資料の扱い方、そこから用例を集め整理する方法について述べてきた。これらのことをふまえた上で、集めた用例からことばの歴史を構築していくための目のつけどころ、方法の一端について述べておくことにする。

1. ことばの歴史構築にむけて

　これまでの章にしたがって古い文献に見られる用例の収集が終わったところで、その用例を根拠にことばの歴史を構築していくことになる。それにあたっては、最初に検討した問題意識にしたがって、分析を進めていくことになる。では、最初に設定した問題意識はどのようなものであっただろうか。それをまず確認してみよう。
　ここであらためて、ことばの歴史の研究である歴史言語学の問いを確認しておくと、それは次のようなものであった。

（1）　歴史言語学の問い
　　　（ある）言語の歴史とはいかなるものか
　　　①過去の言語はいかなる姿をしていたのか。

②言語はどのように変化するのか。
③言語はなぜ変化するのか。

もちろん、ここで考えるのは日本語の歴史であるから、(1)の「言語」のところが日本語になる。最初に設定した問題意識は①〜③のどれであったであろうか。それによって、分析の流れも違ってくる。

①のような問いは、「①′ 過去の日本語はいかなる姿をしていたのか」ということになる。このようなある時代の言語の姿を描き出すことを共時的な記述というが、言語の研究にとってはどのような研究でもまずは共時的な記述が必要になる。そして、設定した問題が①′であれば、対象となる時代に見られる個々の用例を丁寧に観察し、それらにはどのような特徴が見られるかを検討して、ある時代にそのことばがどのように使われていたのかを明らかにしていく。

また、設定した問いが②のようなもの、日本語の場合でいえば「②′ 日本語はどのように変化したのか」ということを考えるのであれば、①′でおこなうような一定の時代の範囲の用例に対する分析を、さらに他の時代にも行っていくということになる。実際には、調べた範囲の全時代にわたっておおよそどれほどの用例があるのか、また、できればどのような特徴があるのかということを大雑把につかんだ上で分析を進めていくことになる。

そして、③であれば、②′の過程を経た上で、そこにどのような変化の事情があるかを考えることになる。

いずれの場合においても、問題となるのは〝差異〟である。②や③のような問いであれば、その場合は、少なくとも時間的に隔たった時期における言語の姿の差異を、言語の変化としてとらえることになるのであるから、差異が問題になることははっきりしている。一方、①′の場合は同時代における変化のない言語の分析であるから、差異はあまり関係ないように思えるが、実際はそうではない。少なくとも、ある時代のことばとはいっても、現代日本語との差異が全くない側面を扱うということはなく、何らかの面で現代語とは異なるものを対象にしている。したがって、その時代の特徴は現代とは

異なる側面だということもできる。

　では、そのような差異を考えるにあたってはどのような点に着目すればよいだろうか。以下では、収集した用例を整理・分析して歴史的な差異を見出していくための視点の一端を示すことにする。なお、これは分析していくための視点であると同時に、実は、問題を設定していくための視点でもある。このような視点から言語の歴史的現象の一端をとらえることが、問題設定につながっていく。

2. 用例整理・分析の視点

2.1 いつに着目するか

　では、整理・分析を進めるにあたっては、いつの用例から見ていくのがよいだろうか。もちろん、①′のような問いであれば、既に集めた目的となる時代の用例を検討していくことになるが、②′の場合であれば、まずいつの時代を細かく見ていくかということが問題になるであろう。そのような場合は、まずは、変化が起こる前の時期について、まず観察してみるのがよい。とはいってもいつ変化が起こるのかわからないことも多いから、それがはっきりしない場合は、まずは比較的古い時代について観察してみるのがよい。そして、変化後の代表が現代語ということになるだろうから、その変化前の古い時代の様相を観察し、それを現代語の様相と比べて、その違いを見るということによってどのような変化があったのかということが大づかみにできることになる。これは、変化前と変化後を対照して見るということである。もちろん、変化がいつ起こったのかとか、どのようなプロセスを経て変化したのかという点の細かいところはそれだけではわからないが、まずは、変化前と変化後を対照して見ることで、変化の概要を知ることができるであろう。また、いつ変化が起きたのかということは、第8章で見たような大型辞書の記述からわかることもある。また、次の図1のようなフローチャートを参考にして、大きく語の歴史をつかんでおくのもよいだろう(前田富祺 1985, 2002)。この方法は、比較的長い時代にわたって語史を描こうとする

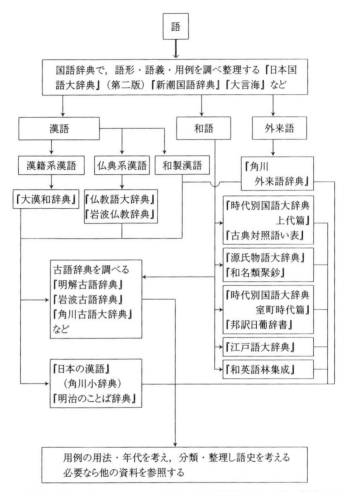

図1 語史研究のフローチャート（前田 1985 所収を改訂、前田富祺 2002）

際はとくに参考になる。このフローチャートは概略的なものであるが、語の歴史を大きくつかむためには有用である。また、助詞助動詞の用法史のような語法研究においても使える面がある。これは、現代の辞書類を中心に利用するものであるので、これで細かいところまで十分わかるわけではないが、各種索引を用いた調査を増やすとか、第11章で見たような電子テキストを

利用して広く文献にあたるなど、この過程を中心にして、さらに細かく調べていくことも可能である。

　また、図2のような漢語受容史研究のためのフローチャートもある(山本真吾 2006)。漢語は多くの場合、古代中国語に起源を持つ語であり、日本語はそれを受容したと考えられるが、図2はその過程がどのようなものであったかを考えるためのものである。これもまず漢和辞典などで調べ、漢籍系漢語か、仏典系漢語か、あるいは中国出自ではないかを検討し、その上で、中国文献に日本語の中に見られるものと同じ用法があるかないか、日本語の文献ではどのような文献で見られるか、などということを確認するプロセスがフロー化されている(漢語研究については第5章も参照)。

　いずれにしても、②′のような問いの場合は、以上のような整理・分析をさらに別の時代においても進めていくことになるが、まずは一定の時代の範囲のなかの個々の用例を丁寧に観察することが、分析の出発点である。これは③のような問いであっても同様である。

2.2　どういう点に着目するか(1)—どこで使われているか

　では、実際に古い時代の言語を観察するにあたっては、どのような点に着目したらよいだろうか。たとえば、現代日本語を観察するとき、話し手によって使う言語形式が異なっているということに着目することがあるだろう。

(2) a 「もったいないわよ。あんな子どもにワインなんかわかるもんですか」
　　b 「子どもったって、奴は僕と同じ齢じゃないか」
　　c 「あら、そう。大村君の方が上かと思ってた」
　　　(中略)
　　d 「ひでえよな。自分の男ばっか可愛がってるから、ひとをおじさんにしちゃうんだよ」　(林真理子「ワイン」『最終便に間に合えば』)

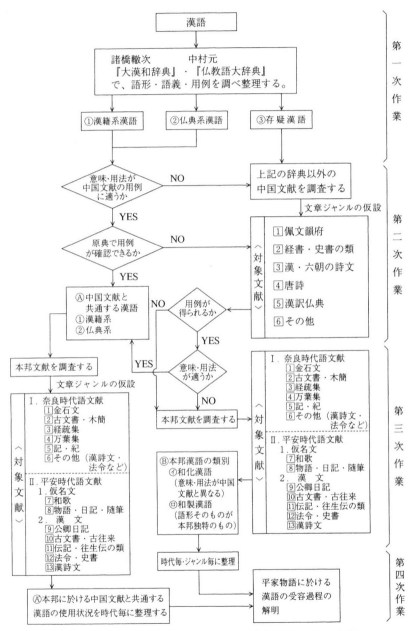

図2 漢語受容史研究のフローチャート(山本真吾2006による)

この(2a)(2c)と(2b)(2d)とでは、話し手の性別が異なっていることがわかる。それは、性別によって典型的に用いられる言語形式が異なるからである。つまり、言語の男女差という観点からの分析ができるということである。そしてこのようなことは、現代日本語にかぎったことではなく、古い時代の日本語にもいえることである((4a)(4b)参照)。つまり、現代日本語を観察する視点は、古い時代の日本語を観察する視点としても有効だということである。もちろん、そのような視点で見ても差異がないという場合はあるし、古い時代の日本語と現代語とで異なる視点もあるわけではあるが、現代日本語で問題となるような点に着目することで、整理・分析をすすめることができる。

そのように考えたときに、どのような視点から整理することができるか、いくつかその例をあげてみることにする。

まず着目すべきなのは、その言語形式がどのようなところで用いられているのかということである。つまり、どこで使われているかという視点である。

(A) 地の文と会話文（誰が話しているか、どのような場面で話しているか）

文学作品のようなものを資料として使う場合、そのことばが会話文で使われているか、地の文で使われているかということは、重要なことである。登場人物の心の中でのことば（心話文・心内語）は、会話文に準ずることが多い。多くの場合、会話文には話しことばに近いものがあらわれる。もちろん、書かれていることばである以上、実際の会話文と全く同じようになるわけではないが、地の文に比べると話しことばに近いことが多い（ただし、文語文のように、会話文であっても、話しことばからは離れたことばづかいがなされるものもあるので、注意が必要ではある）。

(3) a　け近きほどにて、この心の中に思ふことのはしすこし聞こえさせつべくたばかり<u>たまへ</u>。おほけなき心は、すべて、よし見<u>たまへ</u>、いと恐ろしければ、思ひ離れて<u>はべり</u>」とのたまへば、

(『源氏物語』若菜下)

〔宮のおそばで私の心に思うことの一端を少し申し上げられるように取りはからってください。大それた心は、まったく… まあ見ていてください。恐ろしいことなのだから、あきらめているのです」とおっしゃるので、〕

b 世中(よのなか)に見えぬ皮衣(かわぎぬ)のさまなれば、これをと思ひ給ひね。人ないたくわびさせたてまつらせ給ひそ」と言ひて、　　　(『竹取物語』)

〔世の中には見られない皮衣のようだから、これを本物と思いなさい。あの人をあまり困らせなさるな」と言って、〕

c 「あなおもしろのうたよみや」となむのたまひける。

(『大和物語』十五)

〔「ああ、おもしろい歌詠みだなあ」とおっしゃった。〕

(3a)の「たまへ」のような命令形や「はべり」のような丁寧語は地の文にはあらわれにくいし(物語の語り手があらわれて用いることがないわけではない。「草子地(そうしじ)」と呼ばれる)、(3b)「そ」のような終助詞、(3c)「あな」のような感動詞も地の文にはあらわれにくいだろう(阪倉篤義1975)。会話文であれば、誰が誰に話しているかを確認する。敬語などの待遇表現のあらわれ方は、話し手と聞き手の人物の地位や立場に大きく依存するので、誰が誰に話しているかということをしっかりとらえておくことが必要である。

　また、会話文は位相が問題になることも多い。男女差があることもある。年配の人や教養層・階層が高い人は古い形、改まった場面に使う形を使いやすいだろうし、若い人や庶民・階層が低い人であれば新しい形、くだけた場面で用いる形を使いやすいだろう。たとえば、(4)は二段活用の一段化という問題である。江戸時代前期の上方語では、本来二段活用であった動詞が一段活用になっていくという、二段動詞の一段化という現象が見られる。これは「明く」のような下二段動詞が、「あけ(ず)、あけ(たり)、あく、あくる(とき)、あくれ(ば)、あけよ」のように語形変化していたものが、「あけ(ない)、あけ(ます)、あける、あける(とき)、あけれ(ば)、あけろ」のように一段動詞として語形変化するようになるもので、古典語の文法に特徴的だっ

たものが現代語の文法へ近づくという現象である。これは上二段動詞にも起こる現象である。いずれも二段に活用するものが古い形で、一段に活用するものが新しい形である。

(4) a 親の子を褒（ほ）めるはいやらしけれど、此のやうな娘を大抵（たいてい）の男に添はせるは妬（ねたま）しい。　　　　（近松世話浄瑠璃『鑓（やり）の権三重帷子（ごんざかさねかたびら）』上）
b 役人頭（ざいくわしらはら）腹を立て、「罪科極（きはま）ったる召人（めしうど）を助（たす）くるとは。上を軽しめたる御坊（ごぼう）の仕方叶（しかたかな）はぬ叶はぬ。（近松世話浄瑠璃『大経師昔暦（だいきゃうじむかしごよみ）』下）
c 虎次郎は何故（なぜ）来（こ）されぬ。娘を母につける（)は離別（りべつ）の作法（さはふ）。此方（こち）に隔（へだて）の心はない。孫三人を朝夕（あさゆふ）に見たらば憂（う）さも紛（まぎ）れうもの。
（近松世話浄瑠璃『鑓の権三重帷子』下）

(4a)は「褒める」（＜ほむる）という形で一段化しているが、これは女性の発話である。(4b)は役人の発話で、「助くる」と二段の活用を保持している。この二段活用の一段化は、男性よりも女性のほうが、身分・教養の高いものより身分・教養の低いもののほうがはやく進んでいくことが知られている。(4a)(4b)はこのことを反映しているものである。(4c)は武士の発話であり、「つける」（＜つくる）と一段化している。武士は身分が高く保守的なことばづかいをすることが多いが、これは孫娘に語る場面で年下の身内のものに対する発話で、くつろいだ場面ということであるため、一段化した新しい形式が用いられているのである（坂梨隆三 1987、2006）。

　話し手によっては言語の地域差（方言）が問題となることもある。(5)は上方出身の女のことばで、言語の地域差が反映されたものである。

(5) さいな。御当地（ごたうち）の鼈煮鼈煮（すっぽんに）といふはな、どないな仕方（しかた）じやと思ふたら、あほらしいマア、吸物（すいもの）じや無（なう）て上でいふ転熬（ころいり）じやさかい、塩（しほ）が辛（から）うてトトやくたいじや。　　　（滑稽本『浮世風呂』二編巻之上）
〔さいな…そうですか。転熬…煮転がし、やくたい…どうにもならない〕

『浮世風呂』は江戸の庶民生活を描いているものであるが、登場人物の中には上方者もあらわれる。(5)は、形容詞が「なう」「辛う」のようにウ音便であり、断定の助動詞「じゃ」、理由を表す接続助詞「さかい」などが用いられ、上方語の特徴があらわれている。

(B) 文体（資料性）

　同じ時代でも資料の性質によって文体の差があることがある。平安時代の資料では、『源氏物語』『枕草子』などの作品に見られる和文体と、漢文を訓読した文章である漢文訓読体とでは、同じ意味を表す場合に異なった語が用いられることが知られている（築島裕 1963）。次の(6)は訓読語(カタカナ)－和文語の例である。実際、訓読語が『源氏物語』などの和文で使われることは多くなく、(7)の例は、『源氏物語』に見られる訓読語「はなはだ」であるが、この会話文は儒者による発話である（「ずして」も訓読語。和文語では「で」となる）。

(6) 　スナ－いさご(砂)、マナコ－め(目)、ユビ－および(指)、ウム－あく(飽)、ケス－けつ(消)、ソナフ－まうく(備)、ハナハダシ－いみじ、アラカジメ－かねて、コトゴトク－すべて、ツトニ－はやく、ゴトシ－やうなり、シム－す・さす

(7) 〈博士〉「おほし垣下(かいもと)あるじ、はなはだ非常にはべりたうぶ。かくばかりの著(しるし)とあるなにがしを知らずしてや、朝廷(おほやけ)には仕うまつりたうぶ。はなはだをこなり」など言ふに、　　　　　　　　　　(『源氏物語』少女)
〔「およそ相伴役の方々は、はなはだ不作法でござっしゃる。これほどの著名な私を知らないで朝廷に出仕されているのか。はなはだ愚かなことである」などというので、〕

　和文体・漢文訓読体という差異だけではなく、さらに貴族によって漢字文で書かれた『権記』『御堂関白記』などの古記録の文章は、それと別の記録体という文体であって、文体的な差異があることが知られている。実際に、

そこで見られることばも違ってくる。(8)はいずれも時の移り変わりの表現である。

(8) a　夜はあけがたになり侍ぬらん　　　　　　　　（『源氏物語』夕顔）
　　　〔夜は明け方になっているのでしょう〕
　　b　諸の人還り已りて夜分に至りて、大羅刹の母有リ。
　　　　　　　　　　（東大寺図書館蔵『地蔵十輪経』无依行品 元慶七年点）
　　　〔多くの人が帰り終わって、夜分になって大羅刹の母があらわれた。〕
　　c　及深夜諸卿被退出了　　　　　　（『左経記』長和五年正月十三日）
　　　〔深夜になって諸卿は退出された。〕

(8a)のような和文体では「〜になる」、(8b)のような漢文訓読体では「〜にいたる」、(8c)のような記録体では「〜におよぶ」が主に用いられている(峰岸明1986)。これをまとめると次の表1のようになる。

表1　平安時代の時の移り変わりの表現

	和文体	訓読体	記録体
なる	◎	×	△
いたる(至)	△	○	△
およぶ(及)	×	△	◎

◎…頻出、○…使われる、△…少数見られる、×…用いられない

　これは、ある種の語が一定の傾向をもつ資料にまとまって見られるということである。つまり、異なる文体では言語の様相も異なるのである。
　また、話しことばに近い口語文と、話しことばとは乖離した書きことばである文語文とでは、使われることばが相当程度異なる。文語文はその時代には既に話しことばでは用いられなくなった言語形式が見られることも多いのである。

2.3　どういう点に着目するか(2)—どのように使われているか

　以上は、資料のどのような箇所で用いられるか、どのような資料で用いられるかという問題であったが、個々の言語形式がどのような特徴を持っているかという視点からの整理もある。つまり、どのように使われているかという視点である。問題となる言語形式の形態や構文上の位置、その意味などが着目点になる。

(C) 音韻的特徴・形態的特徴

　たとえば、音韻的な違い、あるいは語の形の違いという点に着目することが考えられる。次の(9)は江戸時代後期の江戸の庶民の話しことばを反映した資料(滑稽本)の『浮世風呂』の例である。いずれも女性の会話であるが、(9a)と(9b)では連母音［ai］［ae］の部分が異なっている。

(9) a　おさめ「お<u>まへ</u>又今宵も私どもでお琴をおさらひナ　(中略)

　　　　　「ア、夫は最う　うそつこではない<u>の</u>さ

　　　　　　　　　　　　　　　　　　　　　　　(『浮世風呂』三編巻之下)

　　 b　さる「たべつけ<u>ねへ</u>言語をしてもお里がしれらア。あれだから奉公
人が居着か<u>ねへ</u>はな。(中略)

　　　　　「そりやアお<u>めへ</u>、些とは損をせざらにさ

　　　　　　　　　　　　　　　　　　　　　　　(『浮世風呂』三編巻之上)

〔たべつけねへ…言い慣れない〕

(9a)のおさめの場合は、「おまへ(え)」(omae)という形で［ae］、「ない」(nai)という形で［ai］で発音されている。(9b)のさるの場合は「たべつけない」＞「たべつけねへ(え)」(-nai＞-neː)、「居着かない」＞「居着かねへ(え)」のように［ai］＞［eː］、「おまへ(え)」＞「おめへ(え)」(omae＞omeː)のように［ae］＞［eː］と発音されている。つまり、おさめは連母音が融合しないのに対して、さるは連母音が融合しているのである。これは、音韻あるいは形態に差異があるということである。そして、この差異は話し手の階層の

違いであると考えられる。おさめの親の家は大店であり上層あるいは教養層に属する人である。これに対して、さるのほうは、下女で下層に属する人である。つまり、この連母音の融合・非融合は話者の階層を反映しているのである（小松寿雄 1985）。

　また、次のような動詞の音節数や活用形というような形態的特徴に注目すべき場合もある。さきに見たように江戸時代前期の上方語では、二段動詞の一段化という現象が見られるが、この二段動詞の一段化という変化はすべての二段動詞に一様に起こったのではなかった。この点は位相の違いだけにかかわるわけではなく、語の形態的側面もかかわっており、動詞の音節数が少ないもののほうが、一段化がはやく進んだことが知られている（坂梨隆三 2006）。表 2 は近松門左衛門の世話浄瑠璃の会話文を調査したもので、3 音節・4 音節の下二段動詞が一段化しているか否かの用例数を示した表である。3 音節動詞は 204 例（144 ＋ 9 ＋ 45 ＋ 6）見られるが、一段化しているのは 153 例（144 ＋ 9）であって、75％が一段化しているのに対して、4 音節動詞は 152 例（59 ＋ 1 ＋ 78 ＋ 14）あるが、一段化しているのは 60 例（59 ＋ 1）であって、約 40％しか一段化していない。

表 2　近松世話浄瑠璃の二段動詞の一段化①（坂梨隆三 2006 による）

	3 音節語		4 音節語	
	終止連体形	已然形	終止連体形	已然形
下一段	144	9	59	1
下二段	45	6	78	14
一段化率	75.0%		39.5%	

　さらに、活用形でいえば、終止連体形（この時代は終止形と連体形は同じ形になっている）と已然形を比べると、前者のほうがはやく一段化したと考えられる。表 3 は同様に下二段動詞の一段化が終止連体形と已然形でどれだけ見られるかを表した表である。終止連体形は全部で 373 例（226 ＋ 147）見られ、そのうち 226 例、約 60％が一段化しているのに対して、已然形は

全 37 例(11 + 26)中 11 例、30％ほどしか一段化していないのである(坂梨隆三 2006)。このように、言語形式の音韻的側面や形態的側面において、本来は同じ形であったり、同じ枠組みに属していたりしたものが、部分的に変化して異なった形になったり、別の枠組みとみなすべきものになっているということがある。これは、ことばの歴史をとらえるにあたっての重要な側面である。こういった点にも着目してみるとよい。

表 3　近松世話浄瑠璃の二段動詞の一段化②(坂梨隆三 2006 による)

	終止連体形	已然形
下一段	226	11
下二段	147	26
一段化率	60.6％	29.7％

(D) 構文的特徴

　対象とする言語形式が文のどのような位置にあらわれるのかという構文的な側面に注目することもある。たとえば、疑問をあらわす助詞「か」は、古く奈良時代以前には(10a)のように文中にあらわれて係り結びをなすものがある一方、(10b)のように文末にあらわれるものもある。

(10) a　まそ鏡照るべき月を白妙の雲か隠せる　天つ霧かも

(『万葉集』巻七 1079)

〔照るはずの月を白い布のような雲が隠しているのだろうか、それとも霧が隠しているのだろうか〕

　　 b　石見の海打歌の山の木の間より　我が振る袖を妹見つらむか

(『万葉集』巻二 139)

〔石見の海の打歌の山の木の間から、私が振る袖を妻は見ただろうか〕

現代語では文中にあらわれるものはなくなってしまっているから、平安時代から現代へ至るどこかで文中用法はなくなってしまうわけであるが、それは

いつか。そのような観点から調査した結果を示したのが表4である。(a)〜(d)の平安鎌倉時代にはおおむね文末用法に対する文中用法の比率は1.0を超えている(文中用法のほうが多い)が、室町時代の『増鏡』『御伽草子』では1.0を切り、室町時代後半のことばを反映する『天草版平家物語』、江戸時代の近松門左衛門の世話浄瑠璃では、文中用法がきわめて少ない。文中用法は、室町時代後半には衰退してしまったと考えられる(大野晋1993)。

また、構文的な側面に着目することの例としては、形容詞と動詞の対応ということを見てみる。平安時代には、(11a)の形容詞「黒し」に対して、それに対応するような(11b)「黒む」という動詞があるが、このように形容詞と動詞が対応している例が多く見られる。

表4　係助詞「か」の文中用法・文末用法
（大野晋1993による）

		文中	文末	比率
(a)	源氏物語(紫上系)	99	67	1.48
	(それ以外合計)	360	215	1.67
	枕草子	108	75	1.44
(b)	今昔物語集(巻1-5)	131	50	2.62
	沙石集	105	53	1.98
(c)	平家物語	223	147	1.52
	曾我物語	153	116	1.32
	義経記	135	114	1.18
(d)	古本説話集	29	27	1.07
	宇治拾遺物語	108	122	0.89
(e)	増鏡	38	47	0.81
	御伽草子	94	131	0.72
(f)	天草本平家物語	50	262	0.19
	どちりなきりしたん	8	2	4.00
	近松4作品	14	238	0.06

(11) a　色<u>黒く</u>鬚(ひげ)がちに見えて、いと心づきなし。　　（『源氏物語』行幸）
　　　〔右大将は色が黒く顔中鬚だらけにみえて、まことに気にいらない。〕
　　b　舟路(ふなみち)のしわざとて、すこし<u>黒み</u>やつれたる旅姿、いとふつつかに心づきなし。　　（『源氏物語』夕顔）
　　　〔海路のせいで、少し黒くなってやつれている旅姿は、まったく不細工で気にいらない。〕

対応する形容詞と動詞は、(11)でいえばいずれも「色の黒いこと」をあら

わしており、意味的には近いが、両者のはたらきには違いもあると考えられる。表5は、事物の状態・性質などをあらわす状態形容詞がもとになって対応する動詞がつくられたものについて、その形容詞と動詞の構文位置を整理したものである。これによると、形容詞は修飾用法が多くを占めるのに対して、動詞は述語用法が多くを占めることがわかる。ここに両者のはたらきの差異の一端があると考えられる(安本真弓 2010)。このように、対象とする言語形式が文のどのような位置にあらわれるのかということが、分析を進めていくための一つの視点となる。

表5　状態形容詞と対応する動詞の構文位置(安本真弓 2010 による)

	連体修飾用法	連用修飾用法	述語用法	その他	計
形容詞	299	54	35	51	439
	68%	12%	8%	12%	100%
動詞	35	0	127	20	182
	19%	0%	70%	11%	100%

(E) 意味的特徴

以上のような外形的側面に着目するだけではなく、言語形式の意味に着目するということも考えられる。たとえば、「そそのかす」という語は、現在は(12a)のように、〈好ましくないことを勧める〉という意味で使われる。しかし、かつては必ずしもそのような意味で用いられたわけではない(小野正弘 2000)。

(12) a　子供も母親を恋しがって毎日泣いています。おそらく男にそそのかされて、駆け落ちしたのだとおもいます。

(森村誠一『人間の証明』)

　　 b　箏の御琴引き寄せて、掻き合はせすさびたまひて、そそのかしきこえたまへど、かのすぐれたりけむもねたきにや、手も触れたまはず。

(『源氏物語』澪標)

〔箏の琴を引き寄せて軽くお弾きになって、女君にすすめ申し上げるが、明石の人が琴に優れていたと聞くのも妬ましいのか、手もお触れにならない。〕

c　北山なる所に、霊屋といふ物造りて、ようさり率て出で奉らんとて、つとめてよりその御急ぎをそそのかせ給ふにも、涙のみ尽きせぬものにて暮れぬれば、　　　　　　　　（『栄華物語』巻十六）

〔北山に霊屋というものを造って、（亡くなった北の方を）夕方そこへお移し申し上げようといって、早朝からその用意をすすめなさるが、涙が尽きないまま暮れたので、〕

d　博奕をしたるも、そんじやう其人がそそのかしてさせたり。傾城狂ひをしたるも、其人の子が徒ら者にて同道したる」など云て
　　　　　　　　　　　（『身の鏡』中　我子のあしきを不知事）

〔博奕ををしたのも、どこそこのその人がそそのかしてさせたのだ。遊女遊びにふけるのもその人の子がいたずら者で一緒に行っただけだ、などといって〕

e　挨拶切ると取交せしその文を反古にし、大事の男をそそのかしての心中は、さすが一座流れの勤の者。
　　　　　　　　　　　（近松世話浄瑠璃『心中天の網島』下）

〔縁を切ると取り交わした手紙の約束を反故にして、大切な男をそそのかしての心中は、やはりその場限りの遊女。〕

(12b)は平安時代の『源氏物語』の例で、楽器の演奏を勧めるということである。(12c)は葬送の用意をはやくしたほうがよいと勧めている。このように古くは〈ある行動をすることを勧める〉という意味で用いられる。しかし、時代を下った江戸時代の例を見ると、(12d)では、だれそれが博奕に誘ったということ、(12e)では誘惑して心中したということで、現代語の〈好ましくないことを勧める〉の意味になっており、おおむね江戸時代には中立的な意味からマイナスの意味に転じていることがわかる。このような意味は、もちろん、この文章の前後を丁寧に読んで解釈して導き出すことになるのではあるが、この語と一緒に用いられている語(共起語)にも注意する

と、より客観的な意味を導き出すことができる。(12b)は「筝の御琴引き寄せて、掻き合はせすさびたまひて」とあり、楽器演奏が問題となっていることがわかるし、(12c)は「御急ぎ」(用意)を「そそのかす」のである。これらは、好ましくないものとはいえない。これに対して、(12d)は「博奕」、(12e)は「心中」と明らかに好ましくないものを「そそのかす」ものである。「そそのかす」ことが何であるかを示す語がはっきり見られない場合もあり、その場合は解釈によって決めることにはなるが、共起語が意味を考える重要な目印になることは間違いない。

(C)〜(E)に示したような、個々の言語形式がどのような特徴を持っているかという視点から得られた特徴と、(A)(B)のような、その言語形式がどこで用いられているかという特徴が連関する場合も多い。たとえば、(C)の連母音の融合と(A)の誰が話しているのかという関係のように、である。したがって、以上のような視点から、総合的に観察することが大切だといえる。

(F) 例外の規則性

以上のような観察から、一定の傾向がわかったとしても、少数の例外的なものがあることがある。そのような例外も大切にしたい。もちろん、その例外はなぜ例外になるのかわからないこともあるが、その一方で、例外には例外の理由があって、よく観察するとそれがわかることも多い。言語はさまざまな点で規則的な側面をもつことが多く、例外も一定の規則の下に例外的になっている可能性がある。したがって、例外であっても、なぜそれらが例外なのかを詳しく観察してみることにしたい。

他にも整理する視点はあると思われるが、このような視点を中心にして用例を丁寧に観察し、これらの点でどういった点が特徴というべきなのかを検討していく。その際には、問題になると思われる点についての分析結果を、用例データに記していく。表計算ソフトを使っていれば、新しい列を用意して、そこに分析結果(分類結果)を入力していく。分析結果を記号化して、記

号(数字でもよい)を入力していくとよい。カードであれば、それぞれのカードの同じ箇所に分析結果を記入する。そして、表計算ソフトであれば、分析したい列をソートするか、フィルタを用いると用例数などが短時間でわかる。ピボットテーブルで集計するという方法もある。カードであれば、記入した分析結果を見ながら分類していくことになる(第10章参照)。

以上の分析で一定の傾向がわかれば、それをメモしておくとよい。そのメモをもとに論文・レポートを書くことになる。

3. ことばの歴史を描く

3.1 共時的な記述

以上のような視点などから、用例の整理・分析がすんだところで、ことばの歴史を描いていくことになる。目的が「①′過去の日本語はいかなる姿をしていたのか」、すなわち、ある時代の言語の様相を記述することであれば、以上の分析をまとめていくことになる。

その際は、とりあげた言語形式の使用状況について、用例を示しながら、丁寧に説明していくことになる。現代の我々は古い時代のことばを内省することはできないわけであるから、用例をきちんと示しながら論じていかないと、その研究成果の受け手は、分析結果を理解することができない。必ず必要十分な数の用例を掲げながら説明することが重要である。また、用例についても、ただ用例を示すだけではなく、その用例が自分の分析の結果においてどのように証拠となっているのかがわかるように説明することが大切である。「論文の執筆者が果してその用例をどのように理解して引用しているのかをはっきり示すために」、その例文の口語訳をいちいち付すという考え方もあるくらいである(阪倉篤義1993)。必ずしも例文のすべての部分の口語訳を付さなければならないというわけではないが、用例はことばの歴史についての論述(主張)のための証拠であって、その用例が証拠になっているかどうかわからないようだと、その論述は説得力に欠けることになるというのはいうまでもないことであろう。

また、説明するにあたっては、その説明がわかりやすくなるように図・表を用いることも考えたい。たとえば、平安時代の従属節の特徴を明らかにしようとする研究において、従属節の種類ごとにどのような助動詞があらわれるのかに差異があることが明らかになっている(高山善行 2002)。

(13) a 月のおもしろきに、[夜更くるまで] 遊びをぞしたまふなる。《時間節》　　　　　　　　　　　　　　　　　　　　　（『源氏物語』桐壺）
〔月が美しいからといって、夜の更けるまで管弦の遊びをなさっているようである〕

　　b [まして、竜を捕らへたらましかば]、また事もなく我は害せられなまし。《仮定節》　　　　　　　　　　　　　　　　（『竹取物語』）
〔まして、龍を捕らえていたなら、また問題なく私は殺されていただろう〕

　　c [人もゆゆしく見思ふべければ]、今は世にあるものとも人に知られはべらじ。《理由節》　　　　　　　　　　　　　（『源氏物語』早蕨）
〔人も忌まわしく見るはずですから、今はこの世にあるものとも人にしられたくありません〕

　　d [ひとつ家の内は照らしけめど]、ももしきのかしこき御光は並ばずになりにけり。《逆接節》　　　　　　　　　　（『源氏物語』絵合）
〔一つの家の内は照らしたといいますが、百敷の畏れ多き威光には后として並ばずに終わってしまいました〕

この(13)の [　] 内が従属節であるが、とくに推量の助動詞についていえば、(13a)のような「～まで」「～より」「～のち」などからなる時間節には、ほとんど推量の助動詞はあらわれない。これに対して、(13d)のような「～ど」「～ども」からなる逆接節には、様々な推量の助動詞が見られる。また、(13b)のような「未然形＋ば」の仮定説は時間節に近く、(13c)のような「已然形＋ば」の理由節は時間節と逆接節のちょうど中間ぐらいである。それをまとめれば表6のようになる。この表を見ると従属節と推量の助動詞の関係がよくわかる。

表6　平安時代語の従属節での推量の助動詞の出現状況（高山善行 2002）

	時間節	仮定節	理由節	逆接節
ベシ	○	○	○	○
マジ	×	○	○	○
メリ	×	×	○	○
終止ナリ	×	×	○	○
ム	×	×	×	○
ラム	×	×	×	○
ケム	×	×	×	○
マシ	×	○	×	×
ジ	×	×	×	×

　また、同じく平安時代の文学作品において、文と文とがどのようにつながれているかを調べると、文と文をつなぐための要素がある場合と、単に文と文が並置され文どうしをつなぐ要素がない場合がある。その割合を調べてみると一定の傾向がある（山口仲美1984）。単に文と文が並置される「投げ出し型」の割合を示したものが図3である。これを見ると、「投げ出し型」の使用率の高い作品は、『源氏物語』『落窪物語』『夜の寝覚』などであり、和文性の強い文章からなる作品が並んでいる。これに対して、使用率の低い作品は『今昔物語集』『百座法談聞書抄』のような漢文訓読の影響の濃い作品や、和文作品であっても『土佐日記』『大鏡』『竹取物語』など漢文訓読の影響を受けている作品が並んでいる。また、漢文訓読の影響は大きくないものの『平中物語』『大和物語』『伊勢物語』という歌物語も並んでいる。この文連接法は文体とのかかわりが大きい、あるいは文体を形成する一要素であることがわかる。以上は平安時代を共時的なものとして扱ったわけであり、この図から平安時代の作品と文体との関係がよくわかるといえる。

　このように、図表にまとめると説明がわかりやすくなるのであるが、図表を作るのは結論を示すためだけではない。分析する過程においても、このような表を作りながら考えていくと、分析は進めやすくなる。たとえば、表6では多くの節にあらわれるベシ・マジなどの助動詞が表の上のほうに配置さ

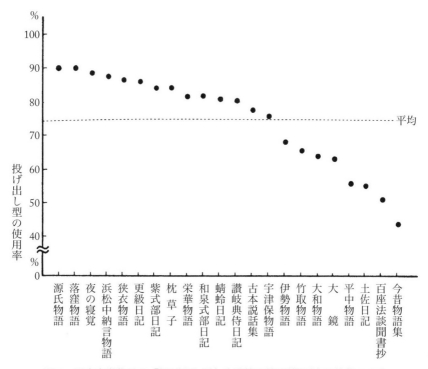

図3　平安文学作品の「投げ出し型」文連接の使用状況（山口仲美 1984）

れているが、実際の分析では、最初からこの配置で表を作りはじめることになるとはかぎらない。用例とともに表を見直して、上のような整理された順序に並び替えているわけである。分析する過程で作る表は、必ずしも表6のような結論で示されるきれいな結果がすぐさまみえてくるとはかぎらないが、仮に作成した表を見ながら、もう一度用例を検討し、表を見直していくことで、分析が進んでいくだろう。

　ただし、図表を使った論述はわかりやすくなるとはいっても、図表だけでは、その内容は伝わりにくい。その図表はどのようなことを表したものであるのか、また、その図表はどのように読み取ればよいのかといったことも、論文・レポートの本文中にきちんと論述することを忘れてはいけない。

3.2 通時的な分析

　目的が②′のような「日本語はどのように変化したのか」という場合は、上のような作業に引き続き、調べた範囲の全時代に渡って、どれほどの用例があるのかということを大雑把につかんだ上で、上と同様の分析を他の時代にも行っていくことになる。それにあたっては、日本語史の時代区分を目安にして整理分析する時代を考えるとよい（第3章参照）。ただ、時代区分というのはあくまでも目安であって、調査対象になったことばがその時代区分に合致するように変化するとはかぎらないので、時代区分にあまりこだわりすぎるのはよくなく、結論として述べる変化の様相は、調査対象になったことばの変化に即して論述すべきである。

　そして、それぞれの時代の結果を見ながら、古い時代から新しい時代へと並べ、どのような変化をしたのか、どのような歴史があったのか描けるか考えてみる。その際、わかったこと、主張したいことは、何らかの形でそれをメモしておくとよい。そのメモをもとに論文・レポートを書くことになる。ワープロやエディタを使ってメモすれば、そのメモを編集することによって、論文・レポートの論述に利用していくことも可能であろう。

　ただし、その際、用例を集めた資料の性格には十分留意しておかなければならない。たとえば、新しい資料に見られる現象が、常に新しい現象であるとはかぎらないといったことがある。つまり、新しい資料が古い現象を反映している可能性もあるということで、たとえば、古辞書などは編纂された時代よりもより古いことばを掲出したり、改編にあたって古いことばを増補したりすることもある（こういったことは、現代語の辞書でも古いことばが見えることを考えれば理解できるであろう）。資料の性格といった点は、第2・3章やそこに掲げられた参考文献を参照されたい（代表的なものは、飛田良文他編『日本語学研究事典』明治書院など）。

　通時的な分析を述べていく場合であっても、とりあげた言語形式の使用状況について、用例を示しつつ、丁寧に説明していくことが必要である。

　また、図表を利用するということも、共時的な記述の説明の場合と同様である。ただし、変化の様相がよくわかるような図表を作ることが大切であ

る。

　たとえば、(14)のような「すいぶん(随分)」という語(漢語)は、出自の古代中国語では〈分に応じて〉という意味であったが、現代では「先生も随分人が悪いな」(夏目漱石『それから』)のような意外感・驚きといった評価的意味をもつ用法で使われている。これは、日本語に受容されてから変化が起こった漢語だといえる。

(14) a 　是以大小諸寺。毎有檀越。田畝資財。随分施捨。
　　　　　　　　　　　　　　　　　　　　(『日本後紀』大同元年八月)
　　〔このために大小の諸寺は、それぞれ檀越があって、田畑や資材を分に応じて施入する。〕

　　b 　「ただ、うはべばかりの情に、手、はしり書き、をりふしのいらへ、心えて、うちしなどばかりは、随分によろしきも多かり」と見給ふれど、
　　　　　　　　　　　　　　　　　　　　(『源氏物語』帚木)
　　〔ただうわべだけの風情で文字を走り書き、折々の返事を心得てする人などは、上手にする人も多くいる。〕

　　c 　申ムヤ、家嫡ト云、位階ト云、方々理運左右ニ及ビ候ハザリシヲ、引替ラレマヒラセ候シ事ハ、随分無本意 御 計 カナトコソ存候シカ、
　　　　　　(ほいなき)(おんはからひ)
　　　　　　　　　　　　　　　　　　　　(延慶本『平家物語』二本)
　　〔まして、基通が嫡子であることも、位階も、道理も問題ありませんでしたのに、師家を中納言にすることに変更されてしまったのは、とても残念なお取りはからいだと存じます。〕

　　d 　さて自然辻喧嘩なぞに出合うとも、まづは随分逃げさしませ。とかく逃ぐるに及くはないぞ、
　　　　　　　　　　　　　　　　　　　　(謡曲『夜討曾我』)
　　〔万一町内のけんかなどに出遭っても、まずは全力で逃げなさい。とにかく逃げるのがよい〕

　「随分」が日本に受容された最初は原義Ⅰ〈分に応じて〉であったが、(14a)のように〈分に応じて〉の意に〈できるかぎり〉という含意のある使われ方

を経て、(14b)のようなII〈できるかぎり多く・たくさん〉という量の大きさを表す副詞用法になった。そして、量の大きさを程度ととらえることによって、(14c)のようなIII〈とても・たいへん〉という程度副詞に変容した。その後(14d)のようなIV〈できるだけ〜する〉という意味もあらわれるが、明治期になると意外感・驚きといった評価をもつV〈とても＋評価〉という用法が生まれ、現在に至っている(鳴海伸一 2015)。このことについて、江戸時代末までの作品ごとの用例数を作品の時代順に示した表が表7である。IからIVへの変化がいつ頃起こったかがよくわかる。これを見ると、Iの原義用法は室町時代頃には見られなくなること、また、IIIの程度副詞用法は鎌倉時代頃から、IVの用法は室町時代頃から見られるということがよくわかる。

表8は、〈寒気に触れて手足や耳などに生じる血管麻痺症状〉である「しもやけ(霜焼)」の使用状況を整理した表である(真田信治 1983)。表7が用例数を示しているのとは異なり、この表8では○のある資料で使われているということを示し

表7 「随分」の変化(〜江戸時代)
(鳴海伸一 2015 による)

時代	作品	連用修飾・副詞			
		I	II	III	IV
平安時代	日本後記		1		
	続日本後記		1		
	三代実録	1			
	菅家文草	3			
	小右記		1		
	【平安遺文】	9	11		
	源氏物語		3		
	今昔物語集		1		
鎌倉時代	宇治拾遺物語		1		
	保元物語			3	
	延慶本平家物語		6	2	
	愚管抄	2	4		
	正法眼蔵随聞記	2	4		
	古今著聞集		1		
	沙石集	1	1	1	
	【鎌倉遺文】	24	65	55	
	民経記	1	7	8	
室町時代	太平記		2	3	1
	神皇正統記			1	1
	義経記			1	1
	曾我物語		2		2
	夜討曾我				1
	毎月抄				1
	正徹物語			1	
	風姿花伝		1	1	
	湯山聯句抄		1		
	中華若木詩抄		1		
	天草版平家物語		1	1	
	【虎明本狂言】		8	10	22
江戸時代	【芭蕉書簡集】		7	4	17
	【西鶴浮世草子】		6	7	16
	【近松浄瑠璃】		4	5	10
	鹿の子餅			1	1
	根南志具佐			1	1
	根無草後編				3
	風流志道軒伝				3
	神霊矢口渡				1
	去来抄				1
	辰巳之園				1
	傾城買四十八手				2
	東海道中膝栗毛			2	2
	浮世風呂		1	1	2
	浮世床		3		
	春色梅児誉美		1	2	2

表8 霜焼の語誌(真田信治 1983)

年代	資料	しもくち	しもばれ	しもやけ	ゆきやけ
934	倭名類聚抄	○			
971	蜻蛉日記	○			
984	医心方	○			
1180	色葉字類抄	○			
～1182	類聚名義抄	○			
1477	史記抄				○
1595	拉葡日対訳辞書		○		
1603	日葡辞書		○		
1610	倭玉篇	○			
1623	古活字本狭衣物語				○
1633	犬子集				○
1643	安布良加須				○
1669	増補下学集	○			○
1680	合類節用集	○		○	○
1702	新板増補女重宝記		○	○	○
1707	高麗陣日記				○
1782	蜻蛉日記解環		○		
1816	北辺随筆			○	
1827	箋注倭名類聚抄			○	
1830	嬉遊笑覧			○	
～1847	松屋筆記			○	
1849～	増補雅言集覧			○	
現代 方言			近畿南部・九州・東北一部など	全国的	日本海側

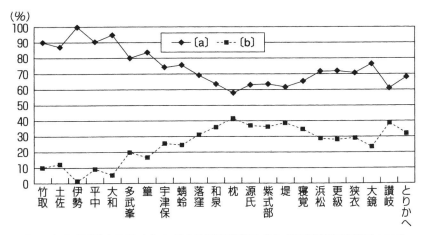

図4　カナリ型形容動詞〔a〕とゲナリ型形容動詞〔b〕の変遷（村田菜穂子 2005）

ている。この考察では、古辞書に見られる例も検討しているが、辞書類は用例の多寡ということよりもその語形が掲載されているか否かということが問題となるためである。これを見ると、日本列島の日本海側に分布する「ゆきやけ」（降雪量の多い地方で使われている）を除けば、「しもくち」→「しもばれ」→「しもやけ」の順に新しくなっているということがわかる。いずれの表も、語の移り変わりを明瞭に示している。

　また、変遷がわかりやすいようにグラフを描いてみてもよい。図4は平安時代の形容動詞の変遷についてのグラフで、「おろかなり」「ほのかなり」のようなカナリ型形容動詞と「をかしげなり」「きよげなり」のようなゲナリ型形容動詞の比率がどのように変化していったかを示したものである。〔a〕がカナリ型形容動詞、〔b〕がゲナリ型形容動詞である。これを見ると、『竹取物語』『伊勢物語』など平安時代の比較的古い時期の作品ではゲナリ型形容動詞の割合が低く、平安後期に向かって次第に使用率が増加し、『枕草子』『源氏物語』の時代、11世紀初め頃になるとその割合がほぼ一定になることがわかる（村田菜穂子 2005）。これはもちろん表で示してもわかることであるが、グラフ化したほうがより明瞭に示すことができるといえる。

　以上のような表やグラフは、それらを作成することによって分析が進むと

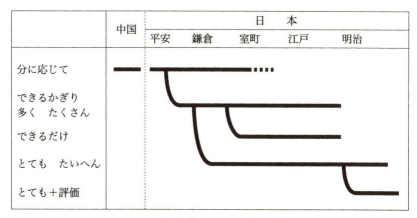

図5 「ずいぶん」の意味変化過程

いう性格を持つ種類の図表であるが（もちろん、上のものは結果をわかりやすく示すために練り上げられた図表である）、次のような図は、もっぱら分析した結果をわかりやすく示すための図である。図5はさきに見た「ずいぶん」という語の歴史を模式史的に示した図である。

もちろん、すべての場合においてこのような図表を示すことができるわけではないし、また、有効性が必ずしも高くない場合もあるが、図表の利用は念頭に置いておくのがよいだろう。

4. 日本語史、もう一歩先へ

以下に述べることは、もはや、入門の域を大幅に超えた話であるし、この本の使命である日本語史調査の具体的なマニュアルとしての記述も逸脱しているのであるが、一言だけ述べておきたい。

ここまでは、とにもかくにも用例を集め整理分析して、古い時代に現代日本語には見られない現象が存在することを指摘したり、古い時代から新しい時代へそれぞれの時代の現象を並べたりすることで、ともかくも古い日本語がどのようであったか、日本語がどのように移り変わったかを記述するやり方を述べてきた。そのようにして描かれたものは、日本語の歴史の一端であ

ることは間違いない。入門的にはそれでまったく十分である。それを精細に描くことができれば、入門どころか本格的な研究に足を一歩踏み入れているといってもよい。

　が、日本語史・日本語の歴史が「歴史」である以上、できれば、さらにもう一歩踏み込みたい。その現象がそのようであるのはどういうことを意味するのか。古い時代から新しい時代へその現象が移り変わる、その過程はいかなるものであるのか。あるいは、なぜそのように移り変わったのか、それにはどのような意味があるのか。こういったことまで分析していくことを考えたい。歴史的な事実を示すというのが、まずは第一歩であることは間違いないし、それにも十分な意義はある。初学者はそこまでやれば十分である。しかし、その先もある。歴史としての日本語史の構築。もちろん、そのためには、日本語の歴史がこれまでどのようにとらえられてきたかの幅広い知見が必要なのであるが。

参考文献

大木一夫(2013)『ガイドブック日本語史』ひつじ書房
大木一夫・多門靖容(2016)『日本語史叙述の方法』ひつじ書房
大野晋(1993)『係り結びの研究』岩波書店
小野正弘(2000)「「そそのかす」の語史―動詞における中立的意味のマイナス化―」遠藤好英編『語から文章へ』「語から文章へ」編集委員会
小野正弘(2016)「日本語史叙述の方法　語彙史」大木一夫・多門靖容編『日本語史叙述の方法』ひつじ書房
小松寿雄(1985)『江戸時代の国語　江戸語』東京堂出版
阪倉篤義(1975)『文章と表現』角川書店
阪倉篤義(1993)『日本語表現の流れ』岩波書店
坂梨隆三(1987)『江戸時代の国語　上方語』東京堂出版
坂梨隆三(2006)『近世語法研究』武蔵野書院
真田信治(1983)「しもやけ(霜焼)」佐藤喜代治編『講座日本語の語彙10　語誌Ⅱ』明治書院

高山善行(2002)『日本語モダリティの史的研究』ひつじ書房
築島裕(1963)『平安時代の漢文訓読語につきての研究』東京大学出版会
鳴海伸一(2015)『日本語における漢語の変容の研究　副詞化を中心として』ひつじ書房
前田富祺(1985)『国語語彙史研究』明治書院
前田富祺(2002)「語彙史」斎藤倫明編『朝倉日本語講座4 語彙・意味』朝倉書店
峰岸明(1986)『平安時代古記録の国語学的研究』東京大学出版会
村田菜穂子(2005)『形容詞・形容動詞の語彙論的研究』和泉書院
安本真弓(2010)「中古の状態形容詞における動詞との対応とその要因―形容詞から動詞が派生した対応を中心として」『文芸研究』170
山口仲美(1984)『平安文学の文体の研究』明治書院
山本真吾(2006)『平安鎌倉時代に於ける表白・願文の文体の研究』汲古書院

日本語史研究のための文献ガイド

　最後に、日本語の歴史について調査してみようという人、あるいは、日本語の歴史に興味のある人が、それにつくとよいと考えられる文献を掲げておくことにする。なお、当然のことながら、研究をすすめるにあたって必要になる辞書やレファレンス資料など、直接的な参考文献は本文中に示しているので、そちらを参照してほしい。

1. 日本語史概説・通史

　日本語の歴史を考えてこうとするとき、はじめに見ておきたくなるのが、日本語の歴史全体の概観ができるものであろう。次に掲げるのは、日本語の歴史の通史的概説である。

- （1）　山口仲美(2006)『日本語の歴史』岩波書店(岩波新書)
- （2）　山口明穂他(1997)『日本語の歴史』東京大学出版会
- （3）　近藤泰弘・月本雅幸・杉浦克己(2005)『新訂日本語の歴史』放送大学教育振興会
- （4）　佐藤武義編(1995)『概説日本語の歴史』朝倉書店
- （5）　沖森卓也編(2010)『日本語史概説』朝倉書店

このうち、(1)は新書版で一般向け。各時代の特徴的な様相に焦点をあてて描くものである。(2)(3)は日本語史全体がまんべんなく描かれるもので、(2)(3)は奈良時代・平安時代～明治時代以降というように時代別に記述する。(4)は文字・音韻・文法などの分野別の記述をとる。(5)は分野別の記述であるが、どのような史的現象がおきたのかを軸にまとめ、必ずしも「時

代別」にこだわらない、やや玄人向けの1冊。巻末の日本語の変遷を簡略にまとめた表が便利である。(2)～(5)は分担執筆。(1)は単独執筆。単独執筆の通史は執筆者の個性が前面に出ることが多く、他に渡辺実(1997)『日本語史要説』岩波書店、沖森卓也(2010)『はじめて読む日本語の歴史』ベレ出版、沖森卓也(2017)『日本語全史』筑摩書房(ちくま新書)などがある。概説書とはいっても好みがあると思うので、比べられるようであれば、いくつか比べてみるとよいだろう。

2. 日本語史概説・時代別

ある時代にかぎって、その時代の日本語の姿を知りたいということになれば、次の時代別の概説がある。

（6） 白藤禮幸(1987)『奈良時代の国語』東京堂出版
（7） 築島裕(1987)『平安時代の国語』東京堂出版
（8） 柳田征司(1985)『室町時代の国語』東京堂出版
（9） 坂梨隆三(1987)『江戸時代の国語 上方語』東京堂出版
（10） 小松寿雄(1985)『江戸時代の国語 江戸語』東京堂出版

この(6)～(10)は東京堂出版の国語学叢書に収められたもので、各時代の日本語の概説。国語学叢書には他にも、変体漢文や漢文訓読の歴史など、日本語の歴史に関するものがある。既に品切れで手に入りにくい可能性もあるので、図書館で利用することになろう。

3. 日本語史講座

日本語史研究がどのような成果をあげているかを総覧できるものが、いわゆる〝講座〟である。

（11） 松村明他編(1971–82)『講座国語史』(全6巻)大修館書店
（12） 金水敏他(2008–16)『シリーズ日本語史』(全4巻)岩波書店
（13） 亀井孝・大藤時彦・山田俊雄編(1963–66)『日本語の歴史』(全7巻、別巻)平凡社(平凡社ライブラリー 2006–08)
（14） 大野晋・柴田武編(1976–78)『岩波講座日本語』(全12巻別巻)岩

波書店
　(15)　北原保雄監修(2002–05)『朝倉日本語講座』(全10巻)朝倉書店

(11)は日本語史の諸現象を比較的まんべんなくとらえるもの。(12)は理論と実証とその接点ということを視座にするもので、音韻・語彙・文法・理論の巻がある。(13)は、当該分野の専門家の記述を下敷きにして編集委員(亀井孝)がリライトして(ただし、執筆者の原稿に手が加えられていないところもあるという)、滔々たる日本語の歴史としてまとめたもの。(14)(15)は日本語研究全体にわたる講座で、音韻・文字・文法といった分野別に巻が立てられているが、そのなかに日本語の歴史に関わる部分も一定程度ある。とくに(14)は日本語の歴史的側面がかなり述べられる。これらの講座には、必ずしも新しいとはいえない刊行年のものもあるが、現在においても参照する面はおおいにあるものである。

4. 日本語史研究入門

　本書は、日本語の歴史を明らかにするために古い文献調査する手続きを述べたものであり、日本語の歴史・研究入門の一端をなすが、他にも日本語史研究のための入門書がある。
　(16)　大木一夫(2013)『ガイドブック日本語史』ひつじ書房
　(17)　青葉ことばの会編(1998)『日本語研究法【古代語編】』おうふう
　(18)　青葉ことばの会編(2016)『日本語研究法【近代語編】』おうふう
　(19)　半沢幹一他編(2002)『ケーススダディ日本語の歴史』おうふう
　(20)　高山善行・青木博史編(2010)『ガイドブック日本語文法史』ひつじ書房
　(21)　亀井孝・大藤時彦・山田俊雄編(1966)『日本語の歴史別巻　日本語史研究入門』平凡社(平凡社ライブラリー 2008)

このうち(16)は本書の姉妹編で、どのような方法で言語の歴史的な姿をとらえるのかを概説するものである。(17)は『土佐日記』、(18)は『浮雲』という具体的なテキストを対象にして、日本語史的な分析方法をさまざまな視点の分析から示すものである。いずれも本書とともに読んでみるとよいだろ

う。また、(19)は日本語の歴史上のトピックを取り上げ、具体的な例をもとに日本語史の考え方を示すもの。(20)は日本語文法の歴史にしぼって、その分析観点を解説する。そして、(21)は以前から日本語史研究法として定評のあるものである。「入門」と題するが、入門の域を超えているともいえ、ここからの入門は厳しいかもしれない。ただし、日本語史研究をすすめていく上で、どこかの段階で必ず読むことになるものではある。

5.　日本語史各論への入門

　日本語史研究にかぎらず、研究をすすめるには専門的な雑誌論文、専門書につくことになる。それにどのようなものがあるのかということは、個々にあたってもらうほかないが、個別の日本語史研究を一般向けに述べたものがある。そういうものは、日本語史研究をすすめていくにあたっての各論的入門と考えることもできる。そのようなものを掲げておく。

- (22)　金水敏(2003)『ヴァーチャル日本語　役割語の謎』岩波書店
- (23)　小林隆(2006)『方言が明かす日本語の歴史』岩波書店
- (24)　今野真二(2013)『正書法のない日本語』岩波書店
- (25)　清水康行(2013)『黒船来航　日本語が動く』岩波書店
- (26)　田中牧郎(2013)『近代書き言葉はこうしてできた』岩波書店
- (27)　金水敏(2014)『コレモ日本語アルカ？　異人のことばが生まれるとき』岩波書店
- (28)　阪倉篤義(1993)『日本語表現の流れ』岩波書店
- (29)　小松英雄(1999)『日本語はなぜ変化するか　母語としての日本語の歴史』笠間書院(新装版 2013)
- (30)　小松英雄(2001)『日本語の歴史　青信号はなぜアオなのか』笠間書院(新装版 2013)

(22)(23)は「もっと知りたい！日本語」、(24)〜(27)は「そうだったんだ日本語」という日本語の意外な側面をとりあげるシリーズの1冊である。

　日本語史各論への入門として、より一般的なものとしては(1)のような新書類がある。網羅的な紹介はできないが、それらの一例としては(それに準

ずるものも含めて掲げると)、屋名池誠(2003)『横書き登場 日本語表記の近代』岩波新書、今野真二(2009)『振仮名の歴史』集英社新書、今野真二(2014)『辞書からみた日本語の歴史』ちくまプリマー新書、笹原宏之(2014)『漢字の歴史 古くて新しい文字の話』ちくまプリマー新書、小野正弘(2015)『感じる言葉 オノマトペ』角川選書、のようなものがある。

　なお、ここまで掲げたもののなかには、必ずしも新刊として書店で手に入れることのできないものもある。そういうものは、まずは図書館で利用することになるが、インターネットの通信販売などを利用すると、思いの外、古書として安価に入手することができることもある(この点は第 9 章参照。ただし、普通に注文すれば新刊として定価で入手できるようなものが、古書として高値がついていることもあるので、その点は注意されたい)。

6.　原本を調査するために

　本書では本格的には扱わなかったが、古い文献の原本に直接あたって日本語史研究をすすめていくためには、原本の扱いに習熟した先生について学ぶのが最もてっとりばやいし、そこから得られる知見は大きい。初級者を脱して、原本を扱っていこうと思う場合は、第 2 章末に掲げた参考文献のほか、次のような文献も参照されるとよいだろう。

　　(31)　築島裕(1970)『古代日本語発掘 古点本の謎をさぐる』学生社
　　(32)　山本信吉(2004)『古典籍が語る 書物の文化史』八木書店
　　(33)　櫛笥節男(2006)『宮内庁書陵部書庫渉猟 書写と装訂』おうふう
　　(34)　田島公編(2016)『近衛家名宝からたどる宮廷文化史』笠間書院
　　(35)　国文学研究資料館編(2015)『和書のさまざま』和泉書院
　　(36)　佐々木孝浩(2016)『日本古典書誌学論』笠間書院
　　(37)　佐藤進一(1997)『新版 古文書学入門』法政大学出版局(新装版 2003)
　　(38)　国文学研究資料館編(2012)『古典籍研究ガイダンス 王朝文学をよむために』笠間書院

(39) 山本真吾(2013)「古典籍調査のための道具」『日本語学』32-14

(31)(32)は原本調査の熟達者によるもので、貴重な原本の調査の様子がわかるもの、(33)(34)は宮内庁書陵部、陽明文庫といった貴重書所蔵者の資料をまじえ、古い書籍の諸相をとらえたもの、(35)はCD-ROMからの映像で和書の姿を知ることができるものである。(36)は書誌学の大著。(37)は差出者と受取者のある文献である古文書の概説書。そして、(38)はとくにそのpart.2において、古典籍を探して見るための基礎知識が示されている。また、(39)は具体的な調査にあたっての留意点が、この類の調査に携わってきた専門家の立場から述べられていて、勉強になる。

いずれについても、ここにあげた文献を起点として、第9章で示された方法で、さらに必要な文献を探し、実際に手にとってみてほしい。

資料　日本語史研究のための電子テキスト一覧

　以下に第11章で紹介した日本語史研究のための電子テキストの簡単な概要とURLを掲げる。その詳細については第11章を参照。また、第11章では紹介できなかったものもいくつか掲げておく。

(1)　国立国語研究所「日本語歴史コーパス」(奈良時代〜明治・大正の作品)
　　https://pj.ninjal.ac.jp/corpus_center/chj/
(2)　同「太陽コーパス」https://pj.ninjal.ac.jp/corpus_center/cmj/taiyou/
(3)　同「近代女性雑誌コーパス」(明治後期〜大正期の女性雑誌)
　　https://pj.ninjal.ac.jp/corpus_center/cmj/woman-mag/
(4)　同「明六雑誌コーパス」https://pj.ninjal.ac.jp/corpus_center/cmj/meiroku/
(5)　同「国民之友コーパス」https://pj.ninjal.ac.jp/corpus_center/cmj/kokumin/
(6)〜(10)　同「ひまわり」用パッケージ(「青空文庫」「人情本」「ふみくら」「日本文学テキスト」「国会会議録」)https://www2.ninjal.ac.jp/lrc/index.php
(11)　国文学研究資料館「日本古典文学大系本文データベース」(『日本古典文学大系』(岩波書店)全100冊) http://base1.nijl.ac.jp/~nkbthdb/
(12)　同「噺本大系本文データベース」(『噺本大系』(東京堂出版)全20冊)
　　http://base1.nijl.ac.jp/~hanashibon/
(13)　同「古典選集本文データベース」(『二十一代集』『絵入源氏物語』『吾妻鏡』等)
　　http://base1.nijl.ac.jp/~selectionfulltext/
(14)〜(18)　東京大学史料編纂所の各データベース(古記録、古文書、遺文)
　　http://wwwap.hi.u-tokyo.ac.jp/ships/db.html
(19)　台湾中央研究院「漢籍全文資料庫」(『二十五史』『十三経義疏』等)
　　http://hanchi.ihp.sinica.edu.tw/ihp/hanji.htm
(20)　陳郁夫「台湾師大図書館【寒泉】古典文献全文検索資料庫」(『全唐詩』『朱子語

録』等）http://skqs.lib.ntnu.edu.tw/dragon/

(21)　中華電子仏典協会（CBETA）「電子仏典集成」（大蔵経類）http://www.cbeta.org

(22)　Donald Sturgeon「中国哲学書電子化計画」（Chinese Text Project）https://ctext.org

(23)　東京大学「SAT 大正新脩大蔵経テキストデータベース」
http://21dzk.l.u-tokyo.ac.jp/SAT/

(24)　Christian Wittern「漢籍レポジトリ」（『四部叢刊』『四庫全書』『正統道蔵』『道蔵輯要』『大正新脩大蔵経』『新纂大日本続蔵経』等）http://www.kanripo.org

(25)　株式会社ネットアドバンス「ジャパンナレッジ」（JapanKnowledge）（『新編日本古典文学全集』『群書類従』等）https://www.japanknowledge.com

(26)　株式会社古典ライブラリー「日本文学 Web 図書館」（『新編国歌大観』『新編私家集大成』等）http://kotenlibrary.com

(27)　EBSCO「eBook Collection（EBSCOhost）」（『新訂増補国史大系』『日本随筆大成』等）http://www.ebsco.co.jp/（法人契約の場合は大学図書館のウェブサイトからアクセスする必要がある）

(28)　「新編国歌大観」編集委員会監修『新編国歌大観 DVD-ROM』(旧版：同『CD-ROM 版新編国歌大観』)角川学芸術出版

(29)　古典索引刊行会編『万葉集電子総索引 CD-ROM 版』塙書房

(30)　古代学協会・古代学研究所編『大島本源氏物語 DVD-ROM 版』角川芸術出版

(31)　西端幸雄・志浦由紀恵編『土井本太平記本文及び語彙索引 CD-ROM 版』勉誠出版

(32)　福田豊彦監修『新訂増補国史大系本吾妻鏡・玉葉データベース CD-ROM 版付人名索引』吉川弘文館

(33)　国立国語研究所編『CD-ROM 版国定読本用語総覧』三省堂

(34)　新潮社編『CD-ROM 版新潮文庫の 100 冊』新潮社

(35)　吉村誠「万葉集検索」http://ds22.cc.yamaguchi-u.ac.jp/~y_makoto/

(36)　渋谷栄一「源氏物語の世界」http://www.sainet.or.jp/~eshibuya/

(37)　菊池真一・深沢秋男「J-TEXTS 日本文学電子図書館」（軍記物語、歴史書等）http://www.j-texts.com

(38)　岡島昭浩「日本文学等テキストファイル」（古典文学作品や近代小説のうち、底本の著作権保護期間が過ぎているもの）
http://www.let.osaka-u.ac.jp/~okajima/bungaku.htm

(39)　バージニア大学・ピッツバーグ大学「日本語テキストイニシアティブ」（Japanese Text Initiative）（仮名文学作品、歌集、近代小説等）http://jti.lib.virginia.edu/japanese/

(40)　オックスフォード大学・国立国語研究所「オックスフォード・NINJAL 上代日

本語コーパス」(Oxford-NINJAL Corpus of Old Japanese；ONCOJ)(『万葉集』、記紀歌謡、『延喜式祝詞』等) http://oncoj.ninjal.ac.jp
(41) 漢字字体規範史データセット保存会「漢字字体規範史データセット単字検索」(Hanzi Normative Glyphs；HNG) http://hng-data.org/
(42) 奈良文化財研究所・東京大学史料編纂所「「木簡画像データベース・木簡字典」「電子くずし字字典データベース」連携検索」http://r-jiten.nabunken.go.jp

　以下に第 11 章では紹介できなかった電子テキストを提供する便利なサイトや CD-ROM・DVD-ROM などを紹介する。なお、これは完全なリストではなく、この他にも電子テキストを公開するサイトが多くある。必要なテキストがここにあがっていない場合は **3.** に掲げるリンク集や検索エンジンを使って探すとよい。

1. 電子テキストデータベース

(43) 上田英代「古典総合研究所」(『源氏物語』諸本『うつほ物語』『大鏡』等) http://www.genji.co.jp
(44) 国際日本文化研究センター「連歌データベース」「和歌データベース」「俳諧データベース」http://db.nichibun.ac.jp
(45) 浄土真宗本願寺派総合研究所「浄土真宗聖典オンライン検索」(浄土真宗の聖典) http://j-soken.jp/category/ask/ask_6/
(46) 興風談所「日蓮大聖人御書システム」「日興門流史料システム」「日蓮門下通用文献システム」「天台宗関係典籍システム」等(日蓮やその門下による文書及び天台宗関係資料。ダウンロード版。利用するためにはデータベースソフト「桐」が必要) http://goshosystem.info

2. 単体の電子テキストがダウンロードできるサイト

(47) 駒澤大学総合教育研究部日本文化部門「情報言語学研究室」(文学資料や古辞書等) https://www.komazawa-u.ac.jp/~hagi/
(48) 高橋明彦「半魚文庫」(『謡曲三百五十番集』(日本名著全集)) http://hangyo.sakura.ne.jp/utahi/
(49) 「私設万葉文庫」(江戸時代の国学書、『万葉集』注釈書等) http://www.geocities.co.jp/CollegeLife-Circle/5293/
(50) 宮脇文経「源氏物語の世界―再編集版」((36)を読みやすくするように再編集し

たサイト）http://www.genji-monogatari.net
- (51) 渋谷栄一「藤原定家の著作と平安朝古典籍の書写校勘に関する総合データベース」（藤原定家が著作・選集した作品や書写・校勘にかかわった資料）
http://genjimuseum.web.fc2.com/kenkyukai.html
- (52) 「Taiju's Notebook」(『先哲叢談』(正編・後編・続編。書き下し文)や底本の著作権保護期間が過ぎている多数の古典文学作品) http://www2s.biglobe.ne.jp/~Taiju/
- (53) 中川聡「やたナビ TEXT」(『今昔物語集』『十訓抄』『古本説話集』等)
http://yatanavi.org/text/

3. リンク集

- (54) 東京大学「東アジア古典学の次世代拠点形成―国際連携による研究と教育の加速」(EACS)参考リンク http://eacs.c.u-tokyo.ac.jp/ja/reference/
- (55) 中川聡「やたがらすナビ」http://yatanavi.org/textserch/
- (56) 天野聡一「日本文学 Internet Guide」https://soamano.wixsite.com/nihonbungaku/
- (57) 柴田雅生「電子化された日本語テキスト」http://wind.cafe.coocan.jp

4. CD-ROM・DVD-ROM

- (58) 「古典俳文学体系」CD-ROM 編集委員会編『古典俳文学大系 CD-ROM 版』集英社
- (59) 『私家集大成』CD 化委員会編『新編私家集大成 CD-ROM 版』古典ライブラリー
- (60) 新潮社編『CD-ROM 版新潮文庫明治の文豪』新潮社
- (61) 新潮社編『CD-ROM 版新潮文庫大正の文豪』新潮社
- (62) 『雕龍日本漢文古籍検索叢書シリーズ』(『国史大系』、『国史大系統』(経済雑誌社版)、『日本漢詩 1〜4』、『倭名類聚鈔附新撰字鏡』(二十巻慶安版本)等) 凱希メディアサービス
- (63) 『四部叢刊電子版』凱希メディアサービス
- (64) 『文淵閣本雕龍四庫全書電子版』凱希メディアサービス
- (65) 『雕龍続修四庫全書』凱希メディアサービス

また、本文では触れられなかったが、以下のデータベースが 2019 年中にネットで公開される予定である（URL は未定）。

(66) ジスク, マシュー「中古・中世漢字仮名交じり文コーパス」(仮称)―『雑談集』『三国伝記』等の仏教説話集及び『毛詩抄』『史記桃源抄』等の抄物(計16作品)を集めた全文検索システム

索　引

A–Z
ABA 分布　10
BCCWJ　234
CHJ　248
CiNii Articles　195, 197
CiNii Books　203
KWIC　237, 238
Kwic Finder　237, 241
OED　224
OPAC　202
Webcat Plus　203

あ
東歌　55
吾妻鏡体　98
東鑑体　99

い
意義分類　141, 144
位相　149, 268, 273
異体仮名　114, 136
異体字　129, 130, 134, 181, 231
一等資料　50
意味　276–278
芋づる式　200
イロハ順　140

『色葉字類抄』　107, 140
イロハ引き　144
『岩波古語辞典』　172

う
浮世草子　63

え
影印本　113, 123
江戸語　54, 62

お
大島本　36
奥書　29, 38
『オックスフォード英語辞典』　224
折本　25
音韻　272
音数律　99
オンライン書店　206

か
カード　223, 224
開音　149
解決　186
開合　146
外国資料　61, 65, 66

改竄　34
階層　268
解読文　101, 102
会話文　267, 268
学術雑誌　193
片仮名(カタカナ)　50, 95, 124
片仮名訓点　102
活字化　83
活字版　30
活字本　74
合点　141
『角川古語大辞典』　171, 178, 179
仮名字体　103
仮名字体表　101
仮名文　43, 44, 56, 58
上方語　54, 62
空見出し　181
河内本　36
漢音　182
刊記　30, 38
漢語　108, 265
漢語受容史　108, 265
漢字　108
漢字片仮名交じり文　45
漢式和文　98
漢字語　108
漢字受容史　108
『漢字百科大事典』　199
漢字ひらがな交じり文　45
漢字文　47, 95, 98
巻子本　25, 72
漢籍　252, 253
漢籍全文資料庫　252, 255
漢文　46, 48, 93, 96

漢文訓読語　51
漢文訓読体　45, 270
漢文訓読文　213
漢和辞典　134

き
機関リポジトリ　204, 205
義訓　94
疑問　16, 186
教科書　66
共起語　277
狂言　62
校合　38, 72
共時言語学　4
共時的な記述　279
去声　137
キリシタン資料　52, 61
記録体　270
近世　54
近世節用集　63, 144
近代　54
近代語　53

く
グラフ　190, 287
『訓点語彙集成』　217
訓点資料　50, 56, 96, 99, 101, 106
訓読　96
訓読文　101

け
掲出順位　141
形態　273
形態素解析　222, 234, 235

外題　28
結論　19
『言海』　153
研究　186
研究紀要　193
研究書　193
研究テーマ　186, 187, 189, 193
研究方法　189
言語地理学　11
検索ツール　215
現代仮名遣い　160, 173
現代語訳　77, 85–87
現代日本語書き言葉均衡コーパス
　　234
原本　29, 295

こ
『語彙研究文献語別目録』　199
語彙索引　215, 218–220
語彙素　235
校異　38
合音　149
公共図書館　201, 202
校訂　38, 40, 78, 81, 82
校訂本文　38, 40
構文　274, 275
校本　38, 83
コーパス　233
コーパス言語学　234
呉音　182
古活字版　30
古記録　51
『国語学研究事典』　68
『国語学大辞典』　68

『国語学論説資料』　200
国語辞典　140
『国語年鑑』　198
国字本　61
『国書総目録』　74
国文学論文目録データベース　195
国立国会図書館　202
国立国会図書館オンライン　195
古語辞典　167
『古語大鑑』　173
『古語大辞典』　169
語誌　164, 169
古辞書　51, 57, 59, 62, 106, 133, 165
語釈　160, 162
五十音順　154
古書　206
古代語　53
胡蝶装　27
国訓　183
滑稽本　64
古典叢書　74, 77
古筆切　72
古本節用集　62, 144
古文書　56
コンコーダンス　237

さ
防人歌　55
索引　139
錯簡　31
雑誌　66
参考文献　185

し

字音　180
視覚化　20
字義　182
字訓　180
辞書　65
四声　137, 182
時代　212
時代区分　53, 54, 283
『時代別国語大辞典　上代編』　176
『時代別国語大辞典　室町時代編』
　　　177
字面の一致　108
地の文　267
字母　114, 116
借音　95
写真版　123
借訓　95
ジャパンナレッジ　256
写本　29, 71, 113, 114
洒落本　63
ジャンル　212
周圏分布　10
純漢文　96
省画　124, 126
上声　137
上代特殊仮名遣　105
声点　136
情報の記録　100
抄物書き　130
抄物　59
浄瑠璃　63
書誌学　23
書誌情報　194

初出例　163
新釈漢文大系　103
心内語　267
新聞　66
心話文　267

す

図　190, 280, 282

せ

正格漢文　48, 96
正規表現　241, 242, 244
正訓　94, 95
青谿書屋本　33
正字　180
清濁　84
整版　30
性別　267
説教　59
『節用集』　144
先行研究　17, 186
宣命　95, 96
専門書　193

そ

総画数　180
総合索引　216
相互利用サービス　205
総索引　216
草子地　268
草書　127
底本　38, 80, 81
速記　65, 66

た

大学図書館　201, 202
『大漢和辞典』　180
題簽　29
濁音　84
濁声点　137, 142
タグ付きテキスト　234
タグ無しテキスト　234
男女差　267

ち

地域差　269
『中国学芸大事典』　254
中国資料　61
注釈　77, 85–87
中世　54
朝鮮資料　61

つ

通時言語学　4
通時的な分析　283

て

定家本　33
定訓　107
底本　38, 80, 81
定本　40
データ整理　19
データベース　194
テーブル　226
テキストエディタ　240, 241
テキスト加工　238, 244, 246
テキストデータベース　252
綴葉装　27

粘葉装　26
電子ジャーナル　204, 205
電子テキスト　221, 233, 264

と

唐音　182
東国系抄物　60
東声　137
動用字　130

な

内題　29

に

日国オンライン　178
入声　137
『日葡辞書』　146
日本化　109
『日本語学研究事典』　68, 199, 283
『日本語学大辞典』　68
『日本語学論説資料』　200
『日本国語大辞典』　159, 160, 178
日本語研究・日本語教育文献データ
　　ベース　195, 198
日本語史研究　4
『日本語大事典』　68
日本古典籍総合目録データベース
　　74
『日本古典対照分類語彙表』　216
日本古典文学大系本文データベース
　　221, 250
『日本古典文学大辞典』　74
日本語歴史コーパス　236, 248
人情本　64

の

ノート　222

は

柱　30
版下　30
版心　30
反切　134, 182
板本　29
版本　29, 113
凡例　80, 167, 183

ひ

ピボットテーブル　228, 229, 279
ひまわり　234, 237, 241
表　190, 280, 282
表計算ソフト　225, 226, 278, 279
平声　137
平仮名　95

ふ

フィルター　227
フィルタリング　226
複製本　113
袋綴じ　28
部首　180
部首引き　139
仏典　252, 253
ブラウジング　194
プレーンテキスト　234
フローチャート　263, 264
文献学　24
文献言語史　8
文献国語史　8

文献日本語史　8, 14
文献複写依頼　206
文献目録　194, 198
文体　270
文典　66

へ

ヘボン　150
ヘボン式ローマ字　152
変体仮名　114
変体漢文　48, 51, 57, 58, 96, 98, 100, 104, 106, 213

ほ

方言　164, 269
方言地理学　11
法談　59
『邦訳日葡辞書』　147
補読　103
翻刻　78
本文　78–80
本文批判　38
翻訳資料　65, 66

ま

万葉仮名　55, 95, 99

み

見通し　18

む

無刊記本　30

め
目移り　34
メタ文字　241

も
文字列検索　222, 235, 240, 244
文字列置換機能　240
木簡　56
問題意識　16, 17
問題提起　17

や
大和綴じ　28

よ
要語索引　216
洋装本　25
洋綴本　25
用例　14, 211–214
用例収集　19
予備調査　212
読み添え　102
読本　64

り
利用案内　204

る
『類聚名義抄』　107, 134
流布本　29

れ
例外の規則性　278
歴史言語学　3, 261

歴史的仮名遣い　83, 154
列帖装　27
レファレンス資料　194, 198
連用形　172

ろ
ローマ字　52, 152
ローマ字本　61
録音資料　65, 66
論証方法　189
論文の作成過程　188

わ
『和英語林集成』　150
和英辞典　150
和歌　96
和化　109
和化漢文　96
和漢混交文　58
和訓　136
和製漢語　109, 183
和装本　25
和文　43, 213
和文体　45, 270
和本　25

を
ヲコト点　99, 102, 103
ヲコト点図　101

執筆者紹介

大木一夫（おおき・かずお）　第1・6・12章
1966年、長野県塩尻市生まれ。東北大学大学院文学研究科博士後期課程退学。博士（文学）。現在、東北大学大学院文学研究科教授。主な業績として、『文論序説』（ひつじ書房、2017）、『ガイドブック日本語史』（ひつじ書房、2013）、『日本語史叙述の方法』（共編著、ひつじ書房、2016）、『山田文法の現代的意義』（共編著、ひつじ書房、2010）がある。

鳴海伸一（なるみ・しんいち）　第2章
1978年、青森県弘前市生まれ。東北大学大学院文学研究科博士課程修了。博士（文学）。現在、京都府立大学文学部准教授。主な業績として、『日本語における漢語の変容の研究―副詞化を中心として―』（ひつじ書房、2015）、「流れは絶えず―「方丈記」冒頭の文と文章の構造―」（『京都府立大学学術報告　人文』68、2016）、「程度副詞「けっこう」の成立と展開」（『和漢語文研究』15、2017）がある。

百留康晴（ひゃくとめ・やすはる）　第3章
1974年、宮城県仙台市生まれ。東北大学大学院文学研究科博士課程修了。博士（文学）。現在、島根大学学術研究院教育学系教授。主な業績として、「複合動詞と動詞連接―「～出づ」を中心に―」（『国語と国文学』80-8、2003）、「古代日本語複合動詞における語彙性の検討」（斎藤倫明・石井正彦編『日本語語彙へのアプローチ―形態・統語・計量・歴史・対照―』おうふう、2015）がある。

佐藤志帆子（さとう・しほこ）　第4章
1982年、北海道札幌市生まれ。静岡県静岡市(旧清水市)で育つ。東北大学大学院文学研究科博士課程終了。博士（文学）。元佐賀大学文化教育学部講師。主な業績として、『近世武家社会における待遇表現体系の研究―桑名藩下級武士による『桑名日記』を例として―』（和泉書院、2014）がある。2015年初冬逝去。

後藤英次（ごとう・えいじ）　第5章・11章3.4節
1967年、宮城県仙台市生まれ。東北大学大学院文学研究科博士後期課程中退。現在、中京大学文学部教授。主な業績として、「『吾妻鏡』の漢語と公家日記の漢語―古記録資料対照漢語(漢字語)表作成の試み―」（『中京大学文学部紀要』44-1、2009）、「平安時代の記録体の言語の基盤に日常口頭語があるとはどういうことか」（『中京大学文学会論叢』1、2015）がある。

勝田耕起（かつた・こうき）　第7章
1970年、福岡県福岡市生まれ。東北大学大学院文学研究科博士後期課程単位取得満期退学。現在、フェリス女学院大学文学部教授。主な業績として、『国語辞典女子―今日から始める日本語研究―』(フェリス女学院大学、2014)、「戀はヤハラカニ・ワヅラフ(一)」(『玉藻』47、2013)、「接尾辞バムの意味と用法」(佐藤喜代治編『国語論究8―国語史の新視点―』、明治書院、2000)がある。

松崎安子（まつざき・やすこ）　第8章
1976年、宮城県角田市生まれ。東北大学大学院文学研究科博士課程修了。博士(文学)。現在、国立国語研究所PDフェロー。主な業績として、「国定修身教科書における文末表現」(『言語科学論集』6、2002)、「雑誌『太陽』における文語文記事の文体類型―漢文訓読的性格を有する語形式から見た文体類型―」(『国語学研究』46、2007)、「中村正直の翻訳態度」(『国語学研究』52、2013)がある。

安本真弓（やすもと・まゆみ）　第9章
福岡県春日市生まれ。東北大学大学院文学研究科博士課程修了。博士(文学)。現在、山口大学人文学部講師。主な業績として、「構文的機能から見た中古形容詞の特徴―意味との関わりから―」(『国語学研究』48、2009)、「中古における感情形容詞と感情動詞の対応とその対応要因―中古前期・中期の和文作品を対象として―」(『国語語彙史の研究』28、2009)、「感情形容詞の意味分類―『日本古典対照分類語彙表』を基盤として―」(『国語学研究』57、2018)がある。

マシュー・ジスク（Matthew Zisk）　第10・11章(3.4節以外)・資料
1984年、米国生まれ。東北大学大学院文学研究科博士課程修了。博士(文学)。現在、山形大学大学院理工学研究科助教。主な業績として、*Japanese Linguistics* (Mark Irwinと共著、朝倉書店、2019)、「漢字・漢文を媒介とした言語借用形式の分類と借用要因」(斎藤倫明・石井正彦編『日本語語彙へのアプローチ―形態・統語・計量・歴史・対照―』、おうふう、2015)、『日本語大事典』(共編、朝倉書店、2014)がある。

ガイドブック日本語史調査法
An Introduction to Researching Japanese Historical Linguistics
Edited by OOKI Kazuo

発行	2019年5月15日 初版1刷
定価	2600円+税
編者	ⓒ大木一夫
発行者	松本功
装丁者	大崎善治
印刷・製本所	三美印刷株式会社
発行所	株式会社 ひつじ書房
	〒112-0011 東京都文京区千石2-1-2 大和ビル2階
	Tel.03-5319-4916 Fax.03-5319-4917
	郵便振替 00120-8-142852
	toiawase@hituzi.co.jp　http://www.hituzi.co.jp/

ISBN978-4-89476-854-3

造本には充分注意しておりますが、落丁・乱丁などがございましたら、小社かお買上げ書店にておとりかえいたします。ご意見、ご感想など、小社までお寄せ下されば幸いです。

本書を無断で複写・複製することは、著作権法上の例外を除き、禁じられています。

日本語文法史研究　1
　　高山善行・青木博史・福田嘉一郎編　　定価 4,000 円＋税

日本語文法史研究　2
　　青木博史・小柳智一・高山善行編　　定価 3,200 円＋税

日本語文法史研究　3
　　青木博史・小柳智一・高山善行編　　定価 3,200 円＋税

日本語文法史研究　4
　　青木博史・小柳智一・吉田永弘編　　定価 4,000 円＋税

日本語史叙述の方法
　　大木一夫・多門靖容編　　定価 7,200 円＋税

　日本語史はいかに叙述されるべきか。これまでの日本語史研究は、日本語の歴史を歴史として叙述することに、あまり自覚的ではなかった。しかし、それが歴史的な研究である以上、そこには、歴史としての何らかの叙述の方法があるだろう。本書は、日本語史の叙述方法についての理論や考え方を提示し、また、具体的な叙述の実践を試みる。執筆者：青木博史、乾善彦、大木一夫、小野正弘、小柳智一、高山知明、多門靖容、鳴海伸一、肥爪周二、福島直恭、矢島正浩、矢田勉、山本真吾

文論序説
　　大木一夫著　　定価 8,400 円＋税

　文はいかに成立するのかという問題は、文法論の基本的で重要な問題であるが、なかなか解決にいたらない文法論のアポリアである。この問題に対して、行為としての言語という視座から考えることを試みる。文の成立には、文が文としてもつ言語行為的意味が関わることを説き、そのような立場の射程を示すために、いくつかの文法概念の再構築について論じ、さらに、この立場にもとづく現代日本語の時間表現の精細な記述におよぶ。

ガイドブック日本語史

大木一夫著　定価 2,200 円＋税

通史としてではなく言語の歴史を明らかにするさまざまな方法からみた日本語史の概説書。ことばの移り変わり、すなわち言語の歴史は古い文献を利用することでわかるように思えるが、文献だけが言語の歴史を知る資料になるわけではない。また、古い文献を用いる方法にも、さまざまに考えておくべきことがある。それでは、どのようにして言語の歴史は明らかにされるのか。日本語を例にして、言語の歴史を明らかにする方法を多面的・総合的に概説する。

ガイドブック日本語文法史

高山善行・青木博史編　定価 1,900 円＋税

日本語文法史の基本テーマをわかりやすく解説した教科書。「ヴォイス」「アスペクト・テンス」「モダリティ」「係り結び」「とりたて」「待遇表現」「談話・テクスト」「文法史と方言」など、15 章で構成されている。付録では、「資料概説」「用例調査法」「文献ガイド」がある。この一冊で、文法史の要点を理解することができる。日本語学だけでなく、言語学、日本語教育、国語教育、古典文学など、幅広い分野の読者のニーズに応える。執筆者：青木博史、小柳智一、近藤要司、高山善行、西田隆政、福田嘉一郎、吉井健、米田達郎